es 1728
edition suhrkamp
Neue Folge Band 728

Gender Studies
Vom Unterschied der Geschlechter

Der traditionelle philosophische Diskurs ist – uneingestandenermaßen – vom männlichen Imaginären besetzt. Das Weibliche hat in ihm einen Ort nur als das andere, auf das sich ebenso die Ängste und Unzulänglichkeiten wie die unerfüllten Sehnsüchte des philosophierenden Subjekts projizieren lassen. Jenseits solcher Denkverhältnisse erschließt sich die Einsicht in den Zusammenhang von Theorieproduktion und Geschlechterpolitik, von Theorie als – androzentrisch gefaßtem – Selbstverhältnis und Naturbeherrschung. Der feministische Blick auf die duale Organisation von intimer Privatheit und öffentlicher Politik entlang der Geschlechterdifferenz und die von Weber bis Adorno/Horkheimer beschworenen Paradoxien der Rationalisierung machen sichtbar, daß die neuzeitliche Ratio das Weibliche symbolisch ausgrenzt und zugleich ihrer Kontrolle unterwirft. Auf diese Weise gelingt es ihr, Kontexte und Kontingenzen leibgebundener Erfahrung und Existenz zu verleugnen. Ideen von der Selbstgenügsamkeit des sich denkenden Vernunftsubjekts verweisen so auf die im philosophischen Denken wirkende männliche Codierung der Geschlechterdifferenz. Ihre Enthüllung zieht eine Relativierung philosophischer Doktrinen nach sich, unter anderem der von Kant formulierten: Nicht bloß . . . »Das: *Ich denke*, muß alle meine Vorstellungen begleiten *können*«, sondern auch, *daß ich lebe*.

Elisabeth List lehrt Philosophie an der Universität Graz.

Elisabeth List
Die Präsenz des Anderen

*Theorie und
Geschlechterpolitik*

Suhrkamp

edition suhrkamp 1728
Neue Folge Band 728
Erste Auflage 1993
© Suhrkamp Verlag Frankfurt am Main 1993
Erstausgabe
Alle Rechte vorbehalten, insbesondere das der Übersetzung,
des öffentlichen Vortrags
sowie der Übertragung durch Rundfunk und Fernsehen,
auch einzelner Teile.
Satz: Gutfreund, Darmstadt
Druck: Nomos Verlagsgesellschaft, Baden-Baden
Umschlagentwurf: Willy Fleckhaus
Printed in Germany

1 2 3 4 5 6 – 98 97 96 95 94 93

Inhalt

Kapitel I

Weder unmöglich noch überflüssig
Über Schwierigkeiten und Aussichten
feministischer Theorie

Zunächst ist zu reden über die Schwierigkeiten einer Situierung feministischen Denkens im theoretischen Diskurs. Warum überhaupt Schwierigkeiten? Der wissenschaftliche Diskurs definiert sich durch die Normen und Kriterien der Rationalität und der expliziten Rechtfertigung von Wissensansprüchen. Dazu gehört bekanntlich auch die Forderung, alle Standpunkte und Fragestellungen zu berücksichtigen, sich um die Einbeziehung solcher zu bemühen, die bisher nicht bedacht worden sind und die ihrerseits mit den Normen des expliziten rationalen Diskurses übereinstimmen. Von daher scheint zunächst alles für eine pluralistische Diskurspolitik zu sprechen, für die Kenntnisnahme neuer Standpunkte und Sichtweisen. So scheint einer Einbeziehung von Forschungsarbeiten und Theorieansätzen, die aus einer feministischen Perspektive entwickelt werden, nichts im Wege zu stehen. Unter diesen Voraussetzungen mag die Forderung nach mehr Raum für ihre Themen und Probleme nachgerade als trivial erscheinen.

Die Erfahrungen in der Realität des wissenschaftlichen und universitären Alltags allerdings bestätigen diesen Anschein nicht. Denn der Appell an die Normen und Kriterien des rationalen Diskurses zeitigt gerade im Zusammenhang mit feministischen Themen oft nicht die erwartete Wirkung. Einmal deshalb, weil sich der main/malestream der institutionell verankerten Wissensproduktion selbst häufig als von aller Standpunkthaftigkeit frei wähnt und die feministische Kritik an diesem Anspruch nur als Ausdruck ideologischer Befangenheit und Parteilichkeit zu deuten vermag. Sofern die Kriterien des expliziten rationalen Diskurses gewissermaßen als Definition dessen gelten, was Wissenschaft ist, neigt die wissenschaftliche Selbstdarstellung dazu, ihr eigenes Tun nicht bloß als an diesen Normen orientiert, sondern sich schon als ihre Verkörperung und Realisierung zu präsentieren, mit dem Ergebnis, daß Standpunkte, Kontingenzen und Erkenntnisinteressen der eigenen Forschungsaktivität verleugnet werden.

So sind Sexismen aus den öffentlichen Selbstdarstellungen der Wissenschaftlergemeinschaft zwar weitgehend verschwunden – nicht aber die misogyne Einstellung, der sie entspringen. Sie wirkt, meist unbemerkt und implizit, auf verschiedenen Ebenen des Diskurses, in der Sprache, in der Metaphorik des wissenschaftlichen Vokabulars, in einem Bereich von Bedeutungen, die konnotativ, informell, unbewußt oder als selbstverständlich vorausgesetzt werden: auf der Ebene der kulturellen Symbole, auf der Ebene der sozialen Organisation und der Machtverteilungen innerhalb der Institutionen der Wissensproduktion und auf der Ebene individueller Erfahrungen und der imaginären Selbstbilder wissenschaftlicher Akteure, die im expliziten wissenschaftlichen Diskurs keinen Ort haben.

Dessen ungeachtet haben feministisch engagierte Wissenschaftlerinnen gute Gründe, sich auf die Kriterien expliziter Rechtfertigung zu berufen, vor allem dann, wenn es darum geht, innerhalb der gesellschaftlichen Institutionen der Wissensproduktion und der Wissensvermittlung den Anspruch auf materielle Ressourcen und auf symbolische Macht zu vertreten. Es fragt sich also, wie es möglich ist, die Widersprüche zwischen expliziten Bekenntnissen zu Toleranz und Aufgeschlossenheit und der impliziten Aversion des herrschenden akademischen Diskurses gegenüber feministischen Anliegen theoretisch zu erklären und praktisch zu bewältigen.

Transformation der traditionellen Theorie

Die Entwicklung der feministischen Theorieansätze läßt ein spezifisches Muster der Radikalisierung erkennen, das auch als anhaltende Ambivalenz des offiziellen wissenschaftlichen Diskurses ihnen gegenüber verstanden werden kann. Diese Radikalisierung ist unter anderem charakterisierbar als Übergang von einem Modus der immanenten Kritik – der unter Anerkennung der geltenden Rationalitätsnormen, Methoden und Argumentationsregeln versucht, die explizit thematisierten Vorstellungen und Hypothesen einzelner wissenschaftlicher Disziplinen zu kritisieren und zu revidieren – zu verschiedenen Formen einer Kritik, in denen sowohl der begriffliche und epistemologische Bezugsrahmen als auch der konkrete situative Kontext des herkömmlichen theoretischen Diskurses grundsätzlich in Frage gestellt werden.[1]

Ein Beispiel dafür ist die Transformation des liberalen Feminismus: Dieser hatte in seinen Anfängen die Vorstellungen von Politik und Rationalität aus der Tradition des Liberalismus zunächst übernommen, ohne dessen unausgesprochenen Androzentrimus zu durchschauen; die Transformation bestand darin, daß es von einem bestimmten Zeitpunkt an nicht mehr um einzelne konkrete politische Ideen oder Themen liberaler Politik ging, sondern um die Vorstellungen von Politik und Vernunft, die der Philosophie des Liberalismus insgesamt zugrunde lagen.[2] Aus ähnlichen Gründen haben die zunächst marxistisch orientierten Vertreterinnen eines sozialistischen Feminismus den historischen Materialismus, wie er sich bei Marx formuliert findet, durch einen radikaleren feministischen Materialismus zu ersetzen versucht, mit weitreichenden theoretischen und praktischen Konsequenzen.

So machte Gayle Rubin 1975, im Erscheinungsjahr von Shulamit Firestones Buch *The Dialectics of Sex*, in einem Artikel mit dem Titel *Traffic in Women. Towards a Political Economy of Sex* in witziger und brillanter Weise deutlich, daß Marx' Beschreibung der kapitalistischen Produktionsverhältnisse und der Situation des Lohnarbeiters die sogenannte »naturwüchsige Arbeitsteilung« zwischen den Geschlechtern mit größter Selbstverständlichkeit voraussetzt, die materielle Bedeutung der Reproduktion der menschlichen Arbeitskraft und die Rolle der Frauen in diesem Zusammenhang einfach nicht zur Kenntnis nimmt. Stillschweigend und impliziterweise rechnet Marx in seinen Texten mit der universellen Verfügbarkeit von Frauen für die Befriedigung männlicher Bedürfnisse. Niemandem ist das aufgefallen, denn die Schüler und Exegeten von Marx waren überwiegend Männer, die die Vorannahmen von Marx teilten, ohne sich darüber ausdrücklich im klaren zu sein.

Dennoch, und das ist eines der Dilemmata des Unternehmens feministischer Theorie, ist der Marxsche Ansatz der Analyse von konkreten materiellen Lebensverhältnissen für eine Untersuchung

---

[1] Eine ausführliche Darstellung dieser Entwicklung gibt Rosi Braidotti, *Patterns of dissonance. A study of women in contemporary philosophy*, Oxford 1991.
[2] Zur Entwicklung des feministischen Liberalismus siehe Zillah R. Eisenstein, *The radical future of liberal feminism*, New York/London 1981.

der Situation von Frauen und des Herrschaftsverhältnisses zwischen den Geschlechtern von großer Bedeutung. Das gilt auch für die Grundtexte der zeitgenössischen Kulturanthropologie und der Psychoanalyse, also für das Werk von Claude Lévi-Strauss und Sigmund Freud. Trotz ihrer zutiefst sexistischen Denkweise gaben diese beiden Autoren wichtige Anregungen für eine profunde feministische Erklärung der weiblichen Lebenssituation in Kultur und Gesellschaft. Ähnliches trifft schließlich auch auf die Freuddeutung Lacans zu, wie die Arbeiten im Umkreis der feministischen Theorie in Frankreich zeigen. Lacan war alles andere als ein Verfechter der Emanzipation, aber seine Theorie der Sprache und des Symbolischen lieferte das begriffliche Arsenal für die verschiedenen poststrukturalistischen Angriffe auf die erkenntnistheoretischen und ontologischen Bastionen des abendländischen Rationalismus, auf die »Großen Erzählungen« der Vernunft, die die Ordnung des Diskurses, vor allem im Bereich der Philosophie, der Wissenschaften, aber auch des rechtlichen Diskurses regulieren, und damit auch die Ordnung der Geschlechter.

Die radikalsten Formen einer metatheoretischen feministischen Kritik haben sich deshalb in diesem Feld der poststrukturalistischen Kritik des traditionellen Vernunftdiskurses formiert – mit dem freilich paradoxen Ergebnis, daß eine (bestimmte) radikalfeministische Kritik etwa an der objektivistischen Methodologie in den Sozialwissenschaften es zuletzt fraglich erscheinen läßt, ob so etwas wie eine »feministische Theorie« überhaupt möglich ist. So ist das Dilemma des Unternehmens »feministische Theorie« – in der Philosophie ebenso wie in den anderen Disziplinen – dahingehend zuzuspitzen, daß es vom Standpunkt der expliziten Regeln des rationalen Diskurses, wie eingangs erläutert, als *trivial* erscheint, vom Standpunkt einer radikalen metatheoretischen Kritik als *unmöglich*.

Eine Lösung dieses Dilemmas ergibt sich nur dann, wenn sich die feministische Kritik ein Bewußtsein davon bewahrt, daß bestimmte Formen radikaler metatheoretischer Kritik selbst noch geprägt sind von der agonalen Geste der Überbietung alles Bisherigen, in der die abtrünnigen Söhne – und nun auch Töchter – versuchen, ihren symbolischen Vätern den Rang streitig zu machen, zumindest sich als die besser Wissenden und deshalb rechtmäßigen Erben auszuweisen.

Die Gepflogenheiten der metatheoretischen Explikation und

Absicherung diskursiver Ansprüche auf Rationalität scheinen Frauen, die sowohl die Kritik an bestehenden Sichtweisen und Verhältnissen als auch eine theoretische Analyse dieser Verhältnisse zu ihrem Anliegen machen, hier ohne Alternative zu lassen: Wollen sie gehört, gar akzeptiert werden, scheinen sie keine andere Wahl zu haben, als sich »nach den Regeln der Kunst« als kompetente Teilnehmerinnen auszuweisen. Und eben damit begeben sie sich in das beschriebene Dilemma. Ein Ausweg aus ihm steht aber durchaus offen, wenn das transformative Moment feministischer Kritik gegenüber dem bloß metatheoretischen gewahrt bleibt, das leicht in die Sackgasse führen könnte, herkömmliche metatheoretische Positionen, die eben erst als imperialistisch und universalistisch kritisiert worden sind, durch eine andere, nicht weniger umfassende, universalistische überbieten zu wollen. Denn es ist gerade diese Geste der Totalbegründung, die alles und jedes *einem* Begriff, *einer* Theorie, *einer* Position zu subsumieren sucht oder vorgibt, es zu können, die den philosophischen »Meisterdiskurs« zu einer Herrschaftsform macht, zu einer intellektuellen Herrschaft des Selben, des Einen, in der kein Ort ist für die Sicht des Anderen, Heterogenen. Der traditionelle philosophische Diskurs ist besonders anfällig für diese Form intellektueller Hegemonialansprüche, und nichts wäre für die feministische Theorie fataler, als diese Form metatheoretischer Selbststilisierung zu übernehmen, in der Absicht, die *eine* Theorie, nun für den Standpunkt des *Anderen*, ebenso kategorisch zu verkünden, wie es der philosophische Metadiskurs bisher getan hat.

Statt dessen käme es darauf an, alte metatheoretische Rechtfertigungsmodelle zu ersetzen durch eine Semiotik und Pragmatik wissenschaftlicher und alltäglicher Diskurse, die es ermöglicht, implizit wirkende Sexismen in Diskurs, Text und Kommunikation sichtbar zu machen und, wo möglich, zu beseitigen.

Sowohl die »traditionelle Theorie« positivistischen Zuschnitts als auch der radikale theoretische Nihilismus totalisierender Vernunftkritik sollten einem starken multidisziplinären Netzwerk feministischer Forschung Platz machen, das eine Erforschung von sozialen Lebensverhältnissen ermöglicht – eine Form der Forschung, die sensibel ist für aktuelle politische Probleme und Fragen und gleichzeitig offen und tolerant in der Praktizierung von Forschungsmethoden. Schließlich müßte sich mit einem methodischen Pluralismus die kritische Aufmerksamkeit für die Komplexität und

Heterogenität der Bewußtseinslagen, Interessen und Bedürfnisse von Frauen verbinden, die niemals unabhängig sind von den situativen und sozialen bzw. politischen Rahmenbedingungen ihres Lebens.

Dies sind die Aufgaben, die sich der feministisch engagierten Forschung täglich und immer wieder in neuer Weise stellen, und sie hat in diese Richtung im Feld des theoretischen Diskurses schon viel mehr an Neuerungen erbracht, als manche Hüter des akademischen Diskurses und seiner zu Doktrinen erstarrten Erkenntnisprinzipien wahrhaben wollen. Es ist übrigens gerade ihr marginaler Status innerhalb der scientific community, der Frauen prädestiniert zur Problematisierung mancher Selbstverständlichkeiten der normalwissenschaftlichen Routine, in denen sich, in Berufung auf Konvention, auf »Bewährtes«, innovations-, und das heißt oft auch: frauenfeindliche Einstellungen durchsetzen.

Ist erst einmal ein kritisches Verständnis vorhanden für die vielfältigen, uneingestandenen und oft subtilen Formen, in denen das wissenschaftliche Establishment, die Sprachregelungen des wissenschaftlichen Diskurses und die Strukturen der wissenschaftlichen Institutionen sexistische Einstellungen dementieren, verschleiern, und insofern auch reproduzieren, dann verlieren die Ideologeme des Szientismus, z. B. Behauptungen bezüglich der Wertfreiheit von aus ihrem Kontext isolierten Produkten wissenschaftlicher Arbeit, viel von ihrer Glaubwürdigkeit. Und es kostet wenig, zuzugeben, daß es in einem solchen Verständnis von »Theorie« eine feministische Theorie nicht gibt und auch nicht geben kann. Feministische Theoretikerinnen haben kein Interesse daran, Nachfolgekandidatinnen der »Großen Theorien« des 19. oder 20. Jahrhunderts zu werden.

Feministische Politik ist an Veränderung interessiert, das heißt transformativ; in einem analogen Sinn ließe sich auch die Frage beantworten, was feministische Forschung kennzeichnet. Die entscheidende Qualität einer wissenschaftlichen Arbeit, die sie zu einer feministischen machen, wäre dann darin zu sehen, daß sie nicht nur darauf zielt, die Wirklichkeit besser zu beschreiben, sondern auch darauf, sie zu verändern, durch die Veränderung der wissenschaftlichen Sichtweisen, und dies eben dadurch, daß wissenschaftliches Wissen auf die Erfahrungs- und Lebensbedingungen von Frauen – auch von Frauen – zurückgebunden wird. Damit aber wäre es zugleich als transitorisch zu bezeichnen. Denn wie jede andere Form der Wissensproduktion weist feministische Forschung prozedurale Qualitäten auf, die, obwohl keineswegs beliebig oder zufällig, sich dennoch nicht aus bestimmten kontingenten Umständen lösen lassen, insbesondere nicht aus dem historischen Kontext gesellschaftlicher Verhältnisse, in denen Frauen unterdrückt, diskriminiert oder marginalisiert werden. Insofern ist feministische Forschung ausdrücklich kontextbezogen, ist feministisches theoretisches Wissen historisch, zeitlich, räumlich indexikalisch »markiert«, und es beansprucht seine Gültigkeit relativ auf die soziale Realität, die es zu deuten und zu erklären sucht.

Eine solche ausdrückliche Selbstbeschränkung ihres Geltungsbereichs mag deshalb Reaktionen auslösen dahingehend, daß es sich hier eben nur um kontingente, relative, bloß faktische Einsichten handelt und damit um Einsichten, denen eine theoretische Relevanz abgesprochen werden kann. Derartige Reaktionen kann frau gelassen hinnehmen. Die post-empiristischen und post-kuhnianischen Entwicklungen in der Erkenntnis- und Wissenschaftstheorie lassen das Gegenteil vermuten: Daß nämlich aufgrund der eben beschriebenen bewußten Positionalität feministisches Denken als beispielhaft für ein neues, von szientistischen Dogmatisierungen freies Verständnis von Rationalität anzusehen ist.

Mit anderen Worten: So wenig sich feministische Politik lediglich und ausschließlich als eine Politik für Frauen verstehen will, so wenig ist das Plädoyer für die Möglichkeit feministischer Theorie nur das Plädoyer für eine Theorie für Frauen, sondern eines für neue, von doktrinären Fesseln freie Form von Rationalität.

Nach der Metatheorie

Hegels Bild von der Philosophie, die ihr Grau in Grau malt, wenn eine Gestalt des Lebens ihrem Ende zugeht, gleich der Eule der Minerva, die ihren Flug erst in der Dämmerung beginnt, vermittelt unter anderem die Einsicht, daß das philosophische Unternehmen der Begründung und Rekonstruktion von »Möglichkeitsbedingungen von Erkenntnis« angesichts seiner Nachträglichkeit seinerseits eben nicht zu diesen Möglichkeitsbedingungen gehört. Das bedeutet aber auch, daß die »Dezentrierung« metatheoretischer Diskurse zur Regulation und Legitimation von Erkenntnisansprüchen dem Fortgang einzelwissenschaftlicher Forschung keinen Abbruch tut und auch der alltäglichen Erfahrungs- und

Erkenntnisfähigkeit nicht irgendwelche Grenzen setzt. Was, als Konsequenz der eben beschriebenen Schwierigkeiten in der Situierung feministischer Kritik, verabschiedet werden soll, ist nicht die Analyse und Erforschung der Strukturen und Bedingungen menschlichen Wissens, sondern allein der Anspruch einer einzelnen philosophischen Disziplin, jene Funktion im Kosmos des Wissens zu übernehmen, die im Wort vom »Richterstuhl der Vernunft« so klar zur Sprache kommt. Die Philosophie verfügt über keine Formen des Sonderwissens, die anderen wissenschaftlichen Disziplinen prinzipiell verschlossen wären.

Deshalb erfordert der allenthalben erklärte »Abschied vom Prinzipiellen« nicht die Verkündigung einer neuen, sei es post-modernen oder gar post-feministischen Weltsicht. Er eröffnet vielmehr die Chance, die verfügbaren und oft nicht genutzten Quellen lebensweltlichen Wissens und erfahrungsbezogener Forschung neu zu entdecken. Er bedeutet übrigens auch kein Ende der Philosophie. Was sich als obsolet erweist, sind nicht so sehr die Fragen, Probleme und Themen der sogenannten »philosophia perennis« als vielmehr der apodiktische Modus ihrer Präsentation, der doktrinäre kognitive Stil ihrer Lösungen, der Habitus des Philosophen als sakrosankter Hüter »letzter Wahrheiten«.

Die seit Nietzsche geläufige Kritik an der Tradition des metaphysischen Denkens ist meist verbunden mit der Vorstellung, daß die Autorität, die der theoretisch-metaphysische Diskurs beansprucht, zu verwerfen sei, weil die Fragen, die er zu beantworten sucht, in einer anderen Artikulationsweise des menschlichen Daseins einen angemesseneren Ausdruck finden würden: in der Kunst, der Literatur oder der Religion. Diese Konsequenz ist mit den eingangs formulierten Vorbehalten gegenüber metatheoretischen Begründungsdiskursen im Zusammenhang mit den Anliegen feministischer Theorie nicht nahegelegt. Sie sind, dramatisch gesagt, kein Appell zur »Vernichtung« von Theorie, sondern eher zur Rettung. Sie versuchen, den Habitus dessen, was Glucksmann treffend »Meisterdenken« nennt, diskurs- und texttheoretisch dingfest zu machen. Deshalb richtet sich ihre Aufmerksamkeit auf Fragen der Schreibweise, des Stils, der Wahl von Benennungen. *Nicht um Theorie an sich geht es hier, sondern um bestimmte Weisen der diskursiven Inszenierung von Theorie.*

Die rationalitäts- und erkenntnistheoretische Frage im Hintergrund solcher Überlegungen ist die nach dem Status universalistischer Prinzipien in der Philosophie und in den Wissenschaften. Die Merkmale diskursiver Produktionen und Prozesse, die in diesem Zusammenhang von kritischem Interesse sind: Situiertheit, Implizitheit, Kontextualität als die unvermeidlichen Merkmale von faktischen Vorgängen des Wahrnehmens, Schreibens, Reflektierens, Sprechens, sind in verschiedener Weise von der Hermeneutik, von Wittgenstein und von der Ethnomethodologie Harold Garfinkels thematisiert[3] und schließlich von den TheoretikerInnen des Poststrukturalismus gegen das Vernunftmodell der philosophischen Tradition gesetzt und von feministischen TheoretikerInnen ausdrücklich zur Formulierung eines Rahmens zur Beschreibung alltäglicher Lebenssituationen von Frauen herangezogen worden.

Bei aller Kritik am doktrinären Universalismus als einer Ideologie metatheoretischer Begründungsansprüche sollte man jedoch nicht den Fehler begehen, mit dem Insistieren auf der unvermeidlichen Situiertheit diskursiver Praktiken einer neuen, nun antirationalistischen Rhetorik Kredit zu verschaffen. Die zur Debatte stehenden epistemologischen Kategorien sind in beiden Fällen Grenzbegriffe, noch dazu solche, die in ihrer Bedeutung aufeinander bezogen sind. Die Rede vom Kontext macht keinen Sinn ohne Text, die vom Impliziten keinen ohne den Begriff der Explikation, und die Rede vom Konkreten wäre bedeutungsleer ohne die Idee der Abstraktion.

Auf das Ganze der Philosophie bezogen: So wie der Begriff des Begriffs den des Nicht-Begrifflichen, des Unbegreiflichen einschließt und sich die Aporetik, ja das Scheitern begrifflichen Denkens aus dem Verlust in diese Einsicht ergibt, oder, anders gesagt, aus der fatalen Selbstüberschätzung und Selbstgenügsamkeit der reinen Abstraktion, so hat die andeutungsvolle Rede vom implizit immer schon Erahnten, sich der Explikation jedoch für immer Entziehenden ihre eigene Fatalität. Sie bewegt sich am Rande eines falschen Mythos, der politisch dazu genützt werden könnte, Diskursverbote verschiedenster Art zu rechtfertigen – im Namen eines Gottes, des Machtanspruchs einer Elite, einer Nation, einer Rasse, eines Geschlechts.

Wenn die Funktion der Vernunft, wie Alfred Whitehead sagt,

---

[3] Harold Garfinkel, *Studies in Ethnomethodology*, Prentice-Hall 1967, Elisabeth List, *Alltagsrationalität und soziologischer Diskurs. Erkenntnis- und wissenschaftstheoretische Implikationen der Ethnomethodologie*, Frankfurt/Main 1983.

darin besteht, »daß sie die Kunst des Lebens fördert«,[4] dann ist aus der Sicht derer, die für Jahrhunderte aus der Übung solcher Kunst gerade deshalb ausgeschlossen wurden, weil sie dem Leben dienten – Frauen nämlich –, notwendig zu fragen, wie weit sich die seit Aristoteles über Descartes bis ins 20. Jahrhundert tradierte und kultivierte Form des theoretisch beweisenden und argumentierenden Diskurses zur Beantwortung jener Fragen, die am Anfang der Philosophie stehen – das heißt von Lebensfragen –, tatsächlich geeignet ist.

Was damit zur Disposition steht, sind nicht Vernunft und Rationalität als menschliche Fähigkeiten oder Werte. Es sind vielmehr die Formen ihrer diskursiven Aneignung und Zurichtung als Instrumente der Kontrolle und Macht. Ihnen ist nicht zu begegnen durch eine »Kultur des kritischen Diskurses« und auch nicht durch einen Wechsel von der Philosophie zur Literatur oder eine Mischung von beidem, sondern nur durch eine Veränderung diskursiver Praktiken innerhalb des Genres theoretischen Denkens selbst. Der Essay etwa, wie ihn Michel de Montaigne dem apodiktischen, lehrhaften Diskurs in der Tradition der scholastischen Philosophie gegenüberstellt, wäre ein Beispiel dafür.[5] Was ihn auszeichnet, ist nicht die Fiktionalität des Literarischen, sondern der Verzicht darauf, sich unter Bezugnahme auf methodische Verfahren des Beweises als Wissensautorität zu gebärden. Und Montaignes Skepsis gegenüber dem Anspruch des Cartesischen Diskurses, alle menschlichen Probleme durch die Methoden des mathematischen Beweises allein zu lösen, ist ja durchaus berechtigt. Der epistemische Modus und kognitive Stil des Essays sind also gekennzeichnet durch Bescheidenheit hinsichtlich seiner Geltungsansprüche, wobei diese Selbstbescheidung der Erkenntnisfähigkeit durchaus dienlich ist. Es gibt natürlich auch noch andere Möglichkeiten der »Modulation« epistemischer Einstellungen, die den tödlichen Ernst einer Philosophie als strenge Wissenschaft relativieren könnten: die der Ironie, des Humors und der Satire – Ausdrucksformen, die zwar nicht methodisch kontrolliertes Wissen erzeugen, aber doch zu Einsicht und Verstehen verhelfen können.

Jenseits des Dogmatismus der Verfechter des Universalitätsan-

---

[4] Alfred North Whitehead, *Die Funktion der Vernunft*, dt. Stuttgart 1974, S. 6.
[5] Zu Montaigne vgl. Karl Heinz Stierle, *Gespräch und Diskurs. Ein Versuch im Blick auf Montaigne, Descartes und Pascal*, in: Karl Heinz Stierle und Rainer Warning (Hg.), *Das Gespräch. Poetik und Hermeneutik XI*, München 1984, S. 297-333.

spruchs der Vernunft und des Nihilismus der radikalen Kritik wären Formen des Diskurses denkbar, die die prinzipielle Unangemessenheit aller apodiktischen Richtigkeitsforderungen gelassen hinnehmen, ohne die Zuversicht und den Glauben an die Korrigierbarkeit menschlichen Wissens und menschlicher Überzeugungen zu verlieren. Nur auf einer solchen Basis wird die Disparität zwischen den Ansprüchen reiner Theorie, den sie motivierenden Fragen und Erkenntnisinteressen und ihrer realen Leistungsfähigkeit sichtbar und erträglich. Und gleichzeitig würde eine derartige Modifikation des kognitiven Stils den Verzicht auf Geschlossenheit strikte Allgemeingültigkeit und Vollständigkeit, wie sie tradierte philosophische Erkenntnisideale unerbittlich einfordern, erleichtern.

Philosophie jenseits der Geschlechterdifferenz

Mit der Verabschiedung eines Rigorismus der theoretischen und epistemologischen Prinzipien, der den doktrinären Irrationalismus ebenso kennzeichnet wie den Rationalismus, werden die Grenzen zwischen dem Expliziten und dem Impliziten, zwischen dem Gesagten und dem Ungesagten, dem Unsagbaren und dem noch nicht Gesagten auf eine neue Weise durchlässig und verschiebbar. Damit stehen nun nicht nur unhaltbare Forderungen nach Unfehlbarkeit philosophischen bzw. theoretischen Wissens in Frage, sondern auch die Position und die Selbigkeit des erkennenden Subjekts. Denn es handelt sich zugleich um die Grenzen zwischen Subjekt und Objekt, zwischen dem Selben und dem Anderen, die im philosophischen Imaginären zumeist auch die Grenze zwischen dem Männlichen und dem Weiblichen markiert.

Vor allem: auch die Geschlechterdifferenz verliert damit ein für allemal ihre metaphysische Basis. Mit anderen Worten: Mit der Dehierarchisierung der alten Ordnung des philosophischen Diskurses ginge nicht nur die Dehierarchisierung, sondern auch die Dezentrierung der Bedeutung der Geschlechterdifferenz, des Männlich/Weiblichen einher. Nur unter diesem Vorbehalt kann der Feststellung von Luce Irigaray zugestimmt werden, die Frage nach der Geschlechterdifferenz sei »die Sache«, die unsere Epoche zu denken habe.[6]

6 Luce Irigaray, *Ethik der sexuellen Differenz*, Frankfurt/Main 1991, S. 11.

Das heißt, die Geschlechterdifferenz soll – und das wäre der Grundgedanke einer Philosophie *nach* der Geschlechterdifferenz – »relokalisiert« werden, zurückverwiesen an jene Orte, wo sie gelebt wird: an den Ort der konkreten Beziehungen zwischen Frauen und Männern. Trivial würde die Frage nach der Geschlechterdifferenz dadurch nicht, auch nicht philosophisch trivial. Denn es bliebe jedenfalls immer noch die gewichtige Frage zu stellen, wie sich diese Beziehungen ohne metaphysische Garantien und Absicherung alter Privilegien gestalten werden.

Solange aber der philosophische Diskurs, belastet mit dem Erbe einer misogynen Geschlechterpolitik, sich einer Auseinandersetzung mit diesem Erbe entzieht, bleibt die Reflexion auf die Geschlechterdifferenz ein unerläßliches Mittel der Kritik. Wie die psychoanalytisch informierte feministische Auseinandersetzung mit dem Kanon der Geschichte der Philosophie belegt, sind die Grundkategorien des traditionellen philosophischen Diskurses vom männlichen Imaginären besetzt. Das Ende dieser »Besetzung« und ihrer Absicherung durch die dualistische Organisation philosophischer Denkgebäude eröffnet erst den Raum für ein Denken *jenseits* der Geschlechterdifferenz. Es ist kein Zufall, daß gleichzeitig mit dem Offenbarwerden uneingestandener Androzentrismen philosophischen Denkens auch einige seiner vernunfttheoretischen und metaphysischen Dogmen ins Wanken geraten. Aus dieser Koinzidenz ergibt sich die philosophische Relevanz der feministischen Reflexion. Die feministische Kritik ist zur philosophischen Kritik an den Grundlagen der Wissenschaftstheorie, der Ontologie und nicht zuletzt der Ethik und der politischen Philosophie geworden. So hat die feministische Wissenschaftsforschung durch eine detailreiche Analyse der Prozesse der Wissensproduktion etwa im Bereich der Biologie die Unhaltbarkeit des metaphysischen Realismus in der Wissenschaftstheorie demonstriert. Der Anteil feministischer Autorinnen an der »Dekonstruktion« des metaphysischen Subjektbegriffs der Tradition des Rationalismus ist hinlänglich dokumentiert. Und schließlich zeigt sich, daß die Diskussion um die Besonderheiten weiblicher Formen der Lösung moralischer Konflikte einen wichtigen Anstoß zur Revision der Grundideen der Moralphilosophie seit Kant geben könnte.

Die feministische Kritik an den Konzepten und Maximen philosophischen Denkens ist zwar in der Praxis nicht immer gefeit davor, sich in extreme Positionen zu begeben. Aber solcher

Radikalismus geht oft auf Kosten realpolitischer Relevanz, und das ist ein Preis, den die Mehrzahl engagierter Theoretikerinnen nicht zu zahlen bereit ist. Die avanciertesten Formen feministischer Wissenschaftskritik gehen z. B. zwar davon aus, daß die von Wissenschaftlern beschriebene Welt und ihre BewohnerInnen Artefakte und Interpretamente sind. Aber gerade als solche sind sie reale Resultate eines keineswegs anonymen und beliebigen, sondern eines empirisch erhebbaren und benennbaren Gestaltungswillens, und der Aufweis historisch und empirisch nachweisbarer Erkenntnisinteressen hinter solcher »Wirklichkeitskonstruktion« ist ein wesentlicher Teil ihrer Arbeit.[7]

Gerade wegen ihrer politischen Motiviertheit liegt der feministischen Theorie nichts an einer radikalen und nihilistischen »Dereifikation« des Realen. Vielmehr respektiert sie als realitätskonstituierend die situierte Erfahrung handelnder Individuen. Hier ist so etwas gegeben wie eine nicht hintergehbare Basis feministischer Theoriearbeit, eine Basis, deren Explikation vielleicht zur Formulierung von »Quasitranszendentalien« der menschlichen Lebensform und Existenz führen könnte oder, normativ gewendet, zu einer Idee gelungenen Lebens – zu einer Idee gelungenen Lebens, die, anders als die Lebensideale der philosophischen Tradition, jene Gegebenheiten, die bisher als Besonderheiten des weiblichen Lebenszusammenhanges galten, einschließt. Eine solche Beschreibung der menschlichen Lebensform würde zumindest eine Explikation der Bilder vom *Selbst*, von der *Welt* und der *Gesellschaft* erfordern und könnte verdeutlichen, in welchem Sinn der feministische Blick einen Perspektivenwechsel im philosophischen Denken erzeugt.

Ein Perspektivenwechsel, wenn nicht überhaupt ein Paradigmenwechsel, scheint unabhängig davon angesichts der Erschöpfung bestimmter Philosopheme der neuzeitlichen Metaphysik schon aus der Binnenperspektive philosophischer Begriffsentwick-

---

[7] Vgl. dazu Sandra Harding, *Feministische Wissenschaftstheorie. Zum Verhältnis von Wissenschaft und sozialem Geschlecht,* Hamburg 1990, für den Bereich der Soziologie Dorothy Smith, *Eine Soziologie für Frauen,* in: *Denkverhältnisse. Feminismus und Kritik,* hg. von Elisabeth List und Herlinde Studer, Frankfurt 1989, und Ruth A. Wallace (Hg.), *Feminism and Sociological Theory,* Newbury Park/London/New Delhy 1989, und für den Bereich der Biowissenschaften neben vielen anderen die hervorragende Studie von Donna Haraway, *Primate Visions. Gender, Race and Nature in the World of Modern Science,* New York/London 1989.

lung längst fällig zu sein. So bedeutet die Rede von der Präsenz des Anderen, die zu einem Topos der Gegenwartsphilosophie geworden ist, das Explizitwerden der Geschlechterdifferenz als symbolischer Code und Organisationsprinzip der Kultur der Moderne. Seine Entschlüsselung stellt ein wesentliches Moment der philosophischen Entwicklung am Ende des Jahrhunderts dar. Damit hat die Selbstreflexion der Moderne ein kritisches Stadium erreicht. Denn nun wird deutlich, daß das Denken der Moderne auf Prämissen beruht, die sich nicht mehr durch seine Kriterien und Methoden der rationalen Rechtfertigung einholen lassen. Anders gesagt: Die Einsicht in die Kontingenzen des Prozesses der Rationalisierung wird gerade im Blick auf die »Selbstverhältnisse«, die er impliziert, unabweisbar. Der Gestus der bedingungslosen Rationalisierung, so zeigt sich, entspricht einem sich als männlich denkenden Subjekt, und er ist überdies nicht minder der Gestus eines glaubensförmigen Bewußtseins als der des vormodernen Denkens.

In Ansätzen ist der selbstkritische Prozeß der Reflexion der Moderne auf ihre eigenen Kontingenzen eingeleitet worden durch die Kritik am Universalismus und Rationalismus der Aufklärung schon in der Romantik. So forderte die Romantik die Verankerung von Denken und Politik in konkret gelebten und lebbaren Werten bzw. Lebensformen, wofür die alte Ordnung der Geschlechter, des Volks, der Nation sich als ebenso naheliegende wie problematische Optionen anboten. Immer wieder verstärkten sich in kritischen Zeiten die Tendenzen der Rückkehr zu den Lebensformen und Wertvorstellungen der Tradition, oft auch eines in ferner Vergangenheit liegenden »goldenen Zeitalters«.

An den genannten Beispielen wird freilich auch klar, daß bestimmte Formen der Kritik der Moderne Gefahr laufen, mit deren kritikwürdigen Zügen zugleich ihre unbestreitbaren politischen Errungenschaften preiszugeben. Von einer solchen Entwicklung muß sich vor allem die feministische Theorie und Theoriekritik distanzieren und dafür Sorge tragen, daß die politischen Anliegen ihrer Kritik über dem Unternehmen der Dekonstruktion nicht aus dem Blick geraten.

Die Hoffnung auf die Entstehung einer intellektuellen Kultur, die Frauen nicht mehr marginalisiert oder ausschließt, erhält ihre Nahrung nicht aus Erinnerungen an eine heile Welt vor der Geschichte des Patriarchats, sondern aus den Bildern und Utopien von einer anderen Realität: aus der Gegenwart, die trotz aller Widersprüche auch unsere, der Frauen Realität ist. Bilder und Utopien speisen sich aus den Erfahrungen der Befreiung und der Solidarität, an die sich die Hoffnung einer Wiederaneignung auch der philosophischen Vernunft knüpft. Diese Hoffnung aber kann nur am Leben erhalten werden durch die ständig geübte und gelebte Kritik an der »Erkenntnispolitik«, die den traditionellen Wissenschafts- und Philosophiebetrieb bestimmt und die als Politik im herkömmlichen Sinn vor allem deshalb nicht bewußt und nicht wahrgenommen wird, weil es sich um Geschlechterpolitik handelt. Denn die Machtmittel, deren sie sich bedient, sind nicht ökonomische und politische Ressourcen, sondern symbolische: Definitionen, Bilder, Benennungen, die symbolische Konstruktion und die Zuschreibung von Autonomie, des Handelns wie des Denkens. Es geht um die Frage, wer Subjekt des Wissens sein kann – und um den Zusammenhang von Theorieproduktion und Geschlechterpolitik.

Kapitel II

Die Präsenz des Anderen: Der Ort des Weiblichen im philosophischen Diskurs

Der Kongreß der Allgemeinen Gesellschaft für Philosophie in Deutschland – das größte deutschsprachige Forum der Philosophie – hatte sich im Jahr 1990 »Die Gegenwart der Philosophie und die Philosophie der Gegenwart« zum Thema gestellt.

Schon der Blick auf die Programmankündigung zeigte, daß das Thema Frau, der weibliche Lebenszusammenhang, die Geschlechterbeziehung und deshalb auch der Feminismus als philosophische Position in der geplanten Gesamtschau der Gegenwartsphilosophie keinen Platz gefunden hatten. Präsent waren diese Themen dennoch: in der Sektionsveranstaltung der Internationalen Assoziation von Philosophinnen am Rande des von den Organisatoren ausgerichteten Programms. Wie ein Pressebericht in der *Neuen Zürcher Zeitung* treffend vermerkte, machte schon der Ort, den man dieser Sektionsveranstaltung zugewiesen hatte, augenfällig, wie es um das Verhältnis von Frauen und Philosophie bestellt ist: Sie fand nicht im Hauptgebäude der Universität Hamburg, die den Kongreß beherbergte, sondern in einem abseits gelegenen Pavillon statt, so wie auch die Sektionsvorträge der Philosophen aus der Dritten Welt und aus der vormaligen DDR.

Wie präsent sind Frauen nun tatsächlich in der Philosophie? In welchem Zusammenhang steht ihre noch immer fast vollständige Abwesenheit mit ihrem Anderssein – genauer gesagt, mit ihrer Zugehörigkeit zum »anderen Geschlecht«? Gibt es so etwas wie eine weibliche oder feministische Philosophie?

Die Präsenz und Aktualität der Philosophie im allgemeinen sind dem Zeitbewußtsein nicht mehr ohne weiteres offenkundig und selbstverständlich. Die Philosophie, die sich anheischig machte, ihre Zeit auf den Begriff zu bringen, ist selbst rechtfertigungsbedürftig geworden.

Gründe dafür gibt es viele; der entscheidende ist vermutlich, daß die Philosophie ihren intellektuellen Führungsanspruch an die positiven Wissenschaften verloren hat – und damit auch das ihr traditionell zugestandene Vernunftmonopol.

Die Kritik am Anspruch der Philosophie, mit den Mitteln der Ratio Leben und Welt restlos zu begreifen und zu orientieren, ist nicht neu. Sie erreichte in der Zeit nach Hegel bei Nietzsche einen ersten Höhepunkt, und auch die zeitgenössische Vernunftkritik bewegt sich in vieler Hinsicht auf den Spuren Nietzsches. Neu und für die Frage nach dem Ort feministischen Denkens im Spektrum der Gegenwartsphilosophie bedeutsam ist der Umstand, daß die gegenwärtigen Auseinandersetzungen um Begriffe von Rationalität und Vernunft zeitlich, aber auch der Sache nach zusammentreffen mit dem Sichtbarwerden der androzentrischen Prämissen der philosophischen Tradition. Und diese Koinzidenz bildet einen naheliegenden Bezugspunkt für Überlegungen betreffend die Möglichkeit und den theoretischen Spielraum feministischer Philosophie.

Die Rede von feministischer Philosophie oder, noch deutlicher von einem *Paradigma* feministischer Philosophie löst sehr unterschiedliche Reaktionen aus – positive bei jenen Frauen, die auf der Suche nach einer die Geschlechterdifferenz reflektierenden intellektuellen Standortbestimmung sind, kritische und abwehrende Reaktionen vor allem bei jenen, die sich als Hüter und Verteidiger des intellektuellen Erbes der Philosophie betrachten. Dabei ist die Lage für beide Seiten einigermaßen prekär – fragt sich doch, was es nach dem wiederholt proklamierten Ende der Philosophie noch zu beanspruchen gibt. Davon hängt auch ab, welche Chancen für das Projekt einer feministischen Philosophie bestehen.

Zur Beantwortung dieser Frage ist es zunächst notwendig, sich in Erinnerung zu rufen, wie die intellektuelle und kulturelle Aufgabe der Philosophie in der philosophischen Tradition selbst verstanden worden ist. Das ist natürlich nicht möglich ohne interpretatorischen Vorgriff, der in den folgenden Überlegungen darauf zielt, ein Bild von der Philosophie zu zeichnen, das den – durchaus berechtigten – Argumenten der Kritik an einem hegemonialen und in seinem Geltungsanspruch überzogenen Vernunftbegriff standhält, das also zu unterscheiden erlaubt zwischen den legitimen Anliegen philosophischer Suche nach Klärung und Sichtung zentraler Fragen der menschlichen Situation und deren Vereinnahmung durch totalisierende Welterklärungsansprüche. Demgegenüber läßt sich zeigen, daß philosophischen Denksystemen in ihrer historischen Ausformung viele Züge anhaften, die einem solchen

Philosophieverständnis zuwiderlaufen und die darüber hinaus gerade aus der Sicht von Frauen als problematisch erscheinen. Wenn das zutrifft, dann ist in der Tat zu erwarten, daß die Argumente feministischer Kritik für die Kritik der philosophischen Tradition von paradigmatischer Bedeutung sind. Daran anknüpfend wäre zu überlegen, welche Optionen feministischer Kritik und Philosophie sich aus diesen Argumenten ergeben.

Diesen eher begriffsanalytischen Überlegungen läßt sich mehr Substanz verleihen, wenn man die Ausgrenzung und Funktionalisierung des Weiblichen durch den philosophischen Diskurs genauer beschreibt und sie auf die konkrete historische Rolle von Frauen in der Philosophie bezieht. Abschließend soll gezeigt werden, auf welche Weise die feministische Perspektive zu einer Transformation philosophischen Denkens beitragen könnte, nämlich dahingehend, daß seine Befreiung von androzentrischen Prämissen nicht nur ein neues Paradigma philosophischen Denkens in Sicht bringt, sondern zugleich einen Prozeß der Wiederaneignung der Vernunft in Gang setzen, die Freiheit zu denken – nicht nur für Frauen – eröffnen würde.

Zunächst zur Frage, was philosophisches Denken von anderen Formen intellektueller oder kollektiver Orientierung unterscheidet. Vier Merkmale seien genannt, die jeder Gedankenzusammenhang aufweisen sollte, der als »philosophischer« gelten kann: erstens der Versuch, das *Ganze* der menschlichen Erfahrungswelt zu reflektieren; zweitens das Bemühen, dieses Erfahrungsganze *vernünftig* zu deuten; drittens der Anspruch, daß philosophische Deutungen dieser Art von *humaner Relevanz* sind, und schließlich viertens ein Bewußtsein davon, daß Philosophie als »Liebe zur Weisheit« in ihren Ergebnissen hinter dem Anspruch auf die »ganze Wahrheit« notwendig zurückbleibt.

Positionen feministischer Kritik

Ob das vierte Merkmal philosophischen Denkens, das auf die Einsicht in die Kontingenz und prinzipielle Offenheit der jeweils erreichten Standpunkte hinausläuft, tatsächlich konstitutiv ist für das Denken der philosophischen Tradition, wird von KritikerInnen mit guten Gründen bezweifelt. Die Architektonik philosophischer Systeme neigt zur Geschlossenheit; vor allem liegen ihnen dualistisch verfaßte Kategorien zugrunde, die die erkenntnistheoretischen und ontologischen Modelle durchwegs charakterisieren:

> rational vs. irrational
> aktiv vs. passiv
> Vernunft vs. Gefühl
> Kultur vs. Natur
> objektiv vs. subjektiv
> abstrakt vs. konkret
> prinzipienorientiert vs. kontextuell
> absolut vs. relativ

Obwohl – oder vielleicht: gerade weil – diese Dichotomien heute fragwürdig geworden und in dieser Form auch nicht von allen Philosophen vertreten worden sind, ist zu fragen, warum sie sich in der philosophischen Tradition so lange gehalten haben und welche Ordnung des symbolischen Universums sie im Hinblick auf die Geschlechterbeziehung und Geschlechterdifferenz nahelegen: Denn unter diesem Gesichtspunkt erhält die dualistische Architektonik philosophischer Ideengebäude einen besonderen Stellenwert.

Entscheidend für die feministische Kritik ist nämlich, daß der Kategorienrahmen der meisten Systeme der abendländischen Philosophie nicht nur dualistisch strukturiert, sondern daß die jeweiligen Kategorien *hierarchisch geordnet* und zugleich *sexualisiert* sind, dergestalt, daß die jeweils übergeordnete und wertvollere Kategorie als männlich, die jeweils untergeordnete und irgendwie suspekte als weiblich gilt. Auf diese Weise schreibt sich die patriarchale Geschlechterordnung in den Aufbau philosophischer Systeme ein. Frauen bzw. das, was sie charakterisiert, das Weibliche, erhalten einen Ort in einem Jenseits von Wahrheit, Vernunft, Ordnung und Kultur zugewiesen, als das Andere dessen, der Subjekt des philosophischen Diskurses sein kann.

Für die feministische Kritik ergeben sich angesichts dieser Situation, wie Frances Olson anhand des folgenden Schemas illustriert, grundsätzlich drei Möglichkeiten.[1]

Eine *erste* Option feministischer Kritik geht dahin, die *Sexualisierung*, d. h. die Identifikation bestimmter erkenntnistheoreti-

---

[1] Vgl. Frances Olson, *The Sex of Law*, Ms. eines Vortrags am IUC Dubrovnik im April 1990, bei dem sie auch das Schema feministischer Kritikpositionen am metaphysischen Dualismus präsentierte.

scher oder ontologischer Kategorien als »weiblich« bzw. »männlich«, abzulehnen, an ihrer Hierarchisierung jedoch festzuhalten. Eine *zweite* Möglichkeit, den ideologischen Androzentrismus philosophischer Systeme zu kritisieren, besteht darin, an der Vorstellung festzuhalten, daß etwa Rationalität, Abstraktheit, Objektivität spezifisch männliche Eigenschaften sind, Gefühl, Konkretheit und Subjektivität hingegen weibliche, aber die Unterordnung dieser angeblich weiblichen Qualitäten im philosophischen Denken abzulehnen oder überhaupt die androzentrische Wertordnung auf den Kopf zu stellen. Die *dritte* Option feministischer Kritik schließlich, und zugleich die radikalste, wäre, die Sexualisierung wie die Hierarchisierung philosophischer Begriffsordnungen und Weltbilder in Frage zu stellen.

Diese drei Optionen ergeben sich mit einer gewissen Folgerichtigkeit aus der Logik der patriarchalen Weltsicht, und der Vorteil des Schemas von Frances Olson besteht darin, die verschiedenen Ansätze feministischer Politik und Vernunftkritik, wie sie in der noch nicht so langen Geschichte feministischen Denkens entwickelt worden sind, übersichtlich zu ordnen. Tatsächlich scheinen die drei genannten Optionen drei historischen Phasen der feministischen Kritik zugeordnet werden zu können – demnach befänden wir uns heute in der dritten Phase.

Freilich ist hier anzumerken, daß keine der drei Optionen sich in einer der Positionen feministischer Theorie oder Philosophie rein verkörpert; dennoch steht zumeist eine der drei Sichtweisen im Vordergrund, die übrigens, wie sich zeigt, jeweils eine andere Haltung gegenüber dem Unternehmen der Philosophie insgesamt nahelegen – nämlich zunächst die der Übernahme oder der Identifikation, dann die der Ablehnung und Abgrenzung und schließlich als dritte Möglichkeit die der Veränderung bzw. Innovation.

Das kritische Interesse der Diskussionen um den neuzeitlichen Vernunftbegriff für den Feminismus ergibt sich aus dem Umstand, daß sich die Frauenemanzipationsbewegung in ihren Anfängen selbst auf die Aufklärungsbewegung und die Tradition des rationalen Naturrechts stützte. So stand die erste Phase der Frauenbewegung im Zeichen der Übernahme des Vernunftideals der Aufklärung. In Berufung auf die Tradition der Menschenrechte, derzufolge alle Menschen dieselben natürlichen Rechte und Fähigkeiten haben, fordert diese Position nicht nur politische Gleichberechtigung², sondern lehnt auch die Sexualisierung der Kategorien des Vernunftdiskurses ab, während die Hierarchisierung seiner Dichotomien beibehalten wird. Es wird gesagt, daß Frauen von Natur aus nicht irrational, passiv und gefühlsorientiert sind, sondern vernünftig und zu autonomem Handeln fähig, und wenig Zweifel daran gelassen, daß Vernunft und Aktivsein für die Ziele menschlicher Selbstverwirklichung von höherem Wert sind als Gefühl und Passivität. Als repräsentativ für diese Position können Olymp de Gouges, Mary Wollstonecraft und Harriet Taylor-Mill genannt werden, aber auch noch Simone de Beauvoir als Leitfigur des neueren Feminismus.

Der kritischen Auseinandersetzung um Simone de Beauvoir entstammt die Kennzeichnung dieser Position als »humanistischer Feminismus«³ und auch der Begriff des Gynozentrismus, mit dem die zweite genannte Position feministischer Kritik gemeint ist, die im wesentlichen auf eine Neubewertung des Weiblichen zielt: Das Anderssein der Frau, die ihr traditionell zugeschriebenen Fähigkeiten zu Empathie, Einfühlungsvermögen und konkreter Bezogenheit auf Mitmenschen und die lebendige Natur werden neu entdeckt und den traditionellen Werten einer männlichen und in vielem lebensfeindlichen Kultur nicht nur dichotomisch gegenübergestellt, sondern, wenn auch nicht immer, übergeordnet.

Die optimistischen Erwartungen bezüglich des emanzipatorischen Potentials des Vernunftideals der Aufklärung, die der Option für einen feministischen Humanismus entsprechen, wurden durch die Erfahrungen, die Frauen im Umgang mit den Institutionen des Rechts und der Wissenschaften machten, keineswegs erfüllt.⁴ Es stellte sich nämlich bald heraus, daß die Wissenschaften den Androzentrismus der philosophischen Tradition beerbt hatten, ebenso

---

2 Gleichberechtigung im Sinne eines »modernisierungsorientierten Emanzipationsdiskurses«. Vgl. dazu Cornelia Klinger, *Modernisierungsorientiertes oder traditionsorientiertes Emanzipationskonzept? Zwei Befreiungsbewegungen – ein Dilemma*, in: Manon Andreas-Grisebach und Brigitte Weisshaupt (Hg.), *Was Philosophinnen denken II*, Zürich 1986, S. 71-96.

3 Vgl. Iris Young, *Humanismus, Gynozentrismus und feministische Politik*, in: Elisabeth List und Herlinde Studer (Hg.), *Denkverhältnisse. Feminismus und Kritik*, Frankfurt 1989, S. 37-65.

4 Vgl. dazu Elisabeth List, *Patriarchen und Pioniere: Helden im Wissenschaftsspiel. Gedanken über das Unbehagen in der Wissenschaftskultur*, in: Barbara Schäffer-Hegel und Brigitte Wartmann (Hg.), *Mythos Frau. Projektionen und Inszenierungen im Patriarchat*, Berlin 1984, S. 14-35.

deren frauenfeindliche Haltung. Das bewog eine Reihe von feministischen Denkerinnen dazu, das symbolische Universum des theoretisch-philosophischen Diskurses zu verlassen – zum Exodus in eine Welt der weiblichen Alterität, von der aus alle Philosophie als Ausdruck patriarchaler Ideologie erschien.[5]

Beide Positionen, sowohl die des humanistischen Feminismus als auch die des Gynozentrismus, sind nicht frei von problematischen Konsequenzen, politischen wie epistemologischen. Zunächst zu den politischen: Während der feministische Humanismus, wie Iris Young am Beispiel von Simone de Beauvoir zeigt, dazu tendiert, die traditionelle Abwertung weiblicher, insbesondere die sich aus dem körperlichen Frausein ergebenden Erfahrungen, Fähigkeiten und Eigenschaften mitzuvollziehen[6], sind gynozentrische Positionen, die gegen einen falsch verstandenen Egalitarismus die Besonderheit und Bedeutung traditionell als weiblich geltender Werte verteidigen, nicht frei von der Gefahr, von einer konservativen Geschlechterpolitik vereinnahmt zu werden, von einer Rhetorik der »Verschiedenheit, aber Gleichwertigkeit«, die die Gleichwertigkeit von Mann und Frau beteuert, zugleich jedoch die patriarchalen Machtverhältnisse unangetastet läßt.

Bis in die Mitte der achtziger Jahre war die Auseinandersetzung zwischen humanistischen und gynozentrischen Konzeptionen ein zentrales Thema feministischer Theoriediskussionen.[7] Das in ihr zum Ausdruck kommende Dilemma feministischer Politik ist jedoch so alt wie die feministische Bewegung selbst. Schon in den parlamentarischen Debatten im England des 19. Jahrhunderts läßt sich beobachten, daß Forderungen nach mehr Rechten für Frauen, die sich auf die Besonderheit weiblicher Werte und Tugenden beriefen, im Grunde darauf hinausliefen, eine liberale Politik mit konservativen Argumenten zu stützen.[8]

---

[5] »Alle Philosophie Phallosophie« – diese Devise spricht aus vielen Äußerungen sowohl Mary Dalys als auch Luce Irigarays, aber gerade diese beiden Theoretikerinnen haben zugleich die weitestgehenden Entwürfe für ein Denken vorgelegt, das den Androzentrismus der philosophischen Tradition hinter sich läßt. Vgl. dazu Mary Daly, *Reine Lust. Elementar-feministische Philosophie*, München 1985, und Luce Irigaray, *Ethik der sexuellen Differenz*, Frankfurt 1991.
[6] Iris Young, a. a. O., S. 42 f.
[7] Vgl. auch Herta Nagl-Docekal (Hg.), *Feministische Philosophie*, Wien–München 1990.
[8] Vgl. Denise Riley, *Am I that Name? Feminism and the Category of ›Women‹ in History*, London 1988.

Philosophisch am interessantesten von den drei genannten Optionen der feministischen Kritik ist die dritte, die sich einer dichotomischen Deutung sowohl des Vernunftbegriffs als auch der Geschlechterdifferenz entzieht.[9] Die ersten beiden Optionen feministischer Kritik legten, wie bereits angedeutet, nahe, die jeweils herrschenden Vorstellungen von Vernunft und Rationalität entweder zu übernehmen oder insgesamt abzulehnen. Das entscheidend Neue an der dritten Option feministischer Kritik, die an die poststrukturalistische und psychoanalytische Kritik des Subjektbegriffs und der Vernunftkonzeption der neuzeitlichen Philosophie anknüpft, ist in ihren epistemologischen Konsequenzen zu sehen: Anders als in der humanistischen bzw. gynozentrischen Konzeption von Feminismus geht es nicht mehr allein darum, entweder die dichotomische Sexualisierung oder Hierarchisierung überlieferter metaphysischer Systeme und Vorstellungen von Männlichkeit und Weiblichkeit in Frage zu stellen, sondern wesentlich darum, die Dichotomisierung selbst aufzulösen. Das heißt, die hierarchische Ordnung dualistischer Kategorien, die einerseits die Geschlechterdifferenz und andererseits die Grenzen des philosophischen Diskurses definiert, wird nicht einfach abgelehnt, sondern, und hier ist dieser Ausdruck angebracht, de-konstruiert.

Die dieser Hierarchisierung zugrundeliegende Voraussetzung, daß nämlich Individuen *entweder* rational, objektiv *oder* irrational, subjektiv sind, daß sie *entweder* abstrakt, prinzipiengeleitet denken *oder* konkret und kontextuell, und daß sie auch – in diesem Sinne – *entweder* männlich *oder* weiblich denken und handeln, wird zurückgewiesen.[10] Theoretikerinnen, die dem Poststrukturalismus nahestehen, sind sich mit neueren Konzeptionen einer Theorie unvollständiger Rationalität[11] darin einig, daß diese Voraussetzung falsch ist. So setzt sich z. B. der Entscheidungstheoretiker Jon Elster[12] in scharfsinniger Weise mit der Tatsache ausein-

---

9 Frances Olson, a. a. O., nennt als dritte Option feministischer Kritik das Konzept der Androgynität, was dem aktuellen Stand der Diskussion nicht mehr entspricht. Zudem ist damit die erkenntnistheoretische und ontologiekritische Position, die aus dieser dritten Option folgt, nicht angemessen bezeichnet.
10 Exemplarisch dafür die Kritik am philosophischen Vernunftkonzept von Luce Irigaray. Vgl. dazu Margaret Whitford, *Luce Irigaray's Critique of Rationality*, in: Morwenna Griffith und Margaret Whitford (eds.), *Feminist Perspectives in Philosophy*, Bloomington 1988, S. 109-130.
11 Vgl. Jon Elster, *Subversion der Rationalität*, Frankfurt 1987, S. 67 ff.
12 Vgl. Jon Elster, a. a. O.

ander, daß auch der rationalste Akteur sich selbst niemals ganz durchsichtig, daß er in seinem konkreten Handeln immer von Motiven und Sentimenten mitbestimmt ist, die gemäß seinen eigenen Handlungskriterien als irrational gelten müssen. Mehr noch: Elster legt nahe, daß es gute Gründe dafür gibt. Freilich geht er offenbar nicht so weit, sich zu fragen, welche Konsequenzen sich aus dieser Einsicht für das Selbstverständnis jener – und das heißt: seiner eigenen – theoretischen Disziplin ergeben könnten, die sich als kulturelle Verkörperung von Rationalität schlechthin versteht, nämlich für die Philosophie. Die feministische Kritik bietet dafür, und auch für die mangelnde Bereitschaft von seiten der philosophischen Zunft, sich darüber Rechenschaft zu geben, eine Erklärung. Die theoretisch wie empirisch fragwürdige Vorstellung von der reinen Selbstpräsenz des Vernunftsubjekts konnte sich als Bestandteil des philosophischen Selbstverständnisses über Jahrhunderte halten, weil sie als Moment des philosophischen Unbewußten der Sicherung und Stützung der Identität und des imaginären Ich des männlichen Denkers als Philosophen diente und so eine wichtige und undurchschaut gebliebene Rolle für seinen psychischen Haushalt spielte.

Der Ort des Weiblichen in der psychischen Ökonomie des philosophischen Geistes

Schon der Umstand, daß die dualistischen Kategorien von Ordnung und Chaos, Kultur und Natur, Vernunft und Gefühl etc. sexualisiert sind, verweist darauf, daß das Weibliche, als Metapher und Phantasma, in der Ordnung des philosophischen Diskurses nicht schlichtweg abwesend ist, sondern daß ihm vielmehr eine besondere Weise der Präsenz zukommt – nämlich der Präsenz als das Andere, als marginale Anwesenheit, als Anwesenheit am Rande, aufgrund deren dem denkenden (männlichen) Subjekt die Möglichkeit gegeben ist, seine Grenze zu bestimmen und, wie sich noch zeigen wird, sie zu ertragen und schließlich zu verleugnen.

Was damit gesagt ist, läßt sich verdeutlichen, wenn man sich den realen Ort von Frauen in der philosophischen Tradition vergegenwärtigt, und zwar im Hinblick auf die eben angedeutete Rolle der dualistischen Organisation des philosophischen Diskurses für das Unbewußte des Denkers.

Eine erste Beobachtung, die hier von Bedeutung ist, geht dahin, daß es in der Philosophie seit der Antike immer Frauen gegeben hat. Die Frage ist, wie Michele Le Doeuff bemerkt, also nicht, ob und wann Frauen aus der Philosophie *ausgeschlossen* wurden, sondern vielmehr, unter welchen Bedingungen sie Zugang zur Philosophie erhielten.[13] Jedenfalls waren für die Philosophie der Antike und der frühen Neuzeit bis in die Zeit von Descartes Frauen keine anstößige Erscheinung im philosophischen Leben; eine Frau zu sein galt also noch nicht als mit philosophischer Betätigung unvereinbar – was später sehr wohl der Fall war.

Was nun die Art und Weise betrifft, in der Frauen eine Beziehung zur Philosophie fanden, vertritt Le Doeuff die These, daß diese Beziehung fast immer mit einer großen Leidenschaft verbunden war – nämlich mit einer Leidenschaft für einen großen Mann der Philosophie. Die Frau als Philosophin bedurfte so einer männlichen Vermittlung, was soziologisch bzw. historisch schon daraus erklärlich ist, daß ihr der normale Erziehungsweg als Frau einen eigenständigen Zugang zur philosophischen Lehre versagte.

Die relative Duldsamkeit gegenüber philosophierenden Frauen erweist sich bei genauerem Hinsehen als eine lediglich etwas subtilere Variante des Verbots zu philosophieren, das ja für die Mehrheit von Frauen real bestand. Warum aber überhaupt diese Duldsamkeit? Als letztlich zum Amateurtum verurteilte Bewunderinnen ihres jeweiligen Meisters, so vermutet Le Doeuff, erfüllten diese wenigen Philosophinnen eine nicht zu unterschätzende Funktion für dessen psychischen Haushalt. Die Verehrung, ja die Liebe, die dem Meister von seiner Schülerin entgegengebracht wurde, erlaubte ihm, dem Meister, seine zuweilen durchaus ambivalenten Gefühle hinsichtlich seiner eigenen philosophischen Meisterschaft zu bewältigen. *Ihre* Verehrung erleichterte es ihm, seine Frustration angesichts seiner ängstlich beobachteten Unzulänglichkeiten in Zufriedenheit zu transformieren, die niemals ganz verstummenden Zweifel bezüglich der Leistungsfähigkeit philosophischer Spekulation, der Tragfähigkeit ihrer metaphysischen Konstrukte zum Schweigen zu bringen.

Die Funktion der marginal präsenten Frau als Projektionsfläche für den uneingestandenen Mangel des Denkers und des Denkens

---

[13] Dazu und zum folgenden vgl. Michele Le Doeuff, *Women and Philosophy*, in: Toril Moi (Hg.), *French Feminist Thought. A Reader*, Oxford 1987, S. 181-209.

wird erst seit dem 18. Jahrhundert, beginnend mit Rousseau, zum expliziten Bestandteil philosophischer Vorstellungen und Theorien des Weiblichen. Die neue entstehende Anthropologie und Metaphysik polarer Geschlechtscharaktere hatte natürlich auch den politisch-ideologischen Effekt der Zurichtung von Frauen für die bürgerliche Privatsphäre, der durch die romantischen Ideale vom Ewig-Weiblichen verschleiert wurde. Worum es aber in diesem Zusammenhang in erster Linie geht, ist die Rolle von Vorstellungen vom Weiblichen für das imaginäre Selbstbild des Philosophen. Sie wurden zur Folie, auf die sich die Ängste vor der Fehlbarkeit des eigenen Denkens projizieren ließen, aber auch die positiven Wünsche und die Sehnsucht nach dem glückversprechenden Anderen, als Inbegriff des in sich ruhenden, ungeteilten Seins.[14]

Es ist diese Funktionalität des Weiblichen als Bild und Metapher jenes Anderen, in denen uneingestandene Ängste und Wünsche ihren imaginären Ort finden, die bis ins 20. Jahrhundert die entscheidende Barriere bildet, an der eine effektive, volle Teilnahme von Frauen an der Philosophie scheitert.[15]

Aber nicht nur aus politischen Gründen und in Absicht einer Patriarchatskritik, sondern aus innerphilosophischen Gründen erweist sich eine Problematisierung des Orts des Weiblichen im philosophischen Diskurs als notwendig. Denn ein philosophisches Denken, das, um zu sich selbst zu kommen, ein Anderes braucht, das es zugleich ausschließt und verleugnet, enthält das Eingeständnis seines Scheiterns. Die dichotomische Struktur philosophischer Weltbilder verrät die Unmöglichkeit dessen, was das logozentrische Denken zu leisten beansprucht.

Der grundlegende Mangel, der ihm anhaftet, seine Unfähigkeit, sich selbst und die Welt erschöpfend zu begreifen, wird durch den Absolutheitsanspruch diverser Rationalismen verschleiert. An die Stelle des Wissens um die eigene Kontingenz tritt das Phantasma des Siegers. Der narzißtische Wunsch, alles zu wissen, verschafft sich

---

[14] Vgl. dazu Georg Simmel, *Das Relative und Absolute im Geschlechter-Problem*, in: ders., *Philosophische Kultur*, Potsdam 1923, S. 65-103.

[15] Und es ist kein Zufall, daß Bilder und Ideale des Weiblichen immer dann Gegenstand philosophischer Deutung und Regulierung wurden, wenn Frauen sich politisch zu emanzipieren suchten und Zugang zu staatsbürgerlichen Rechten forderten: in der Zeit der Französischen Revolution, an der Wende zum 20. Jahrhundert mit dem Auftreten der bürgerlichen und proletarischen Frauenbewegung. Fast in allen Fällen stand hinter dem philosophischen Interesse am Begriff des Weiblichen das Interesse an der Absicherung männlicher Vernunftprivilegien.

eine illusionäre Erfüllung dadurch, daß er alle Aspekte des menschlichen Daseins, die ihm entgegenstehen, an das Weibliche delegiert. Deshalb ist eine kritische Reflexion auf die Geschlechterdifferenz angesichts des in seiner Geschichte durch und durch maskulinisierten philosophischen Diskurses unvermeidlich, wenn die Philosophie ihrer selbst gesetzten Bestimmung treu bleiben will.

Eine andere Präsenz? Spielräume feministischen Denkens in der Gegenwartsphilosophie

In feministischer Perspektive kreisen viele Fragen in den gegenwärtigen Auseinandersetzungen über die Funktion und Grenzen der philosophischen Vernunft um Probleme, die auf den undurchschauten Zusammenhang von Vernunftidealen und androzentrisch bestimmten Vorstellungen vom erkennenden Subjekt verweisen. Und zudem haben sie in vielem die Merkmale eines Paradigmenstreits in dem Sinne, wie Thomas S. Kuhn den Begriff des Paradigmas in seinem Buch über die Struktur wissenschaftlicher Revolutionen einführte. Denn es geht in ihnen nicht nur um Begriffe und Ideen von Vernunft und Rationalität, sondern auch um entsprechende Praktiken des Diskurses und des Umgangs mit der Realität, kurz, um Fragen nach der Lebensform, als deren Teil Wissenschaft und Philosophie zu verstehen wären. Von solchen Fragen ist auch die feministische Kritik betroffen. Insofern liegt es nahe zu prüfen, ob so etwas wie ein Paradigma feministischer Philosophie existiert.

Das Projekt einer feministischen Kritik am philosophischen »male-stream« und seinem androzentrischen Rationalitätsparadigma hat mittlerweile in einer Fülle von Publikationen und Diskussionen Gestalt angenommen, vor allem auf dem Gebiet der Wissenschafts- und der Moralkritik.[16] Anstelle von disziplinärer Geschlossenheit weist der neu entstandene feministische Diskurs um überlieferte Vernunftkonzepte ein hohes Maß an Heterogenität, an theoretischen Konflikten und Spannungen auf – also doch kein feministisches Paradigma?

Sandra Harding spricht in diesem Zusammenhang von einer »systematischen Instabilität der analytischen Kategorien femini-

---

[16] Vgl. dazu die Bibliographie von Cornelia Klinger im Band von Herta Nagl-Docekal (Hg.), *Feministische Philosophie*, Wien 1990, S. 244-276.

stischen Denkens«[17] und sieht in den theoretischen Spannungen ein charakteristisches Merkmal des feministischen Diskurses, das nicht bloß geduldet, sondern als theoretisch fruchtbar betrachtet werden sollte. So sollten zum Beispiel feministische Strategien sowohl von den Ideen einer emanzipatorischen Vernunft im Sinne der Aufklärung Gebrauch machen als auch von den Argumenten ihrer Kritik von seiten des Poststrukturalismus. Diese Empfehlung ist brauchbar, aber sie liefert für sich genommen noch keine befriedigende Antwort auf die Frage, was die Besonderheit der feministischen Kritik als neues Rationalitätsparadigma ausmacht oder ausmachen könnte. Trotzdem spricht Harding von »feministischen Epistemologien«. Was wäre darunter zu verstehen?

Um so etwas wie ein feministisches Nachfolgeprojekt oder Gegenstück zum alten Logozentrismus kann es sich jedenfalls nicht handeln. Jane Flax stellt dazu fest: »Wir können nicht gleichzeitig beanspruchen, (1) daß Geist, Bewußtsein und Denken gesellschaftlich bedingt sind und daß alles, was wir wissen, von unseren sozialen Praktiken und Kontexten abhängt *und* (2) daß die feministische Theorie (bzw. Philosophie, E. L.) die ganze Wahrheit (Wahrheit mit großem W) ein für allemal enthüllen kann. Eine absolute Wahrheit (z. B. die Erklärung für alle Geschlechterverhältnisse zu allen Zeiten X) würde die Existenz eines archimedischen Punktes voraussetzen – eines Punkts außerhalb des Ganzen unseres Erfahrungszusammenhangs und jenseits unserer Eingebettetheit in dieses Ganze, von dem aus wir dieses Ganze sehen und darstellen können.«[18]

Wir können uns aber auch nicht dabei beruhigen, die notorische Instabilität der theoretischen Konzeptionen als das entscheidende Merkmal eines Paradigmas feministischen Denkens anzusehen. Denn hinter ihr verbirgt sich das, was Linda Alcoff die Identitätskrise in der feministischen Theorie nennt.[19] – Eine Krise, die durch die Spannungen und Unvereinbarkeiten zwischen den theoreti-

---

[17] Sandra Harding, *The Instability of Analytical Categories of Feminist Thinking*, in: *Signs, Journal of Women in Culture and Society*, Vol. 11/IV, 1986, S. 645-664.

[18] Jane Flax, *Postmodernism and Gender Relations in Feminist Theory*, in: *Signs: Journal of Women in Culture and Society*, Vol. 12/4, 1987, S. 621-643; Zitat, übersetzt von E. L., vgl. S. 633.

[19] Linda Alcoff, *Cultural Feminism versus Poststructuralism: The Identity Crisis in Feminist Theory*, in: *Signs, Journal of Women in Culture and Society*, Vol. 13/3, 1988, S. 405-436.

schen Positionen eines gynozentrischen »kulturellen Feminismus«, des Poststrukturalismus und schließlich jenen Positionen eines sozialistischen oder liberalen Feminismus in der Tradition der Aufklärung verursacht und perpetuiert wird, in deren Sprache die politischen Zielsetzungen der Frauenbewegung formuliert worden sind. Diese Spannungen ergeben sich aus dem Dilemma, daß aufgrund der Entscheidung für eine der genannten Positionen entweder die emanzipatorischen politischen Zielsetzungen preisgegeben werden, wie es in der kulturalistischen Wende zum Gynozentrismus zum Teil geschehen ist, oder aber die Geschlechterdifferenz geleugnet wird, jedenfalls in jenen Punkten, die die politischen Rechte der Individuen betreffen.

Einen vielleicht noch tieferen Konflikt, nämlich hinsichtlich der für den Standort feministischer Theorie entscheidenden Definition oder Konzeption des Weiblichen bemerkt Alcoff zwischen der Position des Gynozentrismus und des Poststrukturalismus: Gynozentrismus bzw. Poststrukturalismus führen entweder zu einer essentialistischen und letztlich biologistischen Festschreibung der Geschlechterdifferenz oder, im Fall des Poststrukturalismus, zur Leugnung der Möglichkeit einer eindeutigen Bestimmung von Geschlechtsidentität überhaupt – womit sich das Subjekt feministischen Denkens gewissermaßen selbst dekonstruiert.

Diskurs der Identität – Diskurs der Differenz: Was leistet der Begriff des Weiblichen für eine feministische Theorie des Subjekts?

Die Kontroverse um divergierende Positionen feministischer Theorien des Weiblichen offenbart ein grundlegendes Dilemma, einen »double bind« feministischen Denkens: Versuche einer diskursiven Klärung dessen, was »spezifisch weiblich« ist, werden als essentialistisch kritisiert. Und jene theoretischen Positionen, die dem Thema der Geschlechterdifferenz nicht hinreichend – zumindest aus der Sicht ihrer Kritikerinnen nicht hinreichend – Rechnung tragen, geraten in den Verdacht des Androzentrismus.[20] Dabei schien doch einer der wichtigsten Beiträge der feministi-

[20] Vgl. Barbara Godard, *Essentialism? A problem in discourse*, in: *Essentialisme?*, Tessera, Vol. 10, 1991, S. 22-39; S. 24.

schen Theorie zu den poststrukturalistischen Theorien des Symbolischen und des Subjekts in der Einsicht zu bestehen, daß Vorstellungen vom Selbst und Identitätskonzepte diskursiv erzeugte Konstrukte sind, zu verstehen nur auf dem Hintergrund historisch-kultureller Gegebenheiten und sozialer Machtverhältnisse.

Was ist der Grund dafür, daß sich essentialistische Neigungen auch in der feministischen Diskussion, und zwar gerade im Zusammenhang mit der Bestimmung des Weiblichen so hartnäckig halten? Es ist, wie Judith Butler vermutet, die oft unausgesprochene Überzeugung, eine feministische Politik bedürfe eines universalistischen Moments zu ihrer Rechtfertigung.[21] Wenn das zutrifft, dann wäre die Kontroverse eigentlich nicht ontologisch um Essentialismus versus Konstruktivismus zu führen, sondern als erkenntnistheoretische Kontroverse um Universalismus versus Relativismus. Das Problem des Essentialismus wäre rasch gelöst, wenn man sich klarmacht, daß für die Formulierung eines Minimalbestands universalistischer Regeln der Rechtfertigung essentialistische Prämissen nicht erforderlich sind. Statt dessen, so Butler, meint die feministische Theorie dem Bedürfnis nach einer Repräsentationspolitik nachkommen, ein nach seinen Merkmalen festgelegtes Subjekt postulieren zu müssen und sieht sich damit der Anklage einer groben Fehlrepräsentation ausgesetzt.[22]

Dieser Einwand gegen das Vorhaben der Konstitution eines weiblichen Subjekts verdient, sehr ernst genommen zu werden. Statt ein solches Subjekt zu konstruieren, wäre es dann für die feministische Kritik angemessener, eine genealogische Kritik jener Identitätskategorien zu entfalten, die von den zeitgenössischen Rechtsstrukturen, durch Sprache und Politik, erzeugt, naturalisiert und verdinglicht werden. Mit anderen Worten: Eine feministische Politik und Theorie der Subjektivität sollte eher eine Strategie der Diversität als die einer Vereinheitlichung weiblicher Subjektpositionen verfolgen. Auf diese Weise ließen sich die essentialistischen Fallen eines Gynozentrismus vermeiden und der feministische Diskurs auf die grundlegenderen Themen der Möglichkeiten und Voraussetzungen von Identität hinführen.

Die Frage ist allerdings, ob die von Butler nahegelegte Kritik an der *Konstruktion* weiblicher Identität als primär durch das

[21] Judith Butler, *Das Unbehagen der Geschlechter*, Frankfurt/Main 1991, S. 18.
[22] Dies., a. a. O., S. 20.

Geschlecht bestimmt nicht wieder in der verhängnisvollen Sackgasse einer binären dichotomischen Logik der Geschlechterdifferenz enden könnte. Denn zunächst betont Butler in Berufung auf
Luce Irigarays Kritik an den traditionellen metaphysischen Theorien des Subjekts, daß diese substantialistischen Subjekttheorien
nicht geschlechtsneutral, sondern androzentrisch gedacht sind, sofern sie ausschließen, daß Frauen in ihrem Rahmen als Subjekte
vorgestellt und dargestellt werden können. Übrigens wurden die
von Irigaray als androzentrisch kritisierten philosophischen Konzeptionen des androzentrisch verfaßten Vernunftsubjekts dieser
Form von den Vertreterinnen des »humanistischen Feminismus«
kritiklos in Anspruch genommen. Es war Simone de Beauvoir, die
die Kategorie der Alterität, des Anderen, in den Diskurs über die
Frau einführte, wobei sie selbst in ihrer Kritik am Patriarchalismus
der ererbten Kultur ein männliches Subjekt voraussetzte: durch
die abstrakte Universalität ihres Subjekt- und Personbegriffs,
durch die cartesische »Entleibung« des Erkenntnissubjekts und
durch ihre asymmetrische Konstruktion geschlechtsspezifischer
Formen der Leiblichkeit. Letztlich ist für de Beauvoir, wenn auch
in einem anderen Sinn als für Freud – d. h. nicht durch die Penis-
losigkeit der Frau, sondern aufgrund ihrer Rolle als Gebärerin –,
die Anatomie wenn nicht Schicksal, so doch eine nicht leicht zu
überwindende Barriere auf dem Weg zur existentiellen Selbstverwirklichung durch die Transzendenz des Hier und Jetzt. Und
noch in der Forderung, der Körper solle statt dessen ein Instrument weiblicher Freiheit sein, setzt sie die traditionelle Hierarchisierung von Geist und Körper fort, die seit jeher der Legitimation
der psychischen und politischen Unterordnung der Frau gedient
hat.

In kritischer Distanz zum abstrakten Humanismus des philosophischen Menschenbildes und dem biologischen Determinismus
entsprechender Konzeptionen des Weiblichen ist heute davon auszugehen, daß Person- wie Geschlechtsidentität konstituiert werden durch die Beziehung zwischen vergesellschafteten Subjekten.
Als relationales und kontextuell bestimmtes Phänomen kann dann
aber Geschlechtsidentität in den Begriffen einer philosophischen
Theorie des Subjekts bzw. der Subjektivität allein nicht hinreichend analysiert werden – auf eine solche allerdings auch nicht
ganz verzichten. Jedenfalls, so Butler, kann einer Verdinglichung
von Geschlecht und Geschlechtsidentität nur durch eine Politik

entgegengetreten werden, die die veränderlichen Konstruktionen von Identität als methodische und normative Voraussetzung begreift.[23]

Die poststrukturalistische Kritik an philosophischen und psychoanalytischen Deutungen des Weiblichen ist aber in ihrem diskurspolitischen Effekt, jedenfalls zum gegebenen Zeitpunkt, nicht so sehr als eine Radikalisierung dieser These von der historischen Bedingtheit prozedural sich herstellender Identitäten zu verstehen; sie bedeutet eher eine Verschiebung der in ihr angelegten Kritik am Androzentrismus metaphysischer Subjekttheorien auf die Ebene der Diskursanalyse und der Logik der Repräsentationen. Für die poststrukturalistischen Theorien des Subjekts sind Diskurs und Repräsentation nicht bloß Medien der Darstellung von Identitäten, die prädiskursiv vorgegeben wären, sondern die Orte ihrer Erzeugung. Zugleich gehen sie davon aus, daß die Frau als Subjekt nicht in Erscheinung tritt. Für die Frau und das sie definierende Weibliche gelte vielmehr, daß sie/es sich der Logik der männlichen Repräsentation entzieht, obwohl sie/es als das diese Logik in Gang setzende Objekt des Begehrens ihr Anderes bleibt.

Daß damit die psychische Dynamik der Logik und Metaphysik des Einen und Selben richtig beschrieben ist, sei unbestritten. Aber es ist nicht zu sehen, wie sich von ihr aus die Bedingungen und Möglichkeiten der Identität und der Subjektwerdung von Frauen angemessen beschreiben lassen. Vielmehr zeigt sich gerade in diesem Zusammenhang, und dies selbst im Diskurs der feministischen Kritik, daß die Idee eines sich vollständig transparenten Vernunftsubjekts und eines sich der (männlichen) Logik der Repräsentation entziehenden Weiblichen komplementäre Konstrukte sind, durch die die starre binäre Struktur der traditionellen Konzepte des Männlichen versus Weiblichen selbst noch durch die sie kritisierenden Diskurse bestätigt und reproduziert wird. Hier liegt eine entscheidende Grenze des mittlerweile schon längst über Gebühr strapazierten »Diskurses des Anderen« als Mittel einer feministischen Politik der Erfahrung oder Theorieproduktion. Denn trotz seiner kritischen Absicht schreibt er die Alterität und die Absenz des Weiblichen/der Frau, sofern er sie eben in diesen Kategorien thematisiert, noch einmal in die zu überwindende binäre Struktur des symbolischen Universums ein. Dasselbe trifft übri-

[23] Dies., a. a. O., S. 21.

gens auch auf den »Diskurs der Geschlechterdifferenz« zu, weil der Gebrauch des Begriffs »Differenz« im Singular einer binären Logik einer dichotomischen Geschlechterordnung entspricht.

Teresa de Lauretis hat mit dem Konzept der »Geschlechtertechnologien« (»technologies of gender«) den konstruktivistischen und antiessentialistischen Deutungen von (weiblicher) Geschlechtsidentität eine prägnante Formulierung gegeben. Wie Sexualität, so stellt de Lauretis fest, ist Geschlecht nicht eine (naturalistisch zu verstehende) Eigenschaft von Körpern oder sonst etwas originär – etwa im Sinne der Subjektmetaphysik – in menschlichen Wesen Angelegtes, sondern im Sinne von Foucault »eine Menge von Effekten, die an Körpern, sozialen Verhaltensweisen und Beziehungen erzeugt werden«.[24] Geschlechtsidentität ist also zunächst etwas, was repräsentiert, vorgestellt und dargestellt wird. Dabei ist die jeweilige Repräsentation nicht bloß die Darstellung oder Spiegelung eines ihr Vorgegebenen, sondern immer schon dessen Verkörperung und Realisierung. So ist Weiblichkeit, nicht weniger als Männlichkeit, das Produkt eines permanent sich reproduzierenden Prozesses der symbolischen Vergegenwärtigung – durch den Geschlechtsidentität und Geschlechterdifferenz hergestellt werden: in den Medien, in der Schule, in der Familie, in der Politik, im akademischen Betrieb, und natürlich in der Selbstwahrnehmung seiner AdressatInnen. Zu diesen Prozessen gehört schließlich – und darauf kommt es hier an – auch noch die feministische Kritik. Der feministische Diskurs über Weiblichkeit und Geschlecht ist selbst eine Form der Geschlechtertechnologie.[25] Und er konstruiert seine Subjekte als BewohnerInnen eines vieldimensionalen Raums kultureller, sexueller, Rasse und Klasse einschließender Differenzen: »The female subject of feminism is one constructed across a multiplicity of discourses, positions, and meanings, which are often in conflict with each other and inherently (historically) contradictory.«[26]

---

[24] Teresa de Lauretis, *Technologies of Gender. Essays on Theory, Film, and Fiction*, London 1987, S. 3.
[25] Ebda.
[26] De Lauretis, a.a.O., S. IX-X.

Eine Konsequenz, die sich aus all dem ziehen ließe, wäre, ein für allemal darauf zu verzichten, Geschlecht und Identität von Individuen durch Theorie(n) oder kohärente und eindeutige Begriffe bestimmen zu wollen. Konkrete Personalität, Vernünftigkeit und Handlungsfähigkeit von Individuen ist eben nichts, was sich aus Theorien ableiten läßt, sondern das Resultat konkreter historischer Lebensprozesse. Der Ort, zumindest ein wesentlicher Ort für einen Erfahrung und Identität von Frauen ermöglichenden Lebensprozeß ist für de Lauretis wie für Catherine MacKinnon die Frauengruppe, der Ort, an dem die traumatischen Erfahrungen der Verdinglichung, der Entwürdigung, der Entselbstung, denen Frauen in der Realität einer männerdominierten Gesellschaft ständig ausgesetzt sind, benannt werden, und damit auch die Subjektivität der Frauen, die aus solchen Grenzerfahrungen heraus lernen, »ich« zu sagen.[27] Aus dem Stellenwert, der der Praxis der Selbsterfahrungsgruppen zukommt, folgt aber auch, daß für das Projekt einer Politik der Subjektivität, die den materiellen und ideellen Raum für die Selbstbestimmung von Frauen zu schaffen sucht, eine kritische Genealogie der Kategorie »Frau« nicht ausreicht, ja, daß das permanente Kreisen um diese Kategorie die Möglichkeit einer feministischen Repräsentationspolitik nachgerade behindert. Der Grund dafür ist, daß es nicht so sehr auf neue Benennungen ankommt, sondern auf den politischen Effekt, den sie auf die gesellschaftlichen Machtverhältnisse hat oder haben kann. Deshalb ist immer auch zu fragen, »welche Herrschaftsverhältnisse und welche Ausschließungen (man) ungewollt unterstützt, wenn allein die Präsentation (des Weiblichen, des Subjekts ›Frau‹) im Brennpunkt der Politik steht«.[28]

Butler fügt dieser Frage eine Vermutung hinzu, die die Tragweite des Diskurses um das weibliche Subjekt und die Geschlechterdifferenz weit erheblicher relativiert, als es zunächst scheinen mag: »Die Identität des feministischen Subjekts darf nicht die Grundlage feministischer Politik bilden, solange die Formation des Subjekts in einem Machtfeld verortet ist, das regelmäßig durch die Set-

---

[27] So z. B. Catherine A. MacKinnon, *Feminismus, Marxismus, Methode und der Staat: ein Theorieprogramm*, in: Elisabeth List/Herlinde Studer (Hg.), *Denkverhältnisse. Feminismus und Kritik*, Frankfurt/Main 1989, S. 86-132.
[28] Butler, a. a. O., S. 22.

zung dieser Grundlage verschleiert wird. Vielleicht stellt sich paradoxerweise heraus, daß die Repräsentation als Ziel des Feminismus nur dann sinnvoll ist, wenn das Subjekt ›Frau(en)‹ nirgendwo vorausgesetzt ist.«[29]

Wie sehr diese Vermutung zutrifft, lehrt ein Blick auf ein Beispiel traditioneller Repräsentationspolitik der »Kulturtragenden«, als welche sich zwar natürlich fast ausschließlich Männer prädestiniert glaubten, ohne aber jemals dieses ihr Mannsein als konstitutiv für ihr Subjektsein anzusehen. Das Beispiel, von dem hier die Rede ist, ist eine vierzehnbändige Realenzyklopädie, genauer, die Ausgabe des *Brockhaus* aus dem Jahr 1965. Dort finden sich unter dem Schlagwort »Mann« vier Eintragungen: Heinrich Mann, Horace Mann, Klaus Mann, und natürlich Thomas Mann.[30] Erläuterndes zum Thema Männlichkeit liest man in zwei Eintragungen, die nicht mehr als ein bis zwei Zeilen lang sind: »Mannesschwäche«, mit dem Verweis auf »Impotenz«, und »Manneszucht«, mit dem Verweis auf die Stichworte »Disziplin«, »Militär«. Diese lakonischen Hinweise wären durchaus einen Kommentar wert. Worauf es aber ankommt, ist der Umstand, daß offenbar diejenigen, die unstrittig über kulturelle Definitionsmacht verfügen, es nicht nötig haben, sich durch eine Repräsentationspolitik als das »erste Geschlecht« sichtbar zu machen.

Wahrscheinlich ist es für Frauen, traditionell wahrgenommen als »Geschlechtswesen« par excellence, unverzichtbar, sich von solcher Zuschreibung mit allen Mitteln der Dekonstruktion zu befreien. Im übrigen aber empfiehlt sich als Strategie für eine feministische Politik der Subjektivität, skeptische Distanz zu halten gegenüber allen Versuchen, das Weibliche, das Frausein festzulegen, und sei es als das, was sich aller diskursiven Festlegung entzieht. Denn wichtiger als eine Politik der Repräsentation ist eine Politik der Benennungen in bezug auf bzw. das Wissen über soziale, ökonomische und psychische Bedingungen, unter denen Frauen leben. Aber auch noch theoretisches Wissen erweist sich, wenn es um die Frage geht, »Wie weibliche Freiheit entsteht«[31], als

---

29 Ebda.
30 Die Ausgabe des *Brockhaus* aus dem Jahr 1971 unterscheidet sich übrigens von der aus 1965 im vorliegenden Zusammenhang nur dadurch, daß zusätzlich Golo Mann, Erika Mann und zwei weitere »Manns« eingetragen sind.
31 Das ist der Titel eines Buches der Libreria della donne di Milano, erschienen in Berlin 1988.

– um es in der Sprache der Logiklehrbücher zu sagen – notwendige, aber nicht hinreichende Bedingung.

Kein Blick von Nirgendwo oder:
doch ein Paradigma feministischen Denkens

Gibt es also so etwas wie ein Paradigma feministischen Denkens oder feministischer Theorie? Wenn es darum geht, den Ort feministischen Denkens zu bestimmen, dann ist die Suche nach dem archimedischen Punkt im Zentrum einer alles erklärenden Theorie vergeblich. Der Ort feministischen Denkens ist immer der Ort der Frau, die sich und die Welt denkt. Und es ist gerade unter dieser Voraussetzung nützlich, von einem Paradigma feministischen Denkens zu sprechen. Denn, wie es Margret Masterman in ihrer Untersuchung zu Thomas Kuhns Paradigmabegriff mit angelsächsischem Understatement formuliert: Ein Paradigma ist etwas, was funktioniert, auch wenn keine Theorie da ist.[32]

Es kommt hier nicht darauf an, dem Sinn von Mastermans Bemerkung im Kontext der Kontroverse um Kuhns Auffassung der wissenschaftlichen Tätigkeit und der Wissenschaftsgeschichte im einzelnen nachzugehen, zumal Kuhn sich selbst vom Begriff des Paradigmas in seinen späteren Schriften distanziert. Was jedenfalls mit diesem Begriff verbunden war und was entsprechend auch für die junge Geschichte der feministischen Theorie gilt, ist der Gedanke, daß der wissenschaftliche Erkenntnisprozeß eine intellektuelle Praxis ist, die auf einen weiteren sozialen, politischen und kulturellen Kontext verweist, daß er Teil einer historisch gewordenen Kultur ist, selbst eine Lebensform begründet, innerhalb deren die Konstruktion und logische Prüfung von Theorien eine wesentliche Rolle spielen, aber nicht die ausschließliche.

Linda Alcoffs Konzept der Positionalität, das den historisch konkreten Bezugspunkt feministischer Reflexion in der Lebenssituation von Frauen als realen Akteurinnen und damit entscheidendes Kriterium feministischer Theorie bestimmt, könnte so gesehen als Umschreibung dessen verstanden werden, was das Paradigma feministischen Denkens ausmacht. Es ist damit beschrieben als eine Form intellektueller Praxis, die versucht, einen Prozeß in

---

[32] Margret Masterman, *Die Natur eines Paradigmas,* in: Imre Lakatos und Alan Musgrave (Hg.), *Kritik und Erkenntnisfortschritt,* Braunschweig 1974, S. 69-88.

Gang zu setzen, der Frauen zu selbstbestimmtem Handeln befähigt. »Empowerment« ist seine Strategie. Es ist nicht bloß Theorieproduktion, sondern auch Theoriepolitik, Erkenntnis- und Wissenschaftspolitik. Denn für Frauen ist die Freiheit zu denken noch lange keine reale Möglichkeit, und so ist es das Ziel der feministischen Forschung zu allererst, den diskursiven Rahmen zu schaffen, in dem sich Autonomie und Selbstbestimmung von Frauen symbolischen Ausdruck verschaffen können. Für diesen Zweck ist die theoretische und wissenschaftliche Analyse des weiblichen Lebenszusammenhangs unverzichtbar, aber nicht das primäre Anliegen. Denn es geht in erster Linie um einen Ort und eine Form des Diskurses, der Frauen ermöglicht, in ihrem eigenen Namen zu sprechen, das heißt als Individuen mit einer geschichtlich bestimmten Lebens- und Erfahrungsperspektive und einer ebenso bestimmten geschlechtlichen Identität. Das wäre ein diskursiver Rahmen für eine »Politik der Identität« oder »Politik der Subjektivität«, der vom konkreten Lebenszusammenhang der Akteurinnen ausgeht und ihnen ermöglicht, ihre Lebensgeschichte selbst zu schreiben und ihre Identität auf diese Weise zu erzeugen. So ging zum Beispiel der Entwicklung von Methodologien und Theorieansätzen feministischer Forschung die Analyse des Verhältnisses von wissenschaftlichen Institutionen und Denkformen und dem weiblichen Lebenszusammenhang voraus. Die Reflexion auf die konkreten Situationen und die jeweiligen strukturellen und politischen Kontexte des Forschungshandelns ist konstitutiv für das Paradigma der Positionalität, das in der feministischen Diskussion unter dem Begriff »situated knowledges« dem abstrakten und dekontextualisierten Theorieverständnis der Normalwissenschaft gegenübergestellt wird.[33] Demnach bezeichnet der Ausdruck »feministisch« ein Denken oder einen theoretischen Denkzusammenhang, der in der Analyse menschlicher/weiblicher Lebensbedingungen von der Kategorie des Geschlechts ausgeht und der auf die Erklärung und Kritik von Herrschaftsverhältnissen in der Geschlechterbeziehung gerichtet ist.[34]

[33] Etwa von Donna Haraway, *Situated Knowledges: The Science Question in Feminism and the Priviledge of Partial Perspective*, in: dies., *Simians, Cyborgs, and Women. The Reinvention of Nature*, London 1991, S. 183-202.
[34] Vgl. Elisabeth List, *Theorieproduktion und Geschlechterpolitik. Prolegomena zu einer feministischen Theorie der Wissenschaften*, in: Herta Nagl-Docekal (Hg.), *Feministische Philosophie*, Wien 1990, S. 158-183.

Ein solches Paradigma der Positionalität als Paradigma feministischen Denkens würde einerseits die geschichtliche Bedingtheit und Formbarkeit all jener Verhaltensweisen, die eine geschlechtliche Identität ausmachen, bewußt halten, ohne damit in poststrukturalistischer Manier nahezulegen, die Identität von Frauen sei unbestimmt. Es wäre unvereinbar mit dem alten Anspruch auf die absolute Kontrolle von Subjektivität durch Vernunft, wäre aber sehr wohl vereinbar mit bescheideneren Modellen einer unvollständigen Rationalität, wie sie heute – fast möchte man sagen: ironischerweise – mit den Mitteln der fortgeschrittensten Theorien rationalen Handelns, nämlich der rationalen Entscheidungstheorie, entwickelt werden.

Als ein philosophisches Paradigma wäre die skizzierte Konzeption der Positionalität demnach eine, die zwar den Absolutheitsanspruch traditioneller Vernunftkonzepte aufgibt, aber doch eine, die, bezogen auf handelnde Subjekte, mit den Mitteln vernünftiger Überlegung das Ganze des menschlichen Erfahrungszusammenhangs zu reflektieren und zu verstehen sucht, und damit der kulturellen und intellektuellen Zielsetzung philosophischen Denkens folgt.

Die Aufgabe philosophischer Kritik, auch der feministischen, ist, kantisch gesprochen, Grenzen zu sehen. Wenn sich gezeigt hat, daß die Grenzen der philosophischen Vernunft in ihrer historischen Erscheinungsform in vieler Hinsicht die Grenzen jenes einen Geschlechts sind, das sich jahrhundertelang die Vernunftfähigkeit als Geburtsrecht und Besitzprivileg zugeschrieben hat, sollte das Frauen, und nicht nur sie, ermutigen, diese Grenzen zu überschreiten, nicht allein und auch nicht primär im Blick auf die Phantasmen eines Anderen der Vernunft[35], sondern auf die Möglichkeiten und Perspektiven eines anderen Vernunftgebrauchs – eines anderen Vernunftgebrauchs, der sich nicht selbst zum höchsten Wert und Zweck der conditio humana stilisiert, sondern sich vielmehr als eines ihrer Momente versteht.

Positionalität – das bedeutet eben keinen »Blick von nirgendwo« – wie ihn Thomas Nagel der Philosophie zubilligen möchte.[36] Die eigentümliche Marginalität, die lange das Schicksal von Frauen in

---

[35] Vgl. Hartmut Böhme, Gernot Böhme, *Das Andere der Vernunft. Zur Entwicklung von Rationalitätsstrukturen am Beispiel Kants*, Frankfurt/Main 1983.
[36] Thomas Nagel, *Der Blick von Nirgendwo*, Frankfurt 1992.

der Philosophie bestimmt hat, erweist sich nun als ein erkenntnistheoretisches Privileg. Weil philosophierende Frauen immer wieder zu hören und zu spüren bekamen, daß sie hier – in der Philosophie nämlich – fehl am Platz sind, entwickelten sie ein klares Bewußtsein davon, daß auch der Philosoph einen Ort hat, von dem aus er denkt – nicht nur sie. Solches Bewußtsein muß nicht in einen Relativismus der Perspektiven münden. Es könnte vielmehr dazu dienen, von der Leistungsfähigkeit theoretischer Reflexion ein klareres Bild zu bekommen. Die Frage ist freilich zunächst, welche Erkenntnisleistungen der theoretischen Reflexion zugemutet werden können. Wie weit ist sie zum Beispiel in der Lage, dem/der Reflektierenden Aufklärung über sich selbst zu vermitteln?

Kapitel III

Theorie und Lebensform
Selbstverhältnisse in der Wissenschaftskultur

Das Wissensideal, an dem sich die modernen Wissenschaften und eine sich als wissenschaftlich verstehende Philosophie orientiert, ist, wie Karl Popper es formuliert, das Ideal einer »Erkenntnis ohne Subjekt«.[1] Dementsprechend sah und sieht die Wissenschaftstheorie ihre Aufgabe in der »rationalen Rekonstruktion« der Logik und der Semantik wissenschaftlicher Theorien; diese Aufgabe gilt ihr darüber hinaus als die einzige philosophisch relevante Form der Reflexion auf das Phänomen »Wissenschaft«. Es ist zugleich eine Sicht von Wissenschaft, der die Frage nach dem Standpunkt und Lebenszusammenhang von Wissenschaftlern als Individuen, und damit auch dem Ort von Frauen im Drama der wissenschaftlichen Weltaneignung, als deplaciert und irrelevant erscheinen muß.

Die Prämissen der klassischen Wissenschaftstheorie sind zumindest aus zwei Gründen problematisch geworden. Einmal hat die historische Wende in der Wissenschaftstheorie selbst zu dem Ergebnis geführt, daß die Mittel der logischen Analyse nicht ausreichen, um den Rationalitätsanspruch miteinander rivalisierender oder einander ablösender Theorien zu erklären. Zum anderen hat der Umstand, daß die Wissenschaft zu einem zentralen Faktor in der Gestaltung des gesellschaftlichen Lebens geworden ist, zu einer neuen Form des »Reflexivwerdens« von Wissenschaft geführt. Wissenschaft ist als soziale Institution, als Produktivkraft und als Bestandteil des kulturellen Systems selbst zum Gegenstand empirischer Forschung, moralischer Bewertung und politischer Normierung geworden – nicht nur unter dem Vorzeichen einer radikalen Vernunftkritik, sondern auch unter Gesichtspunkten rationaler Rechtfertigung, die auf ein anderes als ein szientistisches Paradigma von Rationalität verweisen.

Die Privilegierung der positiven Wissenschaften als Para-

---

[1] Vgl. dazu Thomas Nagel, *Subjective and Objective*, in: ders., *Mortal Questions*, Cambridge 1979.

digma von Rationalität schlechthin und der aus ihr sprechende ungebrochene Optimismus bezüglich ihrer humanisierenden und zivilisatorischen Funktion hatte schon zur Zeit der Entstehung der Wissenschaftstheorie Anlaß gegeben, nach einer philosophisch grundlegenderen Deutung des wissenschaftlichen Denkens zu suchen. Zu erwähnen sind hier Heideggers radikale Wissenschafts- und Technikkritik in *Sein und Zeit* und Husserls Versuch, die »galileische Weltsicht« der neuzeitlichen Naturwissenschaft auf ihre lebensweltlichen Fundamente zu beziehen.

Auf der Suche nach einem philosophischen Begriff, der wissenschaftliche Arbeit als Tätigkeit eines Subjekts zu verstehen erlaubt, eines Subjekts, dessen alltägliche Bedürfnisse und Lebensprobleme nicht als zu vernachlässigende oder störende Faktoren gesehen werden sollen, bietet sich so der Begriff der Lebensform an. Erst der Blick auf Wissenschaft als Lebensform erlaubt die Frage nach den Selbstverhältnissen, die sich im theoretischen Diskurs herstellen und reproduzieren. Der Begriff der Lebensform wurde durch einen Philosophen ins Spiel gebracht, den die Anhänger des Logischen Empirismus zuweilen – nicht ganz zu Recht – als einen ihrer geistigen Vorläufer betrachten: von Ludwig Wittgenstein.[2]

Wittgenstein spricht von Lebensformen im Zusammenhang mit einem anderen Thema, das in seinen Schriften einen großen Raum einnimmt, dem des Sprachspiels. Mit dem Begriff des Sprachspiels verweist er auf den Umstand, daß Sprache in konkreten Handlungssituationen gelernt und verwendet wird. Unsere Alltagssprache, so Wittgenstein, besteht aus Netzen von Sprachspielen, deren Bezug zur Lebensform – was immer das sein mag – darin liegt, daß die alltägliche Verwendung von Sprache nicht der Darstellung von Gedanken dient, wie etwa Locke annahm, sondern daß sie zur Ausführung höchst unterschiedlicher Tätigkeiten und zur Realisierung vielfältiger Ziele verwendet wird, wie sie eben zur menschlichen Lebensform gehören.

Eines dieser Ziele ist das Treiben von Wissenschaft. Die Sprache der Wissenschaften, so läßt sich aus Wittgensteins Überlegungen folgern, beschränkt sich ebenfalls nicht auf das Abbilden von Ge-

---

[2] Wittgenstein dürfte das Buch Eduard Sprangers, *Lebensformen*, gekannt haben, macht aber vom Begriff der Lebensform einen Gebrauch, der mit dem Werk Sprangers nicht allzuviel gemeinsam hat. Vgl. dazu Allan Janik/Stephen Toulmin, *Wittgensteins Wien*, München/Wien 1984, S. 308 f.

danken oder Tatsachen, sondern ist eingebettet in Netze menschlicher Tätigkeiten, ein Bestandteil der Kultur, eine Lebensform unter anderen.

»Theoretische Praxis« als Selbstverhältnis

Wittgenstein verwendet den Begriff der Lebensform in den *Philosophischen Untersuchungen* nicht öfter als fünfmal. Das hat der Wittgensteinforschung Anlaß zur Frage gegeben, welche Relevanz dieser Begriff für die Philosophie Wittgensteins überhaupt hat. Die Antwort darauf wird jedenfalls davon abhängen, wie man die verschiedenen Aufgaben, die Wittgenstein der Philosophie in seinem Spätwerk zuschreibt, gewichtet.[3]

Zwar steht im Rahmen der *Philosophischen Untersuchungen* das Anliegen der Metaphysikkritik, der »Kampf gegen die Verhexung unseres Verstands durch die Mittel unserer Sprache«[4], im Vordergrund. Darüber hinaus aber sieht Wittgenstein eine der Aufgaben der Philosophie darin, den tatsächlichen Sprachgebrauch zu beschreiben, und zwar nicht durch eine metaphysische oder erklärende Theorie, sondern in der Form einer »übersichtlichen Darstellung«.[5] Für diese nach Wittgenstein freilich schwer zu bewältigende Aufgabe eignet sich der Begriff der Lebensform, weil er auf das Ganze des Lebenszusammenhangs verweist, in das die Sprache eingebettet ist, und weil es sich um einen allgemeinverständlichen Ausdruck der gehobenen Umgangssprache handelt, der Eingang in die Kulturwissenschaften gefunden hat.

Die kulturwissenschaftliche Anwendung des Begriffs der Lebensform setzt allerdings ein gewisses Maß der inhaltlichen Differenzierung und Präzisierung dieses Konzepts voraus. Eine »übersichtliche Darstellung« konkreter historischer Lebensformen hätte

---

[3] Vgl. u. a. Allan Janik, *Sind Kulturen Lebensformen?*, in: *Zeitschrift für Didaktik der Philosophie*, 1989/2, S. 78-85.

[4] Ludwig Wittgenstein, *Philosophische Untersuchungen*, Werkausgabe (im folgenden »WA«) Bd. 1, § 109.

[5] Zum Begriff der übersichtlichen Darstellung vgl. Ludwig Wittgenstein, *Philosophische Untersuchungen*, § 122, und *Bemerkungen über George Frazer's Golden Bough*, in: *Sprachanalyse und Soziologie*, hg. v. Rolf Wiggershaus, Frankfurt/Main 1975, S. 37-57; vgl. auch Rudolf Haller, *War Wittgenstein von Spengler beeinflußt?*, in: *Wittgenstein and Contemporary Philosophy*, hg. von Brain F. McGuiness and Aldo Gargani, Pisa 1985, S. 97-112.

das, was Wittgenstein die »gemeinsame menschliche Handlungsweise«[6] nennt, zumindest unter den drei folgenden Gesichtspunkten zu betrachten: erstens hinsichtlich der Beziehung menschlichen Handelns auf die äußere Natur, zweitens im Blick auf die
sozialen Beziehungen und Verhältnisse, die Form des menschlichen Zusammenlebens, und drittens hinsichtlich des Bildes vom
Selbst, der »Selbstverhältnisse« als Praktiken der Selbstrealisierung
und Selbstwahrnehmung, die der betreffenden Kultur oder historischen Epoche eigen sind. Eine einigermaßen vollständige Beschreibung historischer Lebensformen, sei es die der aristokratischen Philosophenkönige der Antike oder die der Bauersfrauen im
Mittelalter, muß zumindest diese Dreiheit des Verhältnisses zur
Natur, zur Sozietät und zu sich selbst umfassen. Das gilt auch für
die Beschreibung wissenschaftlicher Betätigung, und von dem,
was einmal »vita contemplativa« hieß, als Lebensform.

Was ist also der lebensförmige Hintergrund von Sprachspielkul-
turen, die Theorie hervorbringen, und im besonderen: welches
sind die »Selbstverhältnisse«, die sie, ungeachtet des Anspruchs auf
zeitlose Geltung und Objektivität des von ihnen erstrebten Wissens, in sich schließen? Diese Frage stellt sich auf zweifache Weise:
Einmal als die philosophisch »theorieinterne« Frage danach, ob im
Rahmen und mit den Mitteln des philosophischen Diskurses so
etwas wie »Selbsterkenntnis« möglich ist, und dann als die andere
Frage nach jenem imaginären Selbst des theoretischen Diskurses,
das sich – ganz im Sinne der Idee einer Erkenntnis ohne Subjekt –
in der Maske des Unpersönlichen, des »rein Sachlichen« präsentiert, sich aber dennoch im Stil, in der Gestik, in der Metaphorik
philosophischen Sprechens und Schreibens zu erkennen gibt.[7]

Wittgensteins Einstellung zur Frage nach dem Zusammenhang
von Theorie und Lebensform ist die folgende: Sofern zunächst naturwissenschaftliche Theorien gemeint sind, vertritt er den Standpunkt, daß der naturwissenschaftliche Sprachgebrauch in den wissenschaftlichen Alltagstätigkeiten des Zählens, Messens, Rechnens
und Experimentierens eine handgreifliche lebenspraktische Basis
hat. Im Zusammenhang solcher Tätigkeiten hat für ihn das Sprach-

---

6 Wittgenstein, a.a.O., S. 346. Vgl. dazu Rudolf Haller, *Die gemeinsame menschliche Handlungsweise*, in: *Zeitschrift für philosophische Forschung*, 33 (1979),
   S. 521-533.
7 In bezug auf Wittgenstein selbst vgl. Manfred Frank/Gianfranco Soldati, *Wittgenstein. Literat und Philosoph*, Pfullingen 1989.

spiel der theoretisch argumentierenden, beweisenden Rede ihren Sinn – aber auch hier einen strikt relativen, nämlich bezogen auf die technische Anwendung ihrer Ergebnisse, unabhängig von der Frage, ob wissenschaftliche Erkenntnis an sich »etwas Gutes und Wünschenswertes ist« oder ob »die Menschheit, die nach ihr strebt, in eine Falle läuft«.[8] Ganz anders ist Wittgensteins Einstellung gegenüber der traditionellen Metaphysik, die die Möglichkeit von Moral, die Existenz Gottes oder die Entwicklungsgesetze des menschlichen Geistes aus apriorischen, sich dem reinen Vernunftgebrauch verdankenden »wissenschaftlichen« Prinzipien begründen will. Wittgenstein sah in den metaphysischen Systemen irregeleitete Versuche, die letzten Fragen des menschlichen Lebens durch so etwas wie eine »Physik des Abstrakten«[9] lösen zu wollen.

In einem Brief an Ludwig von Ficker erklärt Wittgenstein, sein *Tractatus* habe einen primär ethischen Sinn. In ihm sei – wie er damals meinte: ein für allemal – festgelegt, was sich innerhalb der Grenzen unserer Sprache klar sagen läßt. Wenn Wittgenstein im selben Zusammenhang betont, der *Tractatus* bestehe aus zwei Teilen, nämlich aus dem geschriebenen und dem, was er nicht geschrieben habe – denn die wichtigen und drängenden Fragen der menschlichen Existenz lägen jenseits dessen, was sich klar sagen läßt –, so ist daraus zu schließen, daß es Wittgenstein darum ging, die ethischen Fragen vor den falschen Anmaßungen einer theoretisierenden Vernunft zu retten. Ethik und Probleme des Lebens gehören für ihn nicht in den Bereich des (theoretisch) sinnvoll Sagbaren. Und konsequenterweise auch nicht die Frage nach dem Subjekt.[10]

Daß Theorie, verstanden im modernen Sinn als »wissenschaftlich einheitliche gesetzmäßige Erklärung« oder »Interpretation eines Tatsachenkomplexes aus einem Prinzip«, etwas beitragen könne zur Bewältigung existentieller, geistig-ethischer Probleme, ist aus der Sicht Wittgensteins der kollektive Irrtum von Generationen von Philosophen, ein grandioses Selbstmißverständnis der philosophischen Zunft als Sachwalterin der Vernunft.

Folgerichtig hat Wittgenstein darauf verzichtet, aus seinem Verweis auf die Unhintergehbarkeit dessen, was er Lebensform nennt,

8 Ludwig Wittgenstein, *Vermischte Bemerkungen,* WA Bd. 8, S. 529.
9 Zitiert nach Allan Janik und Stephen Toulmin, *Wittgensteins Wien,* a. a. O., S. 342.
10 Vgl. Ludwig Wittgenstein, *Tractatus logico-philosophicus*, WA I, S. 421, sowie Janik und Toulmin, a. a. O., S. 261.

eine Theorie zu machen. Die Tragweite dieser Entscheidung wird verständlich, wenn man Wittgensteins Position als eine radikale Antwort auf die Krise der Moderne deutet, die sich in Wittgensteins Wien des Fin de siècle abzuzeichnen beginnt.[11]

Seine Lebensumstände als Sohn eines der erfolgreichsten und vermögendsten Industriellen der späten Habsburger Monarchie, die bis an die Grenzen der Selbstzerstörung gehende Aufrichtigkeit und Kompromißlosigkeit seines Denkens bringen mit exemplarischer Deutlichkeit die Ambivalenzen, ja die Unannehmbarkeiten dessen zutage, was Theorie als Lebensform bedeuten kann.[12] Erzogen nach den strengen Leistungsnormen einer freilich weitgehend säkularisierten Arbeitsethik, die den Wert eines Menschen allein am materiellen und lebenspraktischen Nutzen seines Tuns bemißt, sah er sich mit einer Kultur und einer gesellschaftlichen Realität konfrontiert, in denen das religiöse Ideal innerweltlicher Askese keine motivierende Kraft mehr hatte. Der unannehmbaren Alternative gleichermaßen »heilloser« ökonomischer und kultureller Geschäftigkeit sucht der junge Wittgenstein zu entkommen durch die Suche nach einer Lebensform, die der von ihm zutiefst verinnerlichten Forderung nach einem gottgefälligen, »ordentlichen« Leben entspricht, zunächst im Bereich der Philosophie. Statt den Spuren seiner Vorbilder, von denen in seinen Notizbüchern und Aufzeichnungen so häufig die Rede ist – Schopenhauer, Kierkegaard, Tolstoi – zu folgen, stellte sich Wittgenstein als Philosoph die Aufgabe, den Anspruch der akademischen Philosophie, mit den Mitteln des theoretischen Denkens, Beweisens, Argumentierens zeitlos gültige Antworten auf die Grundfragen des menschlichen Lebens zu geben, als falsche Anmaßung zu entlarven.[13]

In den Dienst dieser Aufgabe stellte er seine eigene philosophische Arbeit. Wittgenstein war auf seine Weise ein zutiefst religiöser Mensch, und gerade deshalb versuchte er, die wissenschaftliche, die theoretische Vernunft in ihre Grenzen zu verweisen, in Grenzen, die weit enger gesteckt waren als etwa bei Kant.[14]

Der Preis dieser Beschränkung ist freilich nicht unerheblich.

---

[11] Carl E. Schorske, *Wien. Geist und Gesellschaft im Fin de Siècle,* Frankfurt/Main 1982.

[12] Brian McGuinness, *Wittgensteins frühe Jahre,* Frankfurt/Main 1988.

[13] Vgl. Janik und Toulmin, a. a. O., S. 339 f.

[14] Vgl. Janik und Toulmin, a. a. O., Kap. V.

Dem Befund einer grassierenden »Selbst-losigkeit« der modernen Alltagskultur, die durch das Imaginäre einer Konsum- und Medienkultur kompensiert wird, entspricht das Verschwinden des Subjekts als Thema theoretischer Diskurse. Wittgensteins Denken an der Grenze zwischen Theorie und Lebensform ist geprägt von der Signatur des Verzichts auf das Unsagbare. Getreu der Devise, die Philosophie habe nur zu beschreiben und alles so zu lassen, wie es ist, kapituliert er auf der philosophischen Suche nach sich selbst vor den Konventionen der wissenschaftlichen Sprache – und vor der Angst, die Kontingenzen seines eigenen Lebens beim Namen zu nennen. Indem er das Anrennen an die Grenzen der Sprache – an die Grenzen einer nachcartesischen Theoriesprache – thematisiert, befestigt er sie, anstatt sich der Vieldeutigkeit und dem Reichtum der Umgangssprache anzuvertrauen. Aber immerhin hat er nicht nur Grenzen sichtbar gemacht, sondern ein wenn auch sprachloses Wissen für das wachgehalten, was jenseits dieser Grenzen liegt.

Theoretisches Denken als Form der Selbstbehauptung

Wie immer berechtigt Wittgensteins Skepsis bezüglich der sprachlichen Ausdrückbarkeit ethischer Einstellungen oder Probleme und der sich aus ihr ergebenden negativen Einschätzung der Leistungsfähigkeit theoretischen Denkens in dieser Hinsicht sein mag – zunächst stellt sich die Frage, unter welchen realhistorischen und geistesgeschichtlichen Voraussetzungen es dazu gekommen ist, daß, etwa für Descartes, das Denken, und zwar allein das Denken, zu einer Quelle der Selbstgewißheit und der Lebenssicherheit werden konnte. Welche Einbrüche in der Genealogie kollektiver Bewußtseinslagen sind es, die sich in der Erosion der Einheit des christlich-mittelalterlichen Weltbilds und in der Entstehung eines säkularen Typs der Selbst- und Welterfahrung manifestieren? Darauf gibt es mehr als eine Antwort, denn es lassen sich mehr als eine Geschichte über die Genese der neuzeitlichen Philosophie und Wissenschaften erzählen.

Es ist üblich geworden, die Ursprünge der neuzeitlichen Wissenschaft in den sozialen und ökonomischen Umwälzungen zu sehen, die seit dem Ende des Mittelalters, ausgehend von Italien, Europa veränderten. Es ist aber auch nicht unbemerkt geblieben, in welchem Maße die neuzeitlichen philosophischen Systeme von den Fragestellungen, ja der Erblast ungelöster Probleme geprägt sind, die die alte Kosmologie, vor allem in ihren theologischen Deutungen, hinterlassen hat.

Unter diesem Gesichtspunkt untersucht Hans Blumenberg die Genese des wissenschaftlichen Denkens der Neuzeit.[15] Eines der Probleme, das auch in den Notizen Wittgensteins auftaucht[16], ist das der Theodizee – also die Frage, wie in einer von einem allmächtigen und gütigen Gott geschaffenen Welt die Existenz des Bösen, des Übels und des Leids zu erklären ist. Der Dualismus der Gnosis hatte dieses Problem gelöst, indem er dem reinen Heilsgott einen launischen Demiurgen gegenüberstellte, dem er die Entstehung der materiellen Welt als Ort allen Übels zuschrieb. Eine solche Deutung konnte die kirchliche Orthodoxie nicht zulassen; so hat Augustinus, um die Einheit von Schöpfer- und Erlösergott zu wahren, in seiner Schrift *De libero arbitrio* die Entstehung des Bösen aus dem freien Willen des Menschen erklärt.

Auf diese Weise, so Blumenberg, war der gnostische Dualismus für das metaphysische Weltprinzip beseitigt, aber er »lebte im Schoße der Menschheit und ihrer Geschichte, als absolute Sonderung zwischen Berufenen und Verworfenen, fort«.[17] Das ist der Grundgedanke der Lehre von der Prädestination, der Lehre von der Gnadenwahl. Er erhielt eine zusätzliche Verschärfung durch das monokratische und rigorose Gottesbild der nominalistischen Theologie, die die prinzipielle Uneinsehbarkeit des göttlichen Willens als notwendige Folge der Allmacht Gottes betrachtete. Da der theologische Absolutismus der nominalistischen Theologie der menschlichen Vernunft jede Einsicht in die Ratio göttlicher Weltschöpfung verweigerte, wurde es völlig unmöglich zu entscheiden, ob eine solchermaßen geschaffene Welt überhaupt noch einen Bezug zu den menschlichen Bedürfnissen hat.

Mit anderen Worten: das theologische Weltbild verlor zunehmend an humaner Relevanz, und dies führte in der Zeit des Übergangs vom Mittelalter zur Neuzeit zu einer weitverbreiteten Orientierungsunsicherheit in religiösen Fragen. Unter diesen Voraussetzungen setzte sich nach Blumenberg als Alternative zum

---

15 Hans Blumenberg, *Die Legitimation der Neuzeit*, Frankfurt/Main 1966.
16 Ludwig Wittgenstein, *Vermischte Bemerkungen*, WA Bd. 8, S. 490 f.
17 Blumenberg, a. a. O., S. 88.

transzendenten Absolutismus die Idee immanenter menschlicher Selbstbehauptung durch: »Das Mittelalter ging zu Ende, als es innerhalb seines geistigen Systems dem Menschen die Schöpfung als ›Vorsehung‹ nicht mehr glaubhaft machen konnte und ihm damit die Last seiner Selbsterhaltung auferlegte.«[18]

Der Begriff der Selbsterhaltung bzw. der der Selbstbehauptung wurde als Kennzeichnung einer Grundstruktur des modernen Bewußtseins zuerst von Adorno und Horkheimer explizit in die Theorie der Moderne eingeführt, und außer Blumenberg folgten ihnen eine Reihe anderer Autoren, u. a. Hans Ebeling und Peter Sloterdijk.[19] Um »Selbstbehauptung« als Kennzeichen nicht nur modernen Bewußtseins im allgemeinen, sondern neuzeitlicher wissenschaftlich-theoretischer Vernunft im besonderen zu verstehen, müssen drei Dinge klar sein. Erstens: Selbstbehauptung ist in diesem Zusammenhang nicht als biologische Kategorie zu verstehen, obwohl sie auch als solche für das neuzeitliche Denken von Hobbes bis Darwin von Bedeutung ist. Zweitens: Für eine nicht-naturalistische Sicht von Selbsterhaltung spielt die Idee des Wissens von sich selbst, von Selbstbewußtsein als Form der Selbstvergewisserung eine entscheidende Rolle. Und schließlich ist drittens theoretische Erkenntnis der äußeren Natur als Instrument materieller Selbstbehauptung jener Faktor, der die Kultur der Moderne am entscheidendsten prägen sollte. Jedenfalls markiert im Kontext neuerer Modernitätstheorien das Motiv der Selbsterhaltung einen Wendepunkt in der Sichtweise des Zusammenhangs von Theorie und Lebensform.

Es manifestiert sich in Francis Bacons Vision einer »scientia activa«, die der scholastischen Wissenschaft und der mit ihr verbundenen kontemplativen Lebensform den Rücken kehrt. Diese »scientia activa« trennt sich in ihren Anfängen noch nicht von der Mutterdisziplin der Philosophie, gibt sich den Namen einer »experimentellen Philosophie«[20], von deren Nützlichkeit schon Descartes überzeugt ist. In seinem *Discours de la Méthode* stellt er angesichts der sich abzeichnenden Entwicklungen im Bereich der

[18] Blumenberg, a. a. O., S. 92.
[19] Vgl. Hans Ebeling, *Subjektivität und Selbsterhaltung*, und Peter Sloterdijk, *Eurotaoismus. Zur Kritik der politischen Kynetik*, Frankfurt 1989, und ders., *Zur Welt kommen – Zur Sprache kommen. Frankfurter Vorlesungen*, Frankfurt 1988.
[20] Vgl. Gernot Böhme/Wolfgang van den Daele/Wolfgang Krohn, *Experimentelle Philosophie. Ursprünge autonomer Wissenschaft*, Frankfurt/Main 1977.

Naturwissenschaften in Aussicht, »daß es möglich ist, Erkenntnisse zu erlangen, die von großem Nutzen für dieses Leben sein werden, und daß wir an Stelle der spekulativen Philosophie, die heute an den Schulen gelehrt wird, eine praktische finden können, durch die wir, indem wir das Wesen und Verhalten von Feuer, Wasser, Luft und Sternen des Himmels und all der anderen uns umgebenden Körper so verstehen, wie heute die verschiedenen Fertigkeiten unserer Handwerker diese Eigenschaften für all die Zwecke anwenden können, für die sie sich eignen, und uns zu Herren und Besitzern der Natur machen«.[21] Descartes nimmt selbst, aufgrund seiner Leistungen auf dem Gebiet der Optik, der Physik und insbesondere der Geometrie, einen ehrenvollen Platz in der Geschichte der exakten Wissenschaften ein. Aber seine entscheidende Wirkung hatte er als Begründer der neuzeitlichen Metaphysik, deren Besonderheit in der ausgezeichneten Stellung liegt, die sie dem Subjekt als Agens und Gegenstand möglicher Erkenntnis zuschreibt. Hierin ist die durch Descartes begründete philosophische Idee der Selbsterhaltung als Grundstruktur des modernen Bewußtseins zu sehen[22]: in der zur Theorie geronnenen Fähigkeit, sich selbst zu denken, der als Lebensform autonomes Handeln durch Vernunftgebrauch entspricht. Descartes hat der neuzeitlichen Subjektmetaphysik vorgearbeitet, indem er die Selbstevidenz des »ich denke« zum Bezugspunkt aller Erkenntnis machte, und durch die Überzeugung, die universelle Methode gefunden zu haben, die ebensosehr Selbsterkenntnis wie Welterkenntnis garantiere. Diese Vorstellung wirkt im Methodenmonismus einer sich verselbständigenden instrumentellen Vernunft weiter, der Adorno und Horkheimer zufolge das dialektische Umschlagen von Naturbeherrschung in Selbstzerstörung ermöglichte.

Das Ergebnis der »Dialektik der Aufklärung«, wie sie von Adorno und Horkheimer beschrieben wird, ist die kompromißlose Einpassung menschlicher Formen des Umgangs mit sich selbst und seinesgleichen in ein total werdendes Unternehmen fortschreitender Naturbeherrschung durch Wissenschaft.[23] Zunächst

[21] Rene Descartes, *Discours de la Méthode / Von der Methode des richtigen Vernunftgebrauchs und der wissenschaftlichen Forschung*, Hamburg 1960, S. 101.

[22] Vgl. Dieter Henrich, *Die Grundstruktur der modernen Philosophie*, in: ders., *Selbstverhältnisse*, Stuttgart 1982, S. 83 ff.

[23] Max Horkheimer/Theodor W. Adorno, *Dialektik der Aufklärung*, Amsterdam 1947.

ziele Aufklärung auf die Emanzipation des einzelnen. Durch die konsequente Subjektivierung der Vernunft beseitige sie alle Bindungen an tradierte Lebenskonzepte, um in der Folge den Kalkül instrumenteller Vernunft gegen die innere Natur eben jener Subjekte zu richten, die diesen Prozeß in Gang setzten und in Gang halten. So konnte Aufklärung in Selbstzerstörung enden.

Entgegen dieser dramatischen Engführung von Vernunft und Selbstzerstörung versucht Dieter Henrich, dem Begriff der Selbsterhaltung einen im emphatischen Sinne vernünftigen und emanzipatorischen Gehalt zu bewahren. Die Idee des Selbstbewußtseins als eines Wissens von sich selbst schließe nicht notwendig, wie Heidegger unterstelle, die »Überzeugung von der gründenden Macht der Subjektivität« in sich ein. Im Gegenteil: Die Vorstellung von der Selbsterhaltung impliziere ein Wissen davon, »daß ich, wenn ich auch nicht ohne mein Tun mir selbst verfügbar bin, diese meine Verfügbarkeit darum noch nicht aus meinem Tun allein sich ergibt«.[24] Wissen von sich selbst bedeute also auch Wissen um die kontingenten Umstände der eigenen Existenz.

So richtig diese Überlegung sein mag, sie ändert nichts an dem Umstand, daß der Gestus und Stil einer philosophischen Tradition, die unter der Prämisse voraussetzungslosen Denkens durch den reinen Vernunftgebrauch Erkenntnisprinzipien von absoluter Geltung begründen will, die Gestalt eines philosophischen Imaginären nach sich zieht, nämlich die Imagination schrankenloser Selbstermächtigung durch Vernunft, Denken, Wissenschaft, wie sie eben von Heidegger kritisiert wird.

Nimmt man Henrichs Äußerungen als die eines Philosophen, die sich der Tradition der Subjektmetaphysik von Kant bis Hegel verpflichtet wissen, ernst, ließe sich aus ihnen folgern, daß die Illusion der Selbstgenügsamkeit des reinen Begriffs als Mittel der Selbst- und Welterkenntnis, die für Horkheimer und Adorno den Keim des Scheiterns von Aufklärung in sich birgt, endgültig der Vergangenheit angehört. Eine bescheiden gewordene philosophische Theorie des Subjekts könnte Frieden schließen mit Wittgensteins Metaphysikkritik angesichts der allgemein gewordenen Einsicht, daß klare oder wenigstens praxisrelevante Formen der Selbstwahrnehmung und Selbstdeutung mit theoretischen Mitteln allein nicht zu haben sind. Ungeklärt bliebe damit allerdings, wie

[24] Henrich, a. a. O., S. 98.

sich historisch das aufklärerische Ideal der Autonomie durch Vernunft so eng an den Glauben an die unbeschränkte Leistungsfähigkeit der Vernunft binden konnte. »Theorieintern« läßt sich dafür offenbar keine Erklärung geben – im Gegenteil: Eine argumentative Prüfung des Anspruchs vollständiger Selbsterhaltung durch Denken oder Vernunftgebrauch bringt zutage, daß es sich um eine philosophisch unhaltbare, irrige Annahme handelt. So gilt, was Wittgenstein behauptet: Nicht das theoretische Denken bestimmt die Lebensform, sondern die Lebensform die Weisen theoretischen und philosophischen Vernunftgebrauchs. Wenn das zutrifft, dann kann der unterstellte Zusammenhang nicht seinerseits theoretisch erklärt, sondern bestenfalls durch eine »übersichtliche Darstellung«, durch die Beschreibung einer idealtypischen Konfiguration von zeitbestimmenden Selbstkonzepten und bestimmten, sich durch überzogene Forderungen nach absoluter Geltung und Eindeutigkeit legitimierenden Formen des Vernunftgebrauchs verdeutlicht werden.

Spuren des Selbst: Die Metapher der Geburt

Eine der großen Errungenschaften, die der Renaissance zugeschrieben werden, ist die Entdeckung des Individuums. Im folgenden wird sich zeigen, was aus der Wißbegierde des Renaissanceindividuums, aus dem, was Pico de Mirandola »stupor et extasis scientiae«[25] nennt, im 17. Jahrhundert bei jenen Denkern geworden ist, die erst eigentlich als Gründerväter der neuzeitlichen Wissenschaft gelten. Ist es die »laboriosa vigilia«, die angestrengte Wachsamkeit, die nach Descartes die äußerste Steigerung des Zweifels erfordert, bis sie in die *eine* Gewißheit, nämlich die Gewißheit des Cogito, mündet?

Was für ein Mensch ist das, der so denkt, und was nützt ihm solches Denken? Reduziert man Descartes' Schriften auf das Skelett ihrer logischen Schlußfolgerungen, wird man darauf keine Antwort erhalten. Und doch »zeigt sich« – um mit Wittgenstein zu sprechen – an ihnen, daß es ein Mensch mit bestimmten Bedürfnissen, Ängsten und Eigenschaften ist. Und sie verraten auch etwas von der Dramatik der intellektuellen Ereignisse, die im Hinter-

---

[25] Zitiert nach Leonid Bachtin, *Die italienische Renaissance*, Frankfurt 1979, S. 170.

grund wirken – der Zerfall der alten Weltordnung, jener fundamentale Prozeß, in dessen Folge, wie Alexandre Koyré es ausdrückt, »der Mensch seinen Ort in der Welt, oder vielleicht genauer: eben diese Welt verliert, in der er lebte und über die er nachdachte, und das ganze Gefüge seines Denkens ändern und neu gestalten muß«.[26]

Von Hegel bis Husserl steht der Name Descartes für einen grundlegenden Neubeginn philosophischen Denkens, für das heroische Unternehmen der philosophischen Selbstbegründung menschlicher Vernunft. Eine der rhetorischen Figuren, in denen das Pathos des Neubeginns und der voraussetzungslosen Selbstbegründung des neuzeitlichen Bewußtseins seinen Ausdruck findet, ist die Metapher der Geburt oder in einem etwas anderen Sinn das Bild der Neugeburt bzw. der Wiedergeburt, die nicht von ungefähr der Epoche der Renaissance den Namen gab.

Anhand der Geburtsmetapher und ihres Bedeutungsfelds lassen sich vortheoretische Selbstverhältnisse ausmachen, die im kognitiven Stil der neuen Philosophie des 17. Jahrhunderts ihre Spuren hinterlassen. Zunächst verweist die Rede von der »Re-naissance« auf eine kollektive Bewußtseinslage, die durch einen markanten Verlust an Herkunftsgewißheit gekennzeichnet ist. Auf die eine Seite dieses Verlusts, die der gott-väterlichen Herkunft, macht Blumenberg aufmerksam, indem er das Motiv der Selbsterhaltung als Kompensation für den schwindenden Glauben an eine göttliche Vorsehung interpretiert.[27] Die andere, nämlich die des Verlusts mütterlicher Herkunftsgewißheit, ist verbunden mit der Ablösung organizistischer Vorstellung von der »Mutter Natur« durch das mechanistische Weltbild der neuen Wissenschaft.[28]

Den Erfahrungen des Verlusts von jahrhundertelangen Glaubenssicherheiten stehen die fraglos positiven Erfahrungen des Gewinns an Freiheit und Autonomie gegenüber, die sich sowohl in der Einschätzung der Zeitgenossen als auch in der Geschichtsschreibung in einer insgesamt positiven Bilanz soziokulturellen Fortschritts niederschlagen. Aufschlußreich für die psychische Tiefenstruktur des kulturellen Transformationsprozesses ist das

[26] Alexandre Koyré, *Von der geschlossenen Welt zum offenen Universum*, Frankfurt/Main 1969, S. 12.

[27] Vgl. Hans Blumenberg, a. a. O.

[28] Dazu Carolyn Merchant, *Der Tod der Natur. Ökologie, Frauen und neuzeitliche Naturwissenschaft*, München 1987.

Bild von der Geburt, weil es ihn in Analogie setzt zum ontogenetischen Vorgang des Zur-Welt-Kommens, in dem die grundlegenden Muster menschlicher Selbsterfahrung ihre lebensbestimmende Gestalt annehmen. Das Drama, oft auch Trauma der Geburt betrifft weniger die biologischen Aspekte des Geborenwerdens als den Prozeß der Lösung aus der psychischen Symbiose mit der Mutter, der die Erfahrung des Selbstseins, der Grenze zwischen Ich und Welt zugleich ermöglicht und erfordert. Die Zwiespältigkeit der Erfahrung des Zur-Welt-kommen-Müssens und des Selbst-werden-Könnens, das Schwanken zwischen Trennungsangst und Lust an der Autonomie bilden den affektiven Untergrund der Ambivalenzerfahrungen, die den Prozeß der Separation vom mütterlichen Urgrund begleiten, vermutlich lebenslang.[29] Ein ähnliches affektives Klima erzeugen auch Prozesse kulturellen Wandels. Die Bewältigung solcher Ambivalenzen, durch die sich die neue Weltsicht im Übergang zur Moderne stabilisiert, gelingt durch die soziokulturelle Verfestigung eines Bilds vom Selbst, das die psychischen Dispositionen zu Distanz und Separation als identitätsstiftende Charakterzüge definiert und zugleich die die Ichgrenzen bedrohenden archaischen Erfahrungen des Verschmelzens und Einswerdens mit dem weiblich-mütterlichen Kosmos entwertet.[30]

Das intellektuelle Instrument par excellence dieser neuen Form der Selbsterhaltung ist die Naturwissenschaft. So spricht Bacon im Blick auf die von ihm geforderte »scientia activa« ausdrücklich von einer »männlichen Geburt der Zeit«. Bacon repräsentiert, wie Evelyn Fox Keller zeigt, die optimistischen, aggressiven, nach außen gerichteten Impulse des neuen wissenschaftlichen Geistes[31], Descartes hingegen, jedenfalls in seinen *Meditationen*, mehr seine introvertierten Züge, die Sorge um innere intellektuelle Selbstgewißheit, das defensive Moment methodisch kontrollierten Denkens.[32]

[29] Vgl. Peter Sloterdijk, *Zur Welt kommen – Zur Sprache kommen*, Frankfurt/Main 1988.

[30] Susan Bordo, *The Cartesian Masculinization of Thought*, in: Sandra Harding/Jean F. O'Barr (Hg.), *Sex and Scientific Inquiry*, Chicago 1987, S. 247-264.

[31] Evelyn Fox Keller, *Liebe, Macht und Erkenntnis. Männliche oder weibliche Wissenschaft?*, München 1986.

[32] Vgl. Jacob Rogozinski, *Wer bin ich, der ich gewiß bin, daß ich denke?*, in: Herta Nagl-Docekal, Helmut Vetter (Hg.), *Tod des Subjekts?*, Wien 1987, S. 86 ff.

Mit seiner Erkenntnistheorie und Metaphysik setzt Descartes das Drama der Neugeburt des Subjekts aus dem Geist der Vernunft philosophisch in Szene: Die Rolle des Geburtshelfers fällt dem methodischen Zweifel zu, der den gesamten Bestand tradierten Wissens und insbesondere die durch den Körper vermittelte sinnliche Wahrnehmung als Bedrohungen wahrer intellektueller Autonomie depotenziert.

An die Stelle überlieferter Weltsichten tritt ein ontologisches Szenario, in dem ein auf das Cogito reduziertes Ich mit einer Welt konfrontiert ist, deren Qualitäten sich in mathematisch operationalisierten Meßgrößen erschöpfen. In Kontinuität mit dem Logozentrismus der antiken Wissenskultur formiert sich das neuzeitliche Wissensideal im Zeichen der Vereinheitlichung und Verabsolutierung eines methodischen Kalküls und der Entwertung der leiblich-sinnlichen Dimensionen des menschlichen Weltverhältnisses.

Descartes' Privilegierung methodisch kontrollierten Denkens als Mittel der Selbstvergewisserung fördert einen kognitiven Stil, den man einen epistemischen Rigorismus nennen könnte: eine epistemische Einstellung, die auf die Verleugnung und Abwehr der unvermeidlichen Mehrdeutigkeit, Endlichkeit und Offenheit menschlicher Erfahrung zielt.

Cartesische Selbstverhältnisse

Descartes' Epistemologie und Metaphysik können als exemplarischer Ausdruck eines spezifischen Selbstverhältnisses gelesen werden, das das Selbstverständnis der neuzeitlichen Wissenschaft bis in die Gegenwart prägt. Der in ihnen latent wirksame Glaube an die unbeschränkte Leistungsfähigkeit der methodischen Vernunft, der, wie bereits erwähnt, einer philosophischen Kritik nicht standhält, erweist sich auch und besonders hinsichtlich der von Descartes in ihn gesetzten Hoffnung als Mittel der Selbstvergewisserung eines seiner traditionellen sozialen und kulturellen Bindungen beraubten Lebens als trügerisch.

Vom 10. November 1619 berichtet Descartes, er habe eine Reihe von Träumen gehabt. Er interpretiert diese Träume als jene Botschaft der Erleuchtung, die sein Leben verändern sollte: als die Botschaft, daß er in der Mathematik den Schlüssel zu allen Geheimnissen des Universums finden würde. Descartes' ungebrochen positive Deutung seiner Träume ist als Anekdote in die Standard-darstellungen der Philosophiegeschichte eingegangen – eben als Zeugnis für das epochale Projekt des intellektuellen Neubeginns, getragen vom optimistischen Glauben an die Leistungsfähigkeit der neuen exakten Wissenschaften. Susan Bordo, die Descartes' Traumbericht zum Ausgangspunkt ihrer Überlegungen zur Maskulinisierung des Denkens im Werk von Descartes wählt, verweist in Übereinstimmung mit einer Reihe anderer Interpreten auf den unleugbaren Angstgehalt des Traumberichts.[33] Auch Richard Bernstein spricht im Zusammenhang mit dem Objektivismus und Szientismus der Gegenwartsphilosophie von einer »cartesischen Angst« angesichts der Möglichkeiten eines intellektuellen und kulturellen Chaos[34], und Richard Rorty meint, das Ideal der exakten Abbildung der Natur mit den Mitteln der Mathematik könne verstanden werden als Versuch, den Kontingenzen des menschlichen Lebens zu entkommen.[35]

Liest man, so Susan Bordo, die einleitenden Passagen von Descartes' *Meditationen* genau, entdeckt man in ihnen tatsächlich ein hohes Maß an »epistemischer Angst« – irritiertes Schwanken, Selbstzweifel, Unsicherheit, aber auch die Entschlossenheit, für eine gewisse Zeit in Ungesichertheit und Konfusion zu verharren. All das meint Descartes hinter sich gelassen zu haben, mit der Beteuerung, die unermüdliche Wachsamkeit seines Denkens habe den Zweifel und alle Unsicherheit besiegt.[36]

Bewußtsein, Denken, Selbstgewißheit, die Vergewisserung dessen, was ist – dies sind die zentralen Themen von Descartes' Metaphysik. Es handelt sich um Themen, die für die Ontogenese des menschlichen Selbst von entscheidender Bedeutung sind.[37] Das menschliche Selbst entwickelt sich durch einen Prozeß der Loslösung aus der primären Symbiose. Resultat dieses Prozesses ist eine Organisation der kognitiven Orientierung, die eine stabile und jedenfalls im Stadium der Reife nicht mehr grundsätzlich problema-

33 Bordo, a. a. O., S. 247.
34 Richard Bernstein, *Beyond Objectivism and Relativism. Science, hermeneutics and praxis*, Philadelphia 1983.
35 Richard Rorty, *Der Spiegel der Natur. Eine Kritik der Philosophie*, Frankfurt/ Main 1981, S. 19.
36 Bordo, a. a. O., S. 248.
37 Vgl. Margareth Mahler/Fred Pine/Anni Bergmann, *Die psychische Geburt des Menschen. Symbiose und Individuation*, Frankfurt 1980.

tisierte Grenze zwischen Ich und Anderen, zwischen Ich und Welt etabliert. Eben dies ist auch das Vorhaben Descartes': mit den besten zur Verfügung stehenden intellektuellen Mitteln ein Gedankengebäude zu errichten, in dem Ich, Welt und Gott einen Platz haben, und zwar einen, der jedem Zweifel standzuhalten vermag. Der Fortgang seiner Argumentation in den Meditationen erlaubt jedoch die Vermutung, daß Descartes' Zweifel niemals wirklich zur Ruhe kommt. Die für seine Kosmologie zentrale Annahme einer »creatio continua« ist dafür ein Indiz. Ihr zufolge muß die Welt und auch das andere Ich als denkende Substanz, um Bestand zu haben, von Gott jeden Augenblick neu geschaffen werden. Diese Vorstellung von der Garantie Gottes für das Bestehen der Welt entspricht einem Bedürfnis nach Kohärenz und Kontinuität dessen, was Descartes als fragmentiert und diskontinuierlich erscheint.

Die Überzeugung von der Notwendigkeit einer göttlichen Garantie für Existenz und Wahrheit ist Susan Bordo zufolge Ausdruck eines starken Gefühls der Fragilität der kognitiven Beziehungen zur Objektwelt, und eben dies führt Descartes zu dem Entschluß, nichts anderem mehr zu vertrauen als seiner inneren Gewißheit.[38] Aber das Cogito ist nicht nur ein sicheres Rückzugsgebiet, sondern zugleich ein Gefängnis, in das sich die neue Subjektivität einschließt. So tut sich bei Descartes erstmals die schier unüberbrückbare Kluft auf zwischen dem, was »da drinnen« und »dort draußen« ist, die zur Formulierung jenes Grundproblems der Erkenntnistheorie führte, das auch Kant sich stellte in der Frage, ob »irgendein Objekt, von dem ich eine Vorstellung habe, außerhalb von mir existiert.«[39]

Wie Jakob Rogozinski bemerkt, spricht wenig dafür, daß die Gewißheit des cartesischen Cogito den Anspruch autonomer Selbsterhaltung durch Vernunft, der mit der modernen Vorstellung vom Subjekt verbunden wird, tragfähig begründen könnte: »Wenn ich gegenwärtig existiere, wie es die Evidenz des Cogito mir offenbart, so darum, weil ich in eben diesem Augenblick erschaffen, oder vielmehr wiedererschaffen wurde, d. h. in jedem Augenblick durch einen Anderen als mich selbst in meinem Sein erhalten werde: durch jenen unendlichen Anderen, den Descartes, einer

---

[38] Bordo, a. a. O., S. 250.
[39] Vgl. dazu Peter Strasser, *Philosophie der Wirklichkeitssuche*, Frankfurt/Main 1989.

langen Tradition folgend, Gott nennt.«[40] Descartes' Sicherheit verdankt sich seinem unerschütterlichen Glauben an Gott, der ihn, wie er beteuert, jede Stunde seines Lebens begleitet. Auf dem Hintergrund solchen Bewußtseins »schlechthinniger Abhängigkeit« muß für Descartes der Gedanke, »Subjekt« im vollen Sinne des Wortes zu sein, als die häretische Anmaßung erscheinen, wie Gott selbst werden zu wollen. »Wenn ich vermögend wäre, mich selbst zu erhalten«, sagt Descartes, »wäre ich, mit um so größerem Recht, auch fähig, mir alle jene Vollkommenheiten zu geben, die mir ermangeln.«[41] Es scheint, daß in Descartes' Metaphysik, in der Freiheit nur vorkommt als die absolute Freiheit göttlichen Wirkens, noch kein Raum ist für autonomes menschliches Handeln und keine Möglichkeit der Wiedergewinnung eines Vertrauens in die Existenz der äußeren Welt und der menschlichen Anderen ohne Rückversicherung durch Gott. Ohne diese Rückversicherung muß Descartes' methodischer Zweifel in radikale, in nihilistische Skepsis umschlagen, jedenfalls, was die Möglichkeit einer Wirklichkeitserkenntnis betrifft, soweit sie sich auf das Medium sinnlicher Wahrnehmung und Erfahrung stützt. Das imaginäre Selbst der Meditationen bewältigt die ängstigenden Erfahrungen seiner Kontingenz durch seine Anverwandlung an einen göttlichen Anderen, von dem er wenigstens die Idee als unveräußerliches Eigentum sein eigen nennen kann.

In die Zukunft weisend, enthält der cartesische Zweifel für jene, die auf religiöse Überzeugungen nicht zurückgreifen können oder wollen, ein anderes Versprechen der Kontingenzbewältigung, nämlich insofern, als er methodischer Zweifel ist. Die analytisch-kompositive Methode empfiehlt Descartes als universell einsetzbares Instrument der effektiven kognitiven Operationalisierung des Mangels an Selbst- und Weltgewißheit.[42] Die praktisch-technische Nützlichkeit methodischen Denkens insbesondere für die Wissenschaften läßt sich nicht bezweifeln. Indem es zum prägenden Merkmal des kognitiven Stils wissenschaftlicher Arbeit wird, trägt es zugleich wesentlich bei zur Etablierung des Wissensideals einer »Erkenntnis ohne Subjekt«.

Dort, wo der klassische philosophische Diskurs der Moderne ein

---

[40] Rogozinski, a. a. O., S. 96 f.

[41] Zit. nach Rogozinski, a. a. O., S. 97.

[42] Gerhard Gamm, *Wahrheit als Differenz. Studien zu einer anderen Theorie der Moderne*, Frankfurt/Main 1982.

vernünftiges Subjekt postulierte, setzte sich später die anonyme Herrschaft der Rationalität von Verfahren durch.

Schon bei Descartes ist die Selbstgewißheit des »Ich denke« auf die Evidenz des Augenblicks beschränkt und beläßt alle Vorstellungen vom Wollen, Wünschen und Handeln, deren Gesamtheit erst so etwas wie ein Selbstbild ergeben würde, und sofern sie über die situierte Leiblichkeit konkreten Existierens vermittelt werden, außerhalb der Denkgewißheiten. Und der Körper, prinzipiell geschieden vom Ich als denkender Substanz, ist als Maschine der methodischen Vernunft als Objekt ihrer Kontrolle und Beherrschung äußerlich und fremd. Mit seiner Konstruktion des Cogito entwirft Descartes das für die neuzeitliche Philosophie folgenreiche Modell eines Subjekts im Zustand der Selbst-Entfremdung und des Selbst-Verlusts, »das sich fortan in einer Art theoretischer Trauerarbeit zu vergewissern hatte, wie denn es selbst und das Andere – das Andere der Vernunft, der Leib, der Mitmensch, wohl möglich sein könnte«.[43]

Für das Denken nach der Moderne, das das Verschwinden des Subjekts, ja seinen Tod feiert, ist solche Trauer gegenstandslos. Gewiß, das Selbst als reines Cogito, ein derartiges Subjekt gibt es nicht, kann es nicht geben. Es gibt nur Individuen, denen, wenn auch nicht im Sinne einer Substanzmetaphysik, Subjektivität und Personalität zugeschrieben wird, weil es sich hier um universale Merkmale der menschlichen Lebensform handelt, die immer vorausgesetzt werden, wenn man sagt, daß jemand ein Mensch ist. Aber darüber, was für ein Mensch sie oder er ist, über ihre oder seine Selbstverhältnisse, ist damit noch nichts gesagt. Das ist erst möglich, wenn Auskunft gegeben werden kann über Bedürfnisse, Wünsche, Ziele, Denk- und Handlungsweisen, die ihr oder ihm eigen sind und die auf einen Kontext sozialer und kultureller Zugehörigkeit verweisen. Erst durch das Gesamt dieser Vorstellungen, d. h. durch das Bild, das sie oder er von sich hat, erschließt und bestimmt sich ein Handlungs- und Erfahrungsfeld möglicher Selbstverhältnisse.

[43] Heinz-Günter Vester, *Verwischte Spuren des Subjekts – Die zwei Kulturen des Selbst in der Postmoderne*, in: *Moderne oder Postmoderne. Zur Signatur des gegenwärtigen Zeitalters*, hg. v. Peter Koslowski u. a., Weinheim 1986, S. 180f.

Die Selbst-Losigkeit des wissenschaftlichen Eros

Herkunftsverleugnung, das Bedürfnis nach Selbsterhaltung und die Wiedereroberung des Orts des Mütterlichen – sind das die Wunschphantasien, die den Eros neuzeitlicher Theorie als Lebensform bestimmen? Von diesem Imaginären her ist der Ort von Frauen zu denken, und zugleich auf dem Hintergrund historischer Gegebenheiten, die im Namen des Vernunftfortschritts einer androzentrischen Weltsicht Vorschub leisteten, die ein problematisches Bild ihres Selbst zeichnet und deshalb auch sein Anderes nur verzerrt wiedergibt. In der heroischen Stilisierung des Siegeszugs menschlicher Naturaneignung durch Wissenschaft und Vernunft werden zugleich die Erfahrung und das Bewußtsein der Kontingenzen und Abhängigkeiten der conditio humana verdrängt, vor allem die ebenso banalen und elementaren Prozesse des kreatürlichen Lebens, jene Vorgänge, die konkrete Kontinuität menschlicher Existenz ermöglichen und kennzeichnen. Von ihnen erlebt sich das männliche Selbst – durch kulturell vermittelte Rollendiktate und mit ihnen verbundene Ängste – getrennt. Freilich ist das nicht notwendig so – jedes männliche Individuum, das imstande und bereit ist, das durch den Zwang zur Selbsterhaltung bestimmte Männlichkeitsbild in Frage zu stellen, wird auch in der Lage sein, sich selbst als eingebunden in einen Kontext lebensgeschichtlicher Kontingenzen zu erleben.

Die Bereitschaft, erschütterungssicher eingeübte und stabile Selbstverhältnisse zu problematisieren, ergibt sich allerdings meist erst im Gefolge von individuellen oder epochalen Krisenerfahrungen. Dafür sind – um nach dem Exkurs in die imaginäre Welt cartesischer Selbstverhältnisse zum Thema der Lebensformen zurückzukommen – Wittgensteins Leben und seine kulturelle Umgebung beredte Beispiele. Wittgenstein war selbst nicht in der Lage, die Krise moderner Selbstverhältnisse in direkten Zusammenhang zu bringen mit der Frage nach dem Verhältnis von Geist und Geschlecht, mit der Frage nach Geschlechtsidentität und Geschlechterbeziehung bzw. sich explizit zu diesen Themen zu äußern, wie das die von ihm geschätzten Autoren Karl Kraus und Otto Weininger getan haben.[44] Er war alles andere als ein Feminist, und über

---

[44] Vgl. Nike Wagner, *Geist und Geschlecht. Karl Kraus und die Erotik der Wiener Moderne*, Frankfurt/Main 1987.

seine Feindseligkeit gegenüber intellektuellen Frauen kursieren viele Anekdoten, die freilich nicht Bestandteil seiner offiziellen Biographie geworden sind.

Dennoch hat Wittgenstein mit seiner Kritik an der neuzeitlichen Subjektmetaphysik wesentlich beigetragen zu einer nachmetaphysischen Theorie des Selbst, die für eine philosophische Ausarbeitung des Konzepts der Positionalität als Ausgangspunkt (auch) feministischen Denkens dienen könnte.

Die feministische, psychoanalytische Kritik resümierend, läßt sich das cartesische Cogito und der mit ihm verbundene Erkenntnisanspruch als Ausdruck eines männlichen Willens zur Selbstbehauptung deuten, und zugleich im Sinne Freuds als seine Rationalisierung. Denn, wie unter anderem eben Wittgenstein demonstriert, ist die subjektmetaphysische Konstruktion eines reinen Ich mit guten Gründen nicht haltbar, sondern eine Illusion. Und eben deshalb bedeutet das Obsoletwerden metaphysischer Theorien des Subjekts keineswegs den »Tod des Subjekts«, sondern gibt Anlaß, nach angemesseneren Konzepten des Ich, der Person, des Selbst zu suchen. Sofern zutrifft, daß eine angemessene Vorstellung vom denkenden Subjekt das »fundamentum inconcussum« allen Philosophierens bildet[45], kann eine neue Theorie des Selbst oder des Subjekts auch nicht ohne Folgen bleiben für das Selbstverständnis der Philosophie.

Wie wäre eine Genealogie des Selbst zu schreiben, die nicht von der Angst um Autonomie und Ichgrenzen diktiert ist? Es wäre zumindest eine Geschichte von Subjekten im Kontext ihrer Lebensform, eine Geschichte, in der lebendige, denkende und tätige Subjekte ihr Handeln und ihre Bezogenheit auf andere Subjekte deuten und in diesem Deutungsgeschehen auch ein Verhältnis zu sich selbst finden.

[45] Manfred Frank, *Die Unhintergehbarkeit von Individualität*, Frankfurt/Main 1986.

Kapitel IV

Politik des Natürlichen –
Technologie des Lebendigen
Zur Konstruktion der Geschlechterdifferenz
in der Soziobiologie

Verschiedenste Konzepte der historischen, psychoanalytischen, diskurstheoretischen Wissenschaftsanalyse nutzend und sie zugleich überschreitend, haben feministische Theoretikerinnen die Kategorie des Genus, des Geschlechts zum Ausgangspunkt der Wissenschaftskritik gemacht und die Frage gestellt, wie Theorienproduktion und Geschlechterpolitik im wissenschaftlichen Diskurs zusammenhängen.[1]

Daß sich die feministische Kritik besonders den Biowissenschaften zugewandt hat, erklärt sich nicht zuletzt aus der traditionellen Arbeitsteilung zwischen den geistes- und sozialwissenschaftlich orientierten »Wissenschaften vom Menschen« und den naturwissenschaftlich orientierten Humanwissenschaften. Erstere betrachteten, dem traditionellen Sprachgebrauch folgend, »Geschlecht« als eine *natürliche* Kategorie und mithin außerhalb ihres Gegenstandsbereichs liegend.[2] Es war also die Medizin, die sich ausdrücklich mit dem Thema des Geschlechts beschäftigte, und zwar bezeichnenderweise des weiblichen – in der Gynäkologie –, und im weiteren auch die Biologie, in letzter Zeit besonders die *Soziobiologie*.

Die Soziobiologie ist eine relativ junge Teildisziplin der Biologie, die, aufbauend auf der Evolutionstheorie und der Genetik, die biologischen Grundlagen des sozialen Verhaltens von Tieren, *einschließlich der Spezies »homo sapiens«,* zu erforschen sucht. Die große Popularität der Soziobiologie und der Vergleichenden Ver-

---

[1] Vgl. u. a. Karin D. Knorr-Cetina und Michael Mulkay (eds.), *Science Observed-Perspectives in the Social Studies of Science,* London 1983; Yehuda Elkana, *Anthropologie der Erkenntnis. Die Entwicklung des Wissens als episches Theater einer listigen Vernunft,* Frankfurt/Main 1986.

[2] Vgl. Claudia Honnegger, *Die Ordnung der Geschlechter. Die Wissenschaften vom Menschen und das Weib,* Frankfurt 1991.

haltensforschung verdankt sich nicht nur, und vermutlich auch nicht primär, der Liebe zum Bruder Tier. Hinter dem Interesse am Sozialleben der Tiere steht noch etwas anderes: die Annahme, daß es auch für uns Menschen, insbesondere das menschliche Sozialleben, eine natürliche, biologische Grundlage geben müsse. Die Soziobiologie, so verspricht einer ihrer prominenten Vertreter, David Barash, im Titel eines seiner Bücher, gibt uns Gelegenheit, dem »Flüstern in uns« zu lauschen, das Antlitz der Natur, für gewöhnlich unter dem Zuckerguß der Kultur verborgen, zu schauen.[3]

Texte und Titel der soziobiologischen Literatur lassen schon auf den ersten Blick erkennen, daß sie beansprucht, Orientierungen zu liefern, die zugleich »streng wissenschaftlich« und normativ verbindlich sein sollen, oder, in anderen Worten, Theorie und Politik in einem. Wie immer man ein solches Vorhaben beurteilen mag – sicher ist soviel, daß in Texten und Diskursen der Soziobiologie, wie auch anderer Wissenschaftszweige, *Natur nicht einfach beschrieben wird, sondern daß diese Beschreibungen zugleich der Absicherung und Rechtfertigung bestimmter sozialer Verhältnisse dienen.* Das Machtwort der Biologie als Wissensautorität hat darüber hinaus eine künftige Entscheidungen orientierende Wirkung, so daß sie imstande ist, in gesellschaftliche Prozesse steuernd einzugreifen.[4]

Wenn diese Behauptung zutrifft, ist sie von einiger politischer Brisanz, und gerade aus feministischer Sicht gewinnt sie ein besonderes Gewicht. Die Art und Weise, wie die Soziobiologie Sexualität und Geschlechterbeziehungen als Thema der Evolutionsbiologie und damit auch der modernen Molekularbiologie präsentiert, bestätigt die Annahme, daß die Biologie nicht einfach eine ihr vorgegebene und von ihr unabhängige »natürliche« Wirklichkeit beschreibt, sondern eine Form der *Wirklichkeitskonstruktion* ist, und zwar in zweierlei Hinsicht: Erstens hat die Biologie Anteil am sozialen Prozeß der *symbolischen Konstruktion von Wirklichkeit,* insofern sie an der Produktion, der Verbreitung und Plausibilisierung von Vorstellungen dessen beteiligt ist, was als Natur gilt. *Sie betreibt also, in Bearbeitung von Erfahrungsmaterial, immer auch*

---

[3] David Barash, *Das Flüstern in uns. Ursprung und Entwicklung des menschlichen Verhaltens,* Frankfurt/Main 1981.
[4] Dazu siehe unten S. 138 ff.

Erkenntnispolitik, eine »Politik des Natürlichen«. Zum zweiten ist Biologie Wirklichkeitskonstruktion in dem Maße, als ihre neuen Techniken der Analyse und experimentellen Bearbeitung von Zellmaterial die Möglichkeit eröffnen, *lebende Organismen zu verändern, wenn schon nicht herzustellen, im Sinne einer »Technologie des Lebendigen«,* einer Technologie jedenfalls, die einen massiven und qualitativ neuartigen Zugriff auf die belebte Natur und insbesondere auf den weiblichen Körper ermöglicht. Beide Formen der Konstruktion von biologischer Wirklichkeit erfolgen »wissenschaftsintern« – durch den wissenschaftlichen Diskurs, die Produktion von Texten, die politische Gehalte transportieren, und durch die experimentelle Praxis im Labor, die im Zeitalter der synthetischen Biologie ihre Objekte nicht nur beobachtet, sondern durch gezielte Intervention verändert.

Die moderne Naturwissenschaft verstand sich übrigens seit ihren Anfängen als ein Instrument der Wirklichkeitskonstruktion in einem wörtlichen und materialistischen Sinne. Sie ist orientiert am Ziel des »Machenkönnens«, ganz im Sinne von Bacons Devise »Wissen ist Macht«. Dieses wissenschaftliche Dispositiv eines experimentellen Herstellungszusammenhangs ist in der real existierenden Naturwissenschaft, und auch im Falle der modernen Biotechnologien in der Form ihrer Institutionalisierung, in ihren Problemstellungen und Praktiken eingebunden in ein System industrieller und marktlogischer Verwertungszusammenhänge. Der neue technische Zugriff auf das Lebendige im Dienste ökonomischer Interessen ist jedoch nicht in derselben Weise unproblematisch und selbstlegitimierend, wie das Herbert Marcuse für die durch Technik und Wissenschaft möglich gewordene Massenproduktion von Konsumgütern voraussetzen konnte. Am Beispiel der potentiellen Verfügbarkeit des weiblichen Körpers als »Naturressource« durch die Reproduktions- und Gentechnologie wird vielmehr deutlich, daß die neuen Biotechnologien gerade *wegen* ihrer (wissenschaftlichen) Erfolge einen gesteigerten Legitimationsbedarf haben. Die Soziobiologie beansprucht, besonders in ihren populärwissenschaftlichen Darstellungen, diese Legitimation mit wissenschaftlichen Argumenten, zu liefern.

Die »Neue Synthese« der Soziobiologie:
Die Vision einer umfassenden Wissenschaft vom Leben

Nicht alle Biologen, die sich das Sozialverhalten von Tieren oder die biologischen Grundlagen sozialen Verhaltens zum Thema machen, haben Ambitionen, aus ihren Forschungen spektakuläre politische Konsequenzen oder weitreichende Folgerungen im Sinne eines biologischen Determinismus in der Erklärung menschlichen Verhaltens und der menschlichen Kultur zu ziehen. Deshalb gilt das folgende nicht für *die* Soziobiologie generell, sondern für eine ihrer Spielarten, die als »Pop-Soziobiologie« bezeichnet wird und die eine literarische Gattung sui generis darstellt. Es handelt sich zumeist um Texte, die sich an Studierende und Spezialisten anderer Disziplinen wenden bzw. an die gebildete Öffentlichkeit.

Die Selbstpräsentation dieser Pop-Soziobiologie als neue Wissensautorität bewegt sich auf zwei unterschiedlichen Ebenen: einmal auf der Ebene der Bilder und Vorstellungen vom erkennenden Selbst, d. h. vom Menschen als der höchsten Hervorbringung der natürlichen Evolution; dann auf der Ebene des theoretisch-technischen Diskurses, wo es um die Deutung und die experimentell-technische Umsetzung jener Wissensdispositive, Verfahrensweisen geht, durch die sich die moderne Biowissenschaft als »harte«, als ernstzunehmende Naturwissenschaft ausweist.

Daß die Bilder, Begriffe und Erklärungsmuster, die sich in soziobiologischen Texten finden, nicht so recht ins begriffliche Repertoire einer sich als »strenge« Naturwissenschaft verstehenden Molekularbiologie passen, hat aber mehr als einen Grund. Es sind nicht nur die rhetorischen Momente der Absicherung ihrer wissenschaftlichen Autorität, sondern auch die Bilder und Konzepte zur Beschreibung des Verhältnisses von Natur und Kultur, von Biologischem und Sozialem, durch die, mehr oder weniger bewußt, Vorstellungen und Vorurteile des Alltags in die biologischen Beschreibungen einfließen – und damit Begriffe, Bilder und Metaphern, die nicht der Sprache der Mikrobiologie entstammen.

Aus diesem Grund bezeichnet Edward O. Wilson, der als zentrale Figur der soziobiologischen Bewegung gelten kann, die Soziobiologie als »Neue Synthese«.[5] Diese »Neue Synthese« stellt den Versuch dar, durch die Verbindung der Darwinschen Evolu-

---

[5] Edward O. Wilson, *Sociobiology. The New Synthesis,* Cambridge Ma./London 1975.

tionstheorie mit den Ergebnissen der Genetik und Molekularbiologie eine die herkömmlichen Sozialwissenschaften ergänzende und letztlich ersetzende Universalwissenschaft von den Prozessen des Lebens zu entwickeln. Eine solche Synthese wäre tatsächlich die Einlösung des alten Programms einer Einheitswissenschaft auf der Basis der Physik. Allerdings existiert mittlerweile eine umfangreiche wissenschaftliche Kritik an der Soziobiologie, die nachweist, daß viele der soziobiologischen Versuche, verschiedene Phänomene des Sozialverhaltens auf der Basis der Evolutionsbiologie zu erklären, theoretisch und methodisch nicht haltbar sind.[6]

Methodologisch ist in diesem Zusammenhang von Bedeutung, daß die Evolutionsbiologie als Geschichte von der Entstehung des Lebens, als Gattungsgeschichte des homo sapiens im besonderen, ein unausweichlich narratives Moment enthält. Sie verfährt vergleichend, ist eine »weiche Disziplin«. Die Molekularbiologie hingegen, die sich der Sprache und der Methoden der Physik als einer »harten Disziplin« bedient, stellt die eigentliche biologische Grundlagentheorie dar, die streng quantifizierend und experimentell verfährt. Die moderne Evolutionsbiologie ist als diskursive Formation gerade durch diese Verbindung narrativ-qualitativer und experimentell-quantitativer Verfahren und Sprechweisen charakterisiert, und die Bewertung von Wilsons »Neuer Synthese« hängt nicht nur von der Frage ab, wie weit ihr reduktionistisches Programm realisierbar ist, sondern auch davon, ob einem die Geschichten über Natur und Leben gefallen, die sie auf diese Weise zu plausibilisieren sucht.

Das ehrgeizige theoretische Unternehmen Wilsons beruht auf einer Reihe von Prämissen, die zunächst einer Erläuterung bedürfen. Es geht aus von der Prämisse des Biologismus, das heißt von der metaphysischen Annahme, daß die Natur, insbesondere auch die menschliche Natur, unveränderlich ist. Eine weitere Prämisse ist die des biologischen Determinismus, die Annahme, daß alle beobachtbaren Phänomene und Ereignisse des sozialen und kulturellen Lebens durch biologische Gegebenheiten verursacht sind. Die am weitesten gehende Prämisse, die, wie auch die anderen, keineswegs von allen Biologen geteilt wird, ist die des genetischen Determinismus bzw. physikalischen Reduktionismus, der alle Lebens-

[6] Vgl. u. a. Philip Kitcher, *Vaulting Ambition. Sociobiology and the Quest for Human Nature*, Cambridge 1985.

prozesse auf molekulare, und das heißt auf mikrophysikalische Phänomene zurückführt.

Namhafte Vertreter der Biologie und der Evolutionstheorie teilen diese Prämisse nicht[7], und plädieren wie Rose, Lewontin und Kamin, von deren Kritik am biologischen Determinismus noch zu reden sein wird, für eine dialektische Sicht des Verhältnisses von biologischen und kulturellen Phänomenen, eine Sichtweise, die von einer Wechselwirkung zwischen Natur und Gesellschaft ausgeht.[8] Diesen Autoren zufolge ist der biologische Determinismus nicht eine wissenschaftliche Hypothese, die sich auf die Evidenz von Fakten stützt, sondern der ideologische Effekt einer wissenschaftlichen Haltung, die die Rolle und die Wirksamkeit wissenschaftlichen Denkens und Handelns in ihrem gesellschaftlichen Umfeld verleugnet und verdrängt.[9] Wiewohl es unzweifelhaft biologische Universalien gebe, die die Lebensform der menschlichen Spezies prägen – z. B. Körpergröße und Gewicht, die den Weisen der Fortbewegung bestimmte Grenzen auferlegt –, so wenig einleuchtend ist es, daß soziale Konventionen und persönliche Charakterzüge unmittelbarer Ausfluß der natürlichen Konstitution seien.

Freilich liefert der biologische Determinismus ein vielseitig einsetzbares Argument zur Erklärung der sozialen Ungleichheit zwischen verschiedenen Klassen, Rassen und Geschlechtern; und gerade eine Gesellschaft, die sich zu egalitären und freiheitlichen Prinzipien bekennt, hat angesichts der fortbestehenden sozialen Ungleichheiten einen hohen Bedarf an solchen Erklärungen. Wonach tatsächlich Bedarf besteht, sind allerdings weniger naturwissenschaftliche Erklärungen im strengen Sinn, sondern Deutungen des sozialen und natürlichen Lebenszusammenhangs, die mit den vorherrschenden, d. h. sozial gebilligten Erwartungen und Handlungsnormen in Einklang zu bringen sind. In einer Zeit, die die Wissenschaft als höchste Meinungsautorität betrachtet, kann sicherlich eine wissenschaftliche Deutung diesem Orientierungsbedürfnis am besten Rechnung tragen. Die Evolutionstheorie als die Wissenschaft von der Genese und dem Fortschreiten natürlicher

[7] Vgl. etwa Theodosius Dobzhansky, *Dynamik der menschlichen Evolution. Gene und Umwelt*, Frankfurt/Main 1965.

[8] Vgl. Steven Rose, R. C. Lewontin, Leon J. Kamin, *Not in Our Genes. Biology, Ideology and Human Nature*, Harmondsworth 1984, S. 11.

[9] Ebda., S. 29.

Lebensformen, das im homo sapiens und der von ihm geschaffenen Kultur einen unbestreitbaren Höhepunkt erreicht hat, kommt diesem Bedürfnis entgegen. Sie präsentiert sich als der neue »Bio-Logos«, der verspricht, alle Fragen des Wozu und des Wohin der menschlichen Existenz einer wissenschaftlichen Lösung zuzuführen.[10]

Die folgenden Ausführungen zur Soziobiologie als einer Naturwissenschaft vom Gesellschaftskörper gehen von der Vermutung aus, daß der Erfolg des soziobiologischen Programms nicht darauf beruht, daß es die Regeln des Sozialverhaltens aus der Struktur der Gene tatsächlich abzulesen oder abzuleiten erlaubt, sondern darauf, daß es die Einstellungen und Präferenzen eines kompetitiven Besitzindividualismus in die molekulare Welt der Gene projiziert und so dem Interesse an der Erhaltung einer ihm entsprechenden sozialen, politischen und ökonomischen Ordnung eine wissenschaftlich verbürgte Unausweichlichkeit verleiht.[11] Auf diese Weise geht in die wissenschaftlichen Benennungen von »Natur« bzw. von dem, was in bezug auf die menschliche Lebensweise als »natürlich« gilt, mehr oder weniger offenkundig ein politisches Moment ein.

Wissenschaft als Ideologie

Die herkömmliche Wissenschaftstheorie will die sozialen und kognitiven Funktionen der Wissenschaft nicht nur begrifflich unterscheiden, sondern auch als faktisch voneinander unabhängig wissen. Zudem stilisiert die Wissenschaftsgeschichte die Pioniere der Wissenschaftsentwicklung gerne zu einsamen Heroen, die ihre Ideen nur mit großer Mühe gegen eine andersdenkende Öffentlichkeit durchzusetzen vermögen.

Demgegenüber legen wissenschaftshistorische Studien, die den sozialen, politischen und kulturellen Kontext der neuzeitlichen

---

[10] Vgl. dazu Donna Haraway, *In the Beginning was the Word. The Genesis of Biological Theory*, in: *Signs. A Journal of Women in Culture and Society,* Vol. 6 (1981), S. 469-481.

[11] Für eine Diskussion des soziobiologischen Ansatzes vgl. Hansjörg Hemminger, *Der Mensch – eine Marionette der Evolution. Eine Kritik an der Soziobiologie*, Frankfurt/Main 1983, sowie Jost Herbig/Rainer Hohlfeld (Hg.), *Die Zweite Schöpfung. Geist und Ungeist der Biologie im 20. Jahrhundert*, München 1990.

Wissenschaftsentwicklung untersuchen, nahe, daß der wissenschaftliche Prozeß der Benennung der Wirklichkeit sich in Übereinstimmung mit den sich im Zuge der Neuzeit durchsetzenden Bildern vom Menschen und deren sozialer und natürlicher Ordnung vollzieht. So konnten sich Vorstellungen des biologischen Determinismus, die einer empirischen Überprüfung nicht standhielten, durchsetzen gerade wegen ihrer sozialen Akzeptabilität. Dies bedeutet aber nicht notwendig, daß sozialkonforme Ideen durchwegs »schlechte Wissenschaft« sind. Vielmehr entspricht der neue wissenschaftliche Geist etwa des 17. Jahrhunderts den sich in ihrem gesellschaftlichen Umfeld durchsetzenden sozialen Denk- und Handlungsweisen, und diese letzteren sind es, die der neuen Naturwissenschaft zum Durchbruch verhelfen.[12]

Rose u. a. gehen in diesem Zusammenhang von einer Überlegung aus, die sich auch in Max Schelers Wissenssoziologie findet. Der soziale Kosmos des Feudalismus, der im Übergang zur Neuzeit zerfällt, war bestimmt durch auf göttliche Vorsehung und Autorität gegründete Regeln und Normen. Herrschaft über Sachen – also das, was das neuzeitliche naturwissenschaftliche Denken bewegt –, insbesondere die Verfügung über natürliche Güter, war eingebunden in die mittelalterlichen »Ordo«-Vorstellungen. Dies änderte sich grundlegend mit der Entstehung des Handels- und Industriekapitalismus. Die alten persönlichen Bande des Feudalsystems lösten sich auf, und die Regulierung sozialer Beziehungen erfolgte nunmehr im Rahmen neuer Formen der Aneignung, der Produktion und des Austauschs von Gütern. Die Aufmerksamkeit der neuen Eliten, zu denen nicht nur die Unternehmer gehörten, sondern auch eine neue bürokratische und politische Führungsschicht, und insbesondere auch die Aufmerksamkeit der aus der Autorität eines theozentrischen Weltbilds entlassenen neuen Gelehrten, etwa der Humanisten und Künstleringenieure der Renaissance, *richtete sich zunehmend auf die Welt der Sachen, der Güter und natürlichen Rohstoffe als den Ausgangsmaterialien für technische, industrielle und kommerzielle Unternehmen.* Diese Erfahrungswelt bietet den lebensweltlichen Hintergrund jener neuen Weltsicht, die aus den Schriften eines Descartes, Galilei oder Hobbes spricht.

---

[12] Vgl. Rolf Kreibich, *Die Wissenschaftsgesellschaft. Von Galilei zur High-Tech-Revolution*, Frankfurt/Main 1986, S. 70f.

Mit anderen Worten: Die ökonomisch-materialistischen Denkformen, die die Interessen des Bürgertums als der tragenden Schicht der neuen sozialen und ökonomischen Ordnung zum Ausdruck bringen, sind keineswegs bloße Ideologie, sondern entsprechen durchaus den Vorstellungen von »guter Wissenschaft«, wie sie heute noch gelten. Und dies nicht deshalb, weil sie wahre Beschreibungen einer vom wissenschaftlichen und technischen Geschehen unabhängig vorgegebenen Wirklichkeitsordnung sind, sondern weil sie im Rahmen der sich durchsetzenden Organisation der Naturaneignung *funktionieren*.[13]

Biologie als Science-fiction oder: Homo oeconomicus auf dem Weg durch die Keimbahn

Gründe, die für eine feministische Kritik der Biologie sprechen, gibt es viele. Warum aber gerade der Soziobiologie? Einmal, weil diese Variante des Neodarwinismus Argumente zu liefern scheint für eine Politik, die jener der Frauenbewegung radikal widerspricht. Dann auch, weil gerade die Soziobiologie zur Auseinandersetzung mit der Frage nötigt, wie der Zusammenhang zwischen den biologisch-kreatürlichen Gegebenheiten der menschlichen Existenz mit den sozialen Lebensformen zu verstehen ist. Daß ein solcher Zusammenhang nicht nur besteht, sondern auch für eine kritische Gesellschaftstheorie ein ernstes Problem bilden sollte, ist gerade von sich als fortschrittlich verstehenden Theoretikern allzu lange nicht bedacht worden. Ein dritter Grund für die kritische Relevanz der Soziobiologie besteht darin, daß sie eine Weltsicht propagiert, die ein Klima der sozialen Akzeptanz für die Perfektionierung der Spezies mit den Mitteln der Gentechnologie erzeugt.

Den politischen Hintergrund für die ungewöhnliche Resonanz der Soziobiologie in der amerikanischen Öffentlichkeit bilden die Krisen der westlichen Gesellschaften in den sechziger Jahren – und damit auch jene sozialen Bewegungen, die sich angesichts dieser Krisen formiert haben: die Neue Linke, die schwarze Bürger-

---

[13] Zur Kontroverse zwischen realistischen und empiristisch-konstruktivistischen Positionen in der neueren Wissenschaftstheorie vgl. Bas van Fraasen, *The Scientific Image*, Oxford 1980, sowie Paul M. Churchland and Clifford A. Hooker (eds.), *Images of Science. Essays on Realism and Empricism, with a Reply from Bas C. van Fraasen*, Chicago 1985.

rechtsbewegung und die Frauenbewegung.[14] Die liberale Politik der Johnson-Ära bestand in einer Forcierung sozialstaatlicher Maßnahmen – von Programmen der Armutsbekämpfung, von Maßnahmen zur Realisierung von mehr Chancengleichheit im Bildungssystem –, Maßnahmen, die von den Konservativen heftig kritisiert wurden. Das hohe Maß an Staatsinterventionen, so hieß es, zerstöre traditionelle gesellschaftliche Werte.

Die weltanschauliche Prämisse solcher konservativen Kritik ist, wie Rose et al. darlegen[15], der Vorrang des Individuums vor dem Kollektiv – das Hobbessche Modell des Naturzustandes, demzufolge der Mensch von Natur aus darauf abziele, seinem Überlebenstrieb ohne Rücksicht auf seine soziale Umwelt zu folgen.

Die Soziobiologie beansprucht nun, zu zeigen, daß genau dieses Verhalten Ergebnis der biologischen Evolution und deshalb genetisch determiniert ist. Die Botschaft hinter dieser Form des biologischen Determinismus ist eindeutig: Da alles »in unseren Genen« ist, tun wir gut daran, uns auch mit den weniger erfreulichen Aspekten menschlichen Verhaltens abzufinden: Kriege, Rassismus und Unterdrückung der Frauen seien nun einmal Resultate einer erfolgreichen biologischen Anpassung und der natürlichen Auslese – Versuche, sie politisch zu verändern, könnten sich langfristig nur negativ auswirken.

Das gilt, wie Wilson, Barash und andere Popularisatoren der Soziobiologie betonen, vor allem für die ungleichen Rollen der beiden Geschlechter. So stellt Barash fest: »Es gibt gute Gründe dafür, anzunehmen, daß wir genetisch weit weniger zu sexueller Egalität bestimmt sind, als es scheint.«[16] Die guten Gründe, die Barash und seine Kollegen zur Stützung dieser Behauptung heranziehen, sind einer näheren Betrachtung wert. Sie betreffen unterschiedliche reproduktive Strategien, die weibliche und männliche Menschen verfolgen, setzen die Geltung von Kalkülen der Nutzenmaximierung nicht so sehr für den Bereich der bewußten Verhaltensplanung, sondern schon für das Verhalten von Genen voraus.

Der Motor für die Evolution aller Arten liegt dieser Argumentation zufolge in der Strategie der Gene, sich in möglichst großer Zahl zu vermehren. Und wir, die lebendigen Individuen – so die

[14] Vgl. dazu Steven Rose, R. C. Lewontin und Leon J. Kamin, a. a. O.
[15] Ebda.
[16] David Barash, *Sociobiology and Behaviour,* New York/Oxford/Amsterdam 1977, S. 47.

aufregende Botschaft von Richard Dawkins' Buch *Das egoistische Gen* –, sind nichts weiter als Überlebensmaschinen von vermehrungssüchtigen Genen. Daß Männer und Frauen unterschiedliche Eigenschaften entwickeln und so ungleiche Rollen im sozialen Leben übernehmen, liege vor allem daran, daß sie Transporteure unterschiedlich großer Anteile von Keimmaterial sind. Die Ursache für den Krieg der Geschlechter – dies die Worte, die Dawkins gebraucht – sind also ihre unterschiedlichen biologischen Investitionen für jeden einzelnen Nachkommen.[17] Da Männer Millionen von Spermen pro Tag erzeugen und mit vielen Frauen in Stunden- oder zumindest in Tagesintervallen Nachkommen zeugen können, besteht ihre Investition für eine zahlreiche Nachkommenschaft darin, möglichst viele Frauen zu beschlafen. Anders bei den Frauen. Da das weibliche Ei 85 000mal größer ist als ein Sperma (und daher – im Sinne eines rationalen Bio-Kalküls – seine Produktion entsprechend höhere Kosten verursacht), da die Frau den Fötus in ihrem Leib ernährt und das Kind noch zwei Jahre stillt, sind ihre Bio-Investitionen für ein einzelnes Kind unvergleichlich höher.[18] Das ist die biologische Ursache dafür, so Wilson, daß Frauen bestrebt sind, treue und zuverlässige Partner zu suchen, eher selektiv vorgehen, mehr auf »Qualität« achten als auf »Quantität«.[19]

Von einigen offensichtlichen biologischen Tatsachen wie der relativen Größe und Zahl von Samen- und Eizellen leiten Soziobiologen weitreichende Konsequenzen über die biologische Determiniertheit von Geschlechtsrollen ab. So erklärt Dawkins kurz und bündig: Das weibliche Geschlecht wird ausgebeutet, und die fundamentale evolutionäre Basis dafür ist die Tatsache, daß Eier größer sind als Spermen.[20] Männliche Promiskuität und Aggressivität, weibliche Monogamie und Unterwürfigkeit, die ganze Palette altbekannter Vorstellungen von den polaren Geschlechtscharakteren erhalten auf diese Weise eine endgültige naturwissenschaftliche Erklärung.[21]

Eine naturwissenschaftliche Erklärung? Ganz so sicher scheinen

---

[17] Richard Dawkins, *The Selfish Gene*, Oxford 1976, S. 151 f.
[18] Dawkins, a. a. O., S. 175 f.
[19] Edward O. Wilson, *On Human Nature*, New York 1978, S. 125.
[20] Dawkins, a. a. O., S. 158.
[21] Für eine Kritik biologischer und speziell soziobiologischer Theorien der Geschlechterdifferenz vgl. Ruth Bleier, *Science and Gender: A Critique of Biology and its Theories on Women*, New York/Oxford 1984.

sich Autoren wie Dawkins über den Status ihrer Aussagen nicht zu sein. Jedenfalls gibt er im Vorwort seines Buchs *The Selfish Gene* eine für wissenschaftliche Zwecke doch etwas ungewöhnliche Lektüreempfehlung: »Dieses Buch sollte beinahe wie Science Fiction gelesen werden, denn es zielt darauf ab, die Vorstellungskraft anzusprechen. Doch es ist keine Science Fiction: es ist Wissenschaft. Klischee oder nicht, die Formulierung ›Stranger than fiction‹ drückt genau das aus, was ich bei der Wahrheit empfinde. Wir sind Überlebensmaschinen – Roboter, blind programmiert zur Erhaltung der selbstsüchtigen Moleküle, die Gene genannt werden. Dies ist die Wahrheit, die mich noch immer mit Staunen erfüllt ... möge es mir gelingen, auch andere in Staunen zu versetzen.«[22]

In Staunen, und auch in Zweifel und Verwunderung. Die politische Tendenz in Dawkins' Charakterisierung des Gens als durchtriebener Geschäftsmann und Manager seines eigenen Überlebens ist allzu offensichtlich. Seinem Versuch, den Egoismus als einzig erfolgreiche evolutionäre Strategie auf die Ebene des Genpools zu verlegen, erlaubt ihm jedenfalls, Formen des Altruismus und der Verwandtschaftsselektion als phänotypische Sekundärphänomene hinwegzuerklären. Freilich vertreten andere Autoren den Standpunkt, daß Kooperation, und zwar nicht nur zwischen verwandten Individuen, die einzig stabile evolutionäre Strategie ist.[23] In gewisser Weise jedoch gibt Dawkins eine zutreffende Charakterisierung der Biowissenschaften an der Schwelle zur synthetischen Biologie. Denn die Vorstellung von Wissenschaft nach dem Vorbild kontemplativer Theorie ist ihr nicht mehr gemäß. Dawkins' wissenschaftliche Vision eröffnet den phantastischen Blick auf eine Welt, deren Ingenieur und Konstrukteur in Zukunft möglicherweise der Gentechniker ist.

Aber auch dort, wo die Molekularbiologie nicht darauf aus ist, das Genom bestehender Arten zu manipulieren, ist sie eine Form der Fabrikation von Wissen und experimentell reproduzierbarer Realität. »Wie die anderen Naturwissenschaften hat die Biologie heute zahlreiche Illusionen verloren. Sie sucht die Wahrheit nicht mehr; sie baut ihre Wahrheit auf.«[24] Die Illusion, auf die François

[22] Dawkins, a. a. O., hier zitiert nach der deutschen Ausgabe, S. VIII.
[23] So William D. Hamilton in Robert Axelrod, *Die Evolution der Kooperation,* München 1988.
[24] François Jacob, *Die Logik des Lebendigen. Von der Urzeugung zum genetischen Code*, Frankfurt/Main 1972, S. 24.

Jacob hier anspielt, ist die, daß die Natur durch reine theoretische Spekulation, ergänzt durch kontemplatives Beobachten, erkannt wird. Biologische Forschung ist heute ein Prozeß, der im Umgang mit dem Lebendigen Wissen und Wahrheit produziert – ein Prozeß, der sich in einem sozial organisierten Netzwerk von experimentell-technischen Fertigkeiten und diskursiven Praktiken vollzieht.

Mit den Entdeckungen der Molekulargenetik hat sich die moderne Biologie von einer beobachtenden und beschreibenden zu einer experimentellen Disziplin gewandelt, die in der Lage ist, die von ihr analysierten Phänomene im Labor nachzuvollziehen, organische Lebensformen und mittlerweile auch schon komplexe Organismen genetisch zu verändern etc. Als technikfähige Wissenschaft emanzipiert sie sich aber keineswegs vom alten politisch-ideologischen Diskurs über das, was natürlich ist – im Gegenteil, sie hat einen gesteigerten Bedarf an normativer Orientierung.

Wilsons »Neue Synthese« von Evolutionstheorie und Populationsgenetik, die verspricht, der biologischen Erklärung des Lebens alle Sozial- und Humanwissenschaften einzuverleiben, hat eine zweifache Funktion: erstens, eine wissenschaftlich autorisierte und zugleich handlungsorientierte Sicht von der Natur zu geben, und zweitens, die technische Umsetzbarkeit biologischen Wissens wenn schon nicht zu gewährleisten, so jedenfalls zu legitimieren.[25]

Freilich sind selbst Verteidiger der Realwissenschaften der Meinung, daß auf der Basis von empirisch-nomologisch gewonnenen theoretischen Erkenntnissen Wenn-Dann-Beziehungen konstatiert, nicht aber normativ ausgezeichnete Zielzustände ermittelt werden können. Genau letzteres aber beansprucht die Pop-Soziobiologie, »streng naturwissenschaftlich« zu leisten.[26]

Dabei verfahren Wilson und seine Schüler in folgender Weise:[27]

1) Es werden zunächst bestimmte menschliche Verhaltensmerk-

[25] Siehe dazu Jost Herbig/Rainer Hohlfeld, a. a. O., S. 143 f.

[26] In diesem Punkt kritisiert Peter Singer die Soziobiologie Wilsons, vor allem den Versuch, aus biologischen Fakten letzte Werte abzuleiten: Vgl. Peter Singer, *The Expanding Circle. Ethics and Sociobiology*, Oxford 1983, S. 72 ff.

[27] Vgl. dazu Joseph S. Alper and Hiroshi Inouye, *A Methodological Analysis of Sociobiology*, in: Philosophical Forum, Vol. XIII/2-3 (1981/82), S. 67-84, S. 69 f.; Rose, Lewontin and Kamin, a. a. O., S. 246 f., und für die soziobiologische Erklärung der Geschlechterdifferenz Ruth Bleier, a. a. O.

male identifiziert, von denen behauptet wird, es handle sich um für die menschliche Spezies universelle Merkmale. Schon dieser erste Schritt ist problematisch. Angesichts der historischen und ethnologischen Vielfalt sozialer und kultureller Verhaltensmerkmale und Konventionen – etwa im Bereich der Familienformen und der Geschlechterrollen – ist völlig unklar, wie universelle Merkmale überhaupt konstatierbar sein sollen. Deshalb ist die Vermutung schwer abzuweisen, daß die Auswahl solcher »Universalien« auf der Basis von Präferenzen und Normen aus dem sozialen Umfeld der Biologie erfolgt – etwa das Bild des tüchtigen, konkurrenz- und durchsetzungsfähigen Individuums sowie die bekannten Stereotype von männlichen und weiblichen Geschlechtsrollen.

2) In einem zweiten Schritt will die Soziobiologie nachweisen, daß diese universellen Merkmale des Humanverhaltens vererbt, strenger gesagt: genetisch determiniert sind. Dies ist das theoretisch entscheidende und methodisch anspruchsvollste Vorhaben der Soziobiologie.[28]

3) Schließlich, und das ist ebenso wichtig für ihre Argumentation, will die Soziobiologie nachweisen, daß die so zu genetisch fixierten Universalien erklärten Verhaltensmerkmale sich evolutionär durchgesetzt haben, weil sie einen Überlebensvorteil für die Spezies bringen, ein Ergebnis der optimalen Anpassung an die Umwelt sind und zu einer höheren Reproduktionsrate führen.

Methodologisch gesehen spielen naturwissenschaftliche Verfahren nur im Bereich des zweiten Verfahrensschritts eine Rolle, allerdings eine durchaus fragwürdige. Alper und Inouye zufolge gelten die mathematischen Prinzipien von Wilsons populationsgenetischer Grundlagentheorie nur für die Erklärung von Verhaltensmerkmalen, die durch einzelne oder mehrere in ihrer Lokalisierung voneinander unabhängige Gene bestimmt werden. Eben diese Bedingung ist bei kulturellen und sozialen Verhaltensmerkmalen nie erfüllt.[29] Dies ist nur einer der schwerwiegenden methodologischen Einwände, die Alper/Inouye, Kitcher u. a. vorbringen.

Bisher galt es zu zeigen, in welchem Maße, in welcher Form und

[28] Für seine Analyse und Kritik, aber auch eine Auseinandersetzung mit der Soziobiologie insgesamt, sei auf das Buch von Philip Kitcher verwiesen; Kitcher, a. a. O.
[29] Alper/Inouye, a. a. O., S. 81.

vor allem welche normativen und ideologischen Vorstellungen dem Wissen der Biologie einverleibt werden. Sie liefert auf diese Weise der Behauptung, bestimmte soziale Verhältnisse und Verhaltensmuster seien »natürlich« und deshalb einer Veränderung durch politische Maßnahmen unzugänglich, eine pseudowissenschaftliche Legitimation. Sie liefert aber zugleich *auch die Legitimation für biotechnische Eingriffe dort, wo Individuen von dieser Norm abweichen*. Dies sei abschließend am Beispiel der Reproduktionstechnologien verdeutlicht.

Für die Frage nach dem Zusammenhang einer »Politik des Natürlichen« und der »Technologie des Lebendigen« lautet der entscheidende Einwand der Kritiker der Soziobiologie, daß über den ersten Argumentationsschritt historisch kontingente, wertgeladene Annahmen in eine Theorie des Verhaltens eingehen, was nichts anderes bedeutet, als daß bestimmte soziale Gegebenheiten in die Natur projiziert, reifiziert und daraus bestimmte Folgerungen normativer Art für die Gestaltung des sozialen Lebens abgeleitet werden. Der projektive und zirkuläre Charakter dieses Vorgehens werde, so Alper/Inouye, durch die Bezugnahme auf eine exakte, mathematisch formulierte Grundlagentheorie lediglich verschleiert.

Wenn diese Kritik zutrifft, dann haben im Kontext soziobiologischer Argumentation selbst »streng wissenschaftliche« Theoriebestände in manchen Zusammenhängen eine rhetorische Funktion, insofern sie die Möglichkeit einer Sozialtechnologie auf ihrer Basis lediglich plausibilisieren, nicht aber auch schon ermöglichen. Jedenfalls sieht sich Wilsons »Neue Synthese« in aller Form ermächtigt zu wissenschaftlich begründeter Wirklichkeitskonstruktion. Als wissenschaftliche Feststellung von Verhaltensformen, die evolutionär und naturgemäß sind, gibt sie dem, der sie auch zu gebrauchen fähig und gewillt ist, ein Instrument in die Hand zur »Wiederherstellung der realen Welt zu lebendiger und tauglicher Form«.[30]

Auch wenn die Soziobiologie hinter diesem Anspruch weit zurückbleibt, hat sie wirklichkeitsverändernde Kraft, insofern sie bestimmte Denkweisen und Vorstellungen mit weitreichender politi-

[30] Lumbsden, Charles J. und Edward O. Wilson, *Das Feuer des Prometheus. Wie das menschliche Denken entstand*, München 1983, Zitat nach Herbig/Hohlfeld, a. a. O., S. 155.

scher Wirkung hervorbringt. So beruft sich u. a. die Neue Rechte in Frankreich auf die Soziobiologie für eine (pseudo)wissenschaftliche Begründung ihrer rassistischen Politik. Angesichts der Bedeutung, die die Soziobiologie Fragen des reproduktiven Verhaltens beimißt, präsentiert sie sich als wissenschaftliche Untermauerung für eine zeitgemäße Form patriarchaler Sexualpolitik, die im Namen der Wissenschaft die »Natürlichkeit« der Beschränkung von Frauen auf ihre Gebärfunktion behauptet.[31] Damit liefert sie unter anderem indirekt auch eine Rechtfertigung für die neuen Reproduktionstechnologien, denen es in kürzester Zeit gelungen ist, sich als medizinisches Verfahren zur Heilung weiblicher Unfruchtbarkeit durchzusetzen. Zunächst werden also unter durchaus fragwürdiger Bezugnahme auf die Evolutionsbiologie und Populationsgenetik bestimmte weibliche Verhaltensweisen und Funktionen als »natürlich« behauptet und dann im nächsten Schritt die Notwendigkeit des biotechnologischen Eingriffs in den Reproduktionsprozeß als medizinische Indikation, als Heilverfahren gerechtfertigt.

Dergestalt verbindet sich die forscherische Faszination durch das technisch Mögliche mit einer bestimmten »Politik des Natürlichen«: In der Sprache der medizinischen Wissenschaft werden Frauen, egal, ob sie gewollt oder ungewollt kinderlos sind, als biologisch und sozial »von der Norm abweichend« etikettiert. Die Rede von Heilung in diesem Zusammenhang setzt nämlich voraus, daß Kinderlosigkeit ein pathologischer Zustand ist, eine Leid erzeugende Abweichung von der weiblichen Norm, die zu beheben vor allem im Interesse der betroffenen Frauen sei. So erklärte Kurt Semm, Leiter der gynäkologischen Abteilung der Frauenklinik in Kiel, in einem Interview: »Die Uraufgabe des Weibes ist schlechthin die Erhaltung der Rasse und der Art. Wenn eine Frau dazu nicht fähig ist, dann ist eigentlich ihr ganzer Lebenszweck – vom Biologischen her gesehen – unerfüllt. Demzufolge ist die Nichtreproduktion des Weibes ein pathologischer Zustand, und was pathologisch ist, ist zugleich krankhaft, ganz klare Definition.«[32]

»The question is which is to be master.« Der Alice von heute, die seit Lewis Carrolls Tagen einiges dazugelernt hat, erscheint

---

[31] Vgl. dazu Ruth Bleier, a. a. O., Kap. 1.
[32] Zit. nach Gena Corea, *Das Manhattan-Projekt der Reproduktionstechniker,* in: Aurelia Weickert, Johanna Riegler und Lisbeth N. Trallori (Hg.), *Schöne Neue Männerwelt. Beiträge zu Gen- und Fortpflanzungstechnologien,* Wien 1987, S. 143f.

Humpty-Dumpty, von dem die zitierte Sentenz stammt, als post-moderner Verfechter einer Semiotik der Macht, und dazu als einer, der so unrecht nicht hat. Die Aussagen von Wissenschaftlern, die die Popularisierung ihrer Weltsicht in auflagenstarken Bestsellern selbst besorgen, und die eben zitierte Äußerung eines renommier-ten IVF-Spezialisten sprechen für sich. Sie folgen einer Politik der Benennungen, die die wissenschaftliche Sicht der biologischen Na-tur der Art dem Diktat eines männlichen Blicks unterwirft – einer Politik, die den Ursprung und die Bestimmung der menschlichen Spezies dekretiert und die Rolle des weiblichen Geschlechts zu de-ren Reproduktion und Erhaltung festschreibt.

Mythos, Biologie, Politik

Daß solche Äußerungen im Rahmen des wissenschaftlichen Dis-kurses möglich sind, ist ein Indiz dafür, daß im Genre der biologi-schen Literatur fiktive und mythologische Momente immer schon ihren Ort hatten. Die Biologie hat sich in den letzten Jahrzehnten von der alten »Naturgeschichte«, der Kant noch den Status einer echten Naturwissenschaft absprach, zur technologiefähigen »Bio-wissenschaft« gewandelt. Freilich sind bestimmte biologische Teil-disziplinen, etwa die Paläontologie, die Primatenforschung, die Soziobiologie, vergleichend-historische Disziplinen, die ihre Er-gebnisse nicht experimentell erzeugen. Sie sind Formen der sym-bolischen Organisation und Konstruktion von Wirklichkeit, und deshalb auch ein Ort für Mythos und Politik.

Die klassische Wissenschaftstheorie sieht das natürlich nicht so. Sie unterscheidet zwischen kausalen Erklärungen, die Antworten auf »warum-Fragen« geben, und genetischen Erklärungen, die die Frage zu klären suchen, wie bestimmte Phänomene entstanden sind. Damit ist freilich schon zugestanden, daß sich die Biologie, insbesondere die Evolutionsbiologie, der alten Trennung von idio-graphisch verfahrenden historischen Wissenschaften und nomo-thetischen Naturwissenschaften nicht fügt. Sie ordnet die Sach-verhalte, die sie zu erklären beansprucht, nicht nur nomologisch, sondern notwendigerweise auch chronologisch. Sie kann sich nicht damit begnügen, sich auf hier und jetzt Beobachtbares allein zu berufen, sondern situiert erklärungsrelevante Sachverhalte mehr oder weniger hypothetisch an bestimmten Zeitpunkten der

Geschichte ihres Gegenstands. Diese Ordnung der Phänomene in der Zeit ist das vorrangige Thema der Naturgeschichte. Sie verleiht den textuellen Darstellungen dieses Prozesses eine narrative Struktur, die nicht allein eine zeitliche Dimension einschließt, sondern, zumindest implizit, auch die Position des Erzählers dieser Geschichte.[33] Dadurch finden in die narrative Rekonstruktion der Vergangenheit und die Imagination künftiger Entwicklungen unweigerlich transreale, mythische und fiktive Elemente Eingang.

Daß diese Vermutung richtig ist, läßt sich an den Texten der Soziobiologen demonstrieren.

Die Karriere der Biologie als neue Orientierungswissenschaft begann am Ende des 19. Jahrhunderts, und als wissenschaftlich autorisierte Erzählung über den natürlichen Ursprung wie den wahren Sinn des menschlichen Lebens gelang es ihr rasch, die ideologische Leerstelle auszufüllen, die die abgedankte idealistische Geschichtsphilosophie hinterlassen hatte. Ihre mythische Struktur und ihre politische Funktion wird an keinem Thema so deutlich wie an dem der Biologie des Geschlechtsverhältnisses.

Das literarische Vorbild aller Ursprungserzählungen der abendländischen Tradition ist die Bibel. »Am Anfang schuf Gott Himmel und Erde.« Aber das Buch der Bücher enthält mehr als nur diese Version der Ursprungsgeschichte aus der Genesis. Donna Haraway hat für eine Rezension der wichtigsten Publikationen zur Diskussion um die Soziobiologie den ersten Satz des Johannesevangeliums als Motto gewählt[34]: »Am Anfang war das Wort.«

Es lohnt sich, im Text des Neuen Testaments an dieser Stelle weiterzulesen: »... und das Wort war bei Gott. Und Gott war das Wort... Alle Dinge sind durch dasselbe gemacht, und ohne dasselbe ist nichts gemacht, was gemacht ist.« Was hier geschildert wird, ist nichts anderes als die Entstehung der Welt durch den Akt göttlicher Semiose.

Wir leben in einer Welt, die der moderne »Bio-Logos« wenn nicht neu erschaffen, so doch neu geordnet hat. Um die Genese der modernen Biologie zu beschreiben und zu dekonstruieren, bedient

---

[33] Michael J. Toolan, *Narrative. A critical linguistic introduction*, London/New York 1988.

[34] Donna Haraway, *In the Beginning was the Word: The Genesis of Biological Theory*, a. a. O.

sich Haraway literaturtheoretischer Kategorien. Dekonstruktion ist Haraways Analyse, weil sie nicht beabsichtigt, die Episteme der empirisch und logisch verfahrenden Wissenschaften außer Kraft zu setzen, sondern zu zeigen versucht, daß sie in einem größeren semiotischen Kraftfeld operiert, in dem die Dynamik patriarchaler Geschlechterpolitik ein wesentliches Moment ist. Diese Geschlechterpolitik organisiert auch den wissenschaftlichen Diskurs über die menschliche Natur. Die zentralen Themen auch der Primatenforschung sind die Entwicklung des Nervensystems – des menschlichen Geistes – und die Organisation von Sexualität und Reproduktion – die Rolle von Mann und Frau. Indem die Primatenforschung erklärt, wie wir uns wahrhaft menschlich, das heißt der Natur gemäß als Männer und Frauen zu verhalten haben, ist sie, wie Haraway in Abwandlung des Wortes von Clausewitz sagt, »Fortsetzung der Politik mit anderen Mitteln«.[35]

Das Feld des biologischen Diskurses als Ort der Bedeutungsproduktion und der Bedeutungspolitik ließe sich in Anschluß an Greimas in folgender Weise ordnen[36]: Das Subjekt – der/die Wissenschaftler; das Objekt – das menschliche Leben; der Auftraggeber – Gott/die wissenschaftliche Berufung; der Adressat – die Menschheit; der Widersacher – die (weibliche) Natur/die knappen Ressourcen; der Verbündete – die (männliche) Intelligenz, das menschliche Potential.

Wissenschaftliche Erkenntnisinteressen, mythische Visionen vom männlichen Heros als Pionier der Forschung und politische Machtansprüche verknoten sich in schier unentflechtbarer Weise in der Inszenierung des Zusammenspiels der Protagonisten im Drama wissenschaftlicher Welteroberung. Da ist zunächst der göttliche Auftraggeber, der wissenschaftliche Autorschaft stiftet: »Am Anfang war das Wort, und das Wort war bei Gott.« Wie in der Literatur, ist in der Wissenschaft Autorschaft nicht möglich ohne Autorität. Hier stellt sich Frauen, die als Literatinnen und Wissenschaftlerinnen zur Feder greifen, ein schier unüberwindliches Problem. »Is the pen a metaphorical penis?« fragen Gilbert und Gubar in ihrem Buch *The Madwoman in the Attic*, und finden die Antwort beim Literaturkritiker G. M. Hopkins, der schreibt: »The

[35] Donna Haraway, *Primatology is Politics by Other Means*, in: *Feminist Approaches to Science*, hg. von Ruth Bleyer, New York u. a. 1986, S. 77-118.
[36] Vgl. dazu die Darstellung Greimas' bei Peter V. Zima, in: *Textsemiotik als Ideologiekritik*, hg. von Peter V. Zima, Frankfurt 1977, S. 17 f.

artist's most essential quality (is) masterly execution, which is a kind of male gift, and especially marks off men from women, the begetting of one's thought on paper, on verse, or whatever the matter is.«[37]

Nach Edward Said umfaßt die Vorstellung von Autorschaft die folgenden vier Bedeutungen: erstens die Macht zu initiieren, zu etablieren, kurz, zu beginnen; diese Macht bedeutet zweitens zugleich eine Vermehrung gegenüber dem, was schon vorliegt, und drittens, daß diese Macht ihren Gegenstand und alles, was sich aus ihm ableitet, kontrolliert, sowie viertens, daß diese Macht von Dauer ist.[38] All dem liegen die Vorstellung der legitimen Nachfolge, der Vaterschaft und der Hierarchie zugrunde.

Legitimation durch die Nachfolge anerkannter wissenschaftlicher Autoritäten gehört zu den Grundregeln wissenschaftlichen Redens und Schreibens. Die wissenschaftliche Selbstbescheidung vergangener Jahrhunderte begnügte sich nicht mit Dankesbezeugungen gegenüber den Riesen, auf deren Schultern sie zu stehen meinte. Denn diese selbst, die Titanen der wissenschaftlichen Tradition, verfaßten ihre Werke noch zur höheren Ehre Gottes, oft ängstlich besorgt um das Wohlwollen kirchlicher Autoritäten.

Seit der Gründung der Royal Society am Ende des 17. Jahrhunderts ist die Säkularisierung fortgeschritten, die Wissenschaften haben sich von der Theologie emanzipiert und beanspruchen legitime Autorschaft für sich selbst. Aber die Rhetorik, der sich Biologen bedienen, wenn sie daran gehen, die Geschichte von der Entstehung der Lebenswelt neu zu schreiben, verrät ihre Kontinuität mit dem, was Klaus Heinrich eine ursprungsmythische Geisteslage nennt.[39] *Im Anfang war der Wasserstoff* – so der Titel eines Buches von Hoimar von Dithfurth. David Barash eröffnet das zweite Kapitel seines Buches *Das Flüstern in uns. Evolution und die Ursprünge der menschlichen Natur* mit dem Satz: »In the Beginning was the Gene« – »Am Anfang war das Gen.« Das ist die frohe Botschaft der Soziobiologie. Eine der ersten Autoritäten, die Barash zitiert, ist Papst Pius XI. zum Thema »Natürliches Gesetz und reproduktive Sexualität in der Ehe«. Natürlich versäumt es Barash nicht, seine wissenschaftliche Autorschaft durch den Verweis auf

---

[37] Zitiert nach Sandra M. Gilbert und Susan Gubar, *The Madwoman in Attic,* New Haven/London 1979, S. 3.

[38] Gilbert und Gubar, a. a. O., S. 4.

[39] Klaus Heinrich, *Mythos und Vernunft. Ausgewählte Texte,* Frankfurt 1983.

86

eine stolze Liste wissenschaftlicher Väter, unter ihnen einige Nobelpreisträger, unter Beweis zu stellen.[40]

Der Auftrag, zu dem solche Autorität ermächtigt, lautet denn: »Macht euch die Erde untertan« – übersetzt in die Sprache der Wissenschaftlergemeinschaft, einschließlich der der Biologen: die Wirklichkeit so zu beschreiben, wie sie *ist* – ein in dieser Form uneinlösbarer und ideologischer Anspruch. Was die Biologie zum Thema der Entstehung des Lebens tatsächlich hervorbringt, sind – wenn auch nicht ausschließlich – Erzählungen, die die Ordnung des natürlichen Universums, der lebendigen Natur symbolisch organisieren und durch die Autorität des wissenschaftlichen Wortes legitimieren.

Im Zentrum biologischer Wirklichkeitskonstruktion steht die Erzählung vom Menschen und seiner Entstehung. Die wissenschaftliche Methode und zugleich das literarische Modell dafür liefert die Genealogie die Erforschung und Beschreibung der Ursprünge der Spezies »Homo sapiens«, also der Evolution menschlicher Intelligenz und Vernunft, als deren Höhepunkt sich die Biologie als neue Leitwissenschaft versteht. Außerirdische Wesen, falls sie auf die Erde kämen, um ihre Bewohner zu erforschen, würden demnach zuerst einmal fragen: Haben sie schon die Evolution begriffen? – so Richard Dawkins in seinem Buch *The Selfish Gene*.[41]

Der neue Bio-Logos versucht nicht mehr und nicht weniger, als die Frage nach Herkunft und Wesen der menschlichen Spezies zu beantworten. So stellt Barash seinem Kapitel über die biologischen Determinanten menschlichen Verhaltens das Sokrates-Motto: »Erkenne dich selbst!« voraus.[42] Mit anderen Worten, es geht darum, die Fragen nach den letzten Gründen menschlicher Existenz, mit der sich Philosophen zweieinhalb Jahrtausende abgemüht haben, endlich einer wissenschaftlichen Lösung zuzuführen. Wissenschaftliche Autorschaft legitimiert sich hier als Mittel kollektiver Identitätsstiftung, als wahrer wissenschaftlicher Humanismus.

Der Augenblick, in dem der menschliche Geist entsteht, ist zugleich der, an dem sich der Mensch über seine Primatenbrüder erhebt, um Kultur zu schaffen. Zeit und Ort dieses Geschehens sind

---

[40] Vgl. die Einleitung von David Barash, *Das Flüstern in uns. Ursprung und Entwicklung menschlichen Verhaltens*, Frankfurt 1981.

[41] Richard Dawkins, a. a. O., S. 1.

[42] David Barash, *Sociobiology and Behaviour*, New York 1977, S. 276.

angesichts der so gut wie nicht verfügbaren empirischen Evidenzen nach wissenschaftlichen Maßstäben vor allem mythisch, genauer gesagt, ursprungsmythisch. Klaus Heinrich hat auf die Bedeutung von Genealogien für das ursprungsmythische Denken hingewiesen.[43] Das Bedürfnis nach kognitiver Ordnung und Selbstvergewisserung befriedigt der Ursprungsmythos durch die Rückbindung an göttliche Urgestalten, Urformen, Urgeschehnisse. Dieses Motiv der Selbstvergewisserung ist auch für die moderne Anthropologie und Biologie eine entscheidende Antriebskraft, und die Dunkelzone »grauer Vorzeiten« – wer vermag schon mit einer Zeitspanne von fünf Millionen Jahren konkrete und empirisch gehaltvolle Vorstellungen zu verbinden? – bietet sich als Projektionsfläche für Imaginäres, für Visionen und Wunschbilder geradezu an.

So verwundert es nicht, daß *er* es ist, der als erster Träger des göttlichen Funkens im Dämmerlicht der urgeschichtlichen Szene der Menschwerdung erscheint: der Mann, der Werkzeugmacher, der Mann, der Jäger, kurz, der Mann als Kulturschöpfer. *Er* ist es, der mit seiner martialischen Intelligenz die menschliche Spezies auf die Stufe humaner Kultur hebt, während irgendwo im Hintergrund Lucy, die paläolithische Hausfrau, sich um Essen und Kinder kümmert. Ihre natürlichen Pflegeinstinkte bedürfen ohnehin keiner weiteren »Kultivierung«. Am Anfang der Menschheitsgeschichte steht nämlich in ihrer evolutionstheoretischen Rekonstruktion nicht nur der Mann als Kulturschöpfer, sondern, wie wäre es auch anders zu erwarten, auch die Familie – die paläolithische Kernfamilie, durch die nach Lovejoy, einem renommierten Forscher auf diesem Gebiet, die Reproduktionskrise der im Wald lebenden Prähominiden bewältigt und der Aufstieg der Menschheit gesichert werden konnte.[44] Auf die Kritik feministisch orientierter Biologinnen, die die empirische Unhaltbarkeit solcher Behauptungen belegt, kann hier im einzelnen nicht eingegangen werden.

Jedenfalls erhärtet diese Kritik, zu der Ruth Hubbard und Ruth Bleier wesentlich beigetragen haben, Haraways These von der »Primatologie als Fortsetzung der Politik mit anderen Mitteln«.[45]

[43] Klaus Heinrich, a. a. O.
[44] C. O. Lovejoy, *The Origin of Man*, Science 221, No. 4480, S. 341-350.
[45] U. a. Ruth Hubbard, *Hat die Evolution die Frauen übersehen?*, in: *Denkverhältnisse. Feminismus und Kritik*, Frankfurt/Main 1988, und Ruth Bleier, a. a. O.

Lovejoys Geschichte scheint sich von der über Adam und Eva in einem Punkt nicht zu unterscheiden: Wie diese ist sie die männlich-mythische Inszenierung eines Vorgangs, der sich weitgehend unserer empirischen Kenntnis entzieht. Wie die Geschichte von der Vertreibung aus dem Paradies legitimiert sie gewissermaßen durch einen mythischen Akt der ursprünglichen Aneignung die Verfügung über Frauen und Nachkommen, über Beute und materielle Ressourcen als natürliches Recht der männlichen Exemplare der Spezies.

Eben dieselben sind es auch, die sich jahrhundertelang die Macht wissenschaftlicher Autorschaft vorbehielten. Deshalb ist das Geschlecht eine grundlegende Kategorie des biologischen/wissenschaftlichen Diskurses. Gerade weil der wissenschaftliche Diskurs durch die Verdrängung des Subjektiven charakterisiert ist, bleibt die theoretische und politische Bedeutung der Geschlechterdifferenz undurchschaut – im Interesse der Nutznießer der traditionellen Geschlechterordnung und auf Kosten einer Sicht der Realität, die der Perspektive von Frauen Raum lassen könnte.

Kapitel V

Naturverhältnisse – Geschlechterverhältnisse

Seit ihren Anfängen hat die abendländische Zivilisation die Natur als weiblich gedacht, Frauen ein besonderes Naheverhältnis zur Natur nachgesagt. Wie ist diese Gleichsetzung von Frau und Natur aus der Sicht von Frauen, die in der Gegenwart leben, zu verstehen und zu bewerten? Zunächst liegt es nahe, die Gleichsetzung von Natur und Frau abzulehnen, weil sie in der Tradition des theologischen und philosophischen Denkens mit der Abwertung von beiden, von Frau und Natur, verbunden war. Aber angesichts der zerstörerischen Konsequenzen, die die kriegerischen und virilen Projekte technisch-wissenschaftlicher Naturaneignung in den letzten Jahrzehnten hervorgebracht haben und noch hervorzubringen drohen, haben feministische Denkerinnen darüber nachzudenken begonnen, ob die alte Identifikation von Frau und Natur, die sie meist mit guten politischen Gründen abgelehnt haben, vielleicht doch einen subversiven Blick eröffnen könnte auf weibliche Erfahrungen und Bilder von der Natur, auf Visionen einer unzerstörten Natur, die eine Alternative erkennen ließe zu dem, was eine vom androzentrischen Denken dominierte wissenschaftliche Zivilisation als Natur hervorbringt und zurichtet.[1]

So verlockend es auch sein mag, derartige Überlegungen anzustellen – ohne eine Analyse historisch gewachsener Naturverhältnisse im Umgang des Menschen mit sich selbst, mit dem eignen Körper, den anderen Menschen und mit der belebten und unbelebten Natur bleiben sie bloße Schwärmerei, oder sie enden bei der Rückkehr zu essentialistischen Denkmustern, so wie auch manche Versuche, alte Bilder und Mythen des Weiblichen wiederzubeleben.

Welche Bilder von der Natur finden sich in den Texten feministi-

---

[1] Exemplarisch dafür sind u. a. die Arbeiten von Claudia von Werlhof; vgl. dies., *Männliche Natur und Künstliches Geschlecht. Texte zur Erkenntniskritik der Moderne*, Wien 1991. Eine kritische Auseinandersetzung mit den Positionen eines Ökofeminismus findet sich in der Dokumentation einer Tagung über Frauen und Ökologie: Die Grünen im Bundestag/AK Frauenpolitik (Hg.), *Frauen & Ökologie. Gegen den Machbarkeitswahn*, Köln 1987.

scher Kritik? Carolyn Merchant spricht in ihrem Buch vom »Tod der Natur«, der, wie sie in ihrer ideenhistorischen Analyse zeigt, von den Vordenkern der neuzeitlichen Wissenschaft durch ein ihren Visionen von der Beherrschbarkeit der Welt entsprechendes Naturbild vorbereitet und im Zuge der wissenschaftlich-technischen Revolution auch schrittweise herbeigeführt worden ist. Welche Natur stirbt? Eine lebendige, organisch vorgestellte, weibliche Natur, wie sie in der Zeit vor der wissenschaftlichen Revolution gedacht wurde, die durch Geburt, Vergehen, Wiedergeburt alles Leben hervorbringt. Natur als eine Lebensform, als die Weise des Lebendigseins, der sich Frauen in ihrem Spüren und Erleben auch noch eher »anverwandeln« können als Männer, wie es Susan Griffin in ihrem Buch *Frau und Natur. Das Brüllen in ihr* einfühlsam beschreibt. In den Texten von Carolyn Merchant und Susan Griffin werden die beiden wichtigsten Quellen freigelegt, aus denen sich Frauen-Visionen von Natur speisen: Die eine Quelle ist die verdrängte, aber niemals versiegte Tradition vormoderner, ja vorphilosophischer Welt- und Naturbilder matriarchaler Mythen und Religionen, die andere die gelebte Erfahrung von Frauen, ihr Fühlen und Spüren im Umgang mit sich selbst und mit anderen als leibhaftige und lebendige Wesen.

Als spezifisch weibliche Erfahrung vom Leben und Lebendigsein ist in erster Linie jene Erfahrung zu nennen, die in leiblicher Konkretheit nur Frauen machen können, die Erfahrung des Leben-Gebens, des Gebärens.

Daß menschliches Leben schicksalhaft an das Faktum des Geborenwerdens gebunden ist und daß die in den philosophischen Menschenbildern vorherrschenden männlich-heroischen Phantasmen von einem sich im Kampf gegen eine feindliche Umwelt und Natur selbst erhaltenden Subjekt ihre entscheidende Schwäche in der Verdrängung dieser Erfahrung geburtlicher Herkünftigkeit und leiblicher Kontingenz des Lebens hat, wird mittlerweile auch von männliche Autoren bemerkt.[2] Die Erfahrung der Geburtlichkeit macht besonders deutlich, daß das menschliche Naturverhältnis nicht nur eine bestimmte Weise des Umgangs mit Objekten der Außenwelt in sich schließt, sondern stets auch ein bestimmtes Ver-

---

[2] So etwa von Klaus Theweleit, *Männerphantasien*, Bd. 2: *Männerkörper. Zur Psychoanalyse des weißen Terrors*, Frankfurt 1978, und von Peter Sloterdijk, u. a. in: *Eurotaoismus. Zur Kritik der politischen Kinetik*, Frankfurt/Main 1990.

hältnis des Menschen zu sich selbst als Natur- und insbesondere als Geschlechtswesen.

Vom Gewachsenen zum Hergestellten: Zum Wandel des Naturbegriffs

Versucht man aus diesem Erfahrungshorizont zu begreifen, was Natur ist, was denn der Ausdruck »natura« eigentlich meint, so rückt zunächst der Vorgang in den Blickpunkt, den das Zeitwort »nascere« bezeichnet, den des Geborenwerdens. Die grammatische Endung »urus« verweist auf die Zukunft, auf eine spezifische Form von Zeitlichkeit. Bedeutet »nata«, »natus« die oder den, der geboren worden ist, ist »natura« die zu Gebärende.

Natur wäre also das, dessen Seinsweise durch den in die Zukunft hineinreichenden Prozeß des Geborenwerdens, durch einen lebendigen und zyklisch wiederkehrenden Prozeß von Fortpflanzung, Wachstum und Vergehen geprägt ist, ein Lebensprozeß, zu dem auch das Vergehen und Sterben gehört.

Es heißt »natura«, die Natur. Nicht zu übersehen ist, daß das Wort Natur, die grammatisch weibliche Form, eine Vorentscheidung markiert, die auf eine erste androzentrische Umdeutung der Erfahrung von Geburtlichkeit verweist: War es in Zeiten der vorpatriarchalen Hochkulturen, die die ersten Namen und Symbolisierungen rund um die geheimnisvollen Vorgänge der Lebensentstehung hervorgebracht haben, die »Große Mutter«, in der sie das Mysterium des Lebens begründet sahen und die als Schöpferin allen Lebens galt, so ist im Kontext der philosophischen Lehrmeinungen, etwa bei Aristoteles[3], »physis«, »natura« das als lebendig *Hervorgebrachte*, und zwar hervorgebracht von einem männlichen Prinzip oder von einem Gott, der als männlich gedacht wird. Dies ist ein Beispiel für die patriarchale Überformung von ursprünglich matriarchalen Vorstellungen, wie sie von feministischen Kulturtheoretikerinnen vielfach beschrieben worden ist.[4] Auch der christliche Schöpfungsbegriff ist Resultat dieser Überformung matriarchaler Wissenstradition.

[3] Vgl. Collingwood, *The Idea of Nature,* Oxford 1964, S. 87.
[4] Z. B. Heide Göttner-Abendrot, *Die Göttin und ihr Heros,* München 1983, und Carola Meier-Seethaler, *Ursprünge und Befreiungen. Eine dissidente Kulturtheorie,* Zürich 1988.

Die Transformation vorpatriarchaler Wissensformen und kultureller Praktiken, wie sie in der Naturphilosophie der Antike und dann vor allem durch die christliche Theologie erfolgte, bildet eine der wesentlichen geistesgeschichtlichen Voraussetzungen für jene Form wissenschaftlich-technischer Naturbeherrschung, wie sie sich seit Beginn der Neuzeit durchgesetzt hat.[5]

Der Hinweis auf vormoderne bzw. auf matriarchale Denkformen sollte nicht als Aufforderung zu einer unvermittelten Rückkehr zu diesen Denkformen und entsprechenden Lebensformen verstanden werden. Er legt aber nahe, für die Analyse und Beurteilung der gegenwärtigen technisch-wissenschaftlichen Naturverhältnisse einen weiteren zivilisationsgeschichtlichen Rahmen zu wählen und seiner Vorgeschichte zumindest bis ins Neolithikum nachzugehen.

In Anknüpfung an die im vorigen Kapitel angestellten Überlegungen zum Zusammenhang von Wissenschaft und Geschlechterpolitik sollen die kulturellen Mechanismen, die sozialen Verhältnisse und zivilisatorischen Praktiken in den Blick kommen, von denen her sich das »Unbehagen an der Wissenschaftskultur« erklären ließe, das Frauen häufig haben und neuerdings auch zum Ausdruck bringen. Wie die feministische Wissenschaftskritik gezeigt hat, stehen diese Mechanismen und die durch sie erzeugten Denk- und Handlungsmuster in engem Zusammenhang mit der patriarchalen Verfassung der Wissenschaftskultur. Mit anderen Worten, das wissenschaftliche Naturverhältnis entspricht den asymmetrischen Machtbeziehungen zwischen Männern und Frauen unter patriarchalen Bedingungen. Ich möchte, zur Kennzeichnung des problematischen Kerns der Naturverhältnisse der wissenschaftlichen Zivilisation der Moderne, von einem Zusammenhang ausgehen, der zunächst nicht offensichtlich mit der Geschlechterproblematik zu tun hat, und werde ihn das »Prometheus-Frankenstein-Syndrom« nennen.

Die Prometheus-Figur liefert ein gutes Bild für das heroisch-männliche Imaginäre der neuzeitlichen Wissenschaft. Mit guten Gründen gibt der Wissenschaftshistoriker Stephan Landes seiner Untersuchung zum Zusammenhang von Wissenschaftsentwick-

---

[5] James A. Weisheipl, *Aristotle's Concept of Nature: Avicenna and Aquinas*, in: Lawrence T. Roberts (Hg.), *Approaches to Nature in the Middle Ages*, Binghampton, New York 1982, S. 137-160.

lung und industrieller Revolution den Titel *Der entfesselte Prometheus*. Dem Mythos zufolge wird Prometheus, der den Göttern das Feuer entwendet, zur Strafe an einen Felsen geschmiedet, wo ihm ein Adler die Leber aus dem Leib hackt, die ihm tagsüber immer wieder nachwächst. Das Feuer steht hier als Symbol nicht nur für eine zivilisatorische Errungenschaft, sondern für die göttliche Schöpfungskraft. Die Fatalität des Prometheus-Syndroms kommt erst dort zum Tragen, wo der Wille zur Macht über die göttliche Schöpfung zur Tat wird: in der christlichen Neuzeit, die technische und wissenschaftliche Naturaneignung nicht mehr als Blasphemie, sondern nachgerade als biblischen Auftrag versteht, dessen Erfüllung nicht möglich ist ohne wissenschaftliche Forschung, die die Naturgesetze als Ausdruck göttlicher Herrschaft zu ergründen sucht.

Das Prometheus-Frankenstein-Syndrom: Die Grenzen naturwissenschaftlichen Handelns

Natur, als Gegenstand technischer Beherrschung, ist, in den Worten von Francis Bacon, dem großen Propagandisten der neuzeitlichen Wissenschaft, »natura vexata« – »traktierte Natur«, im Gegensatz zur »natura libera«, der freien, wilden, ungezähmten und unberechenbaren Natur, auf die sich der Impuls technischer Beherrschung richtet, weil sie etwas potentiell Bedrohliches darstellt.[6] Theoretische Neugier und der Wunsch nach unbeschränkter Kontrolle bilden hier eine schwer zu trennende Einheit.

Deshalb sind im Naturbild der neuzeitlichen Wissenschaften die Konstituenten dessen, was Natur *ist*, gleichbedeutend mit den Konstituenten menschlichen Handelns. Das Bild der vom Mechaniker konstruierten Maschine bestimmt die neuzeitlichen Vorstellungen von der Natur, die Metapher des Gesetzes die Idee der Naturordnung. In diesem Sinn sagt Kant, daß wir es sind, die der Natur ihre Gesetze vorschreiben. Freilich meint Kant nicht, daß dieses Vorschreiben aufgrund von interessegeleiteten Willkürakten erfolgen könnte, sondern allein aufgrund der uns a priori angeborenen Denk- und Anschauungsformen.

---

[6] Vgl. Francis Bacon, *Paraverse ad Historiam Naturalem et Experimentalem*, in: *The Works of Francis Bacon*, London 1857f., Bd. III, S. 389-422.

Man könnte das, anspielend auf die Doppelbedeutung des Ausdrucks »Natur«, so formulieren: Gemäß seiner natürlichen Bestimmung beherrscht der menschliche Geist die Natur. Aber gerade so ist es eben *nicht*. Kants Diktum kann nicht nur als erkenntnistheoretische Aussage gelesen werden, sondern als konkrete Handlungsanweisung für den Umgang mit der Natur. Aber gerade durch diese Handlungsmaxime konnte das Wissen um die Natur dem Menschen selbst zum Verhängnis werden. An der Wurzel dieses Verhängnisses, das ich hier Prometheus-Frankenstein-Syndrom nenne, liegt die Selbstverkennung, die das Bild prinzipieller unbeschränkter Naturbeherrschung durch den wissenschaftlichen Geist bestimmt, nämlich das Vergessen der Tatsache, daß der Mensch als handelnder und denkender selbst Teil der Natur ist und bleibt, die er lückenlos zu beherrschen können meint. »Prometheisch« ist also der Wille des wissenschaftlichen Pioniers, die Welt bis an ihr äußerstes Ende und in ihre innersten Tiefen restlos zu erforschen. Fatal ist dieser Wille, weil er die imaginären Wünsche nach unbegrenzter Beherrschung und Kontrolle der Natur in die Tat umzusetzen sucht, aber, weil er sich auf falsche Wissensanmaßungen stützt, Veränderungen im System Mensch–Gesellschaft–Natur auslöst, die er nicht vorauszusehen vermag, neben den gewünschten technologischen Ergebnissen unerwünschte Nebeneffekte zeitigt, Nebeneffekte, die unter Umständen tödlich sein können.

Das Dilemma des modernen Prometheus angesichts dieser Situation: Er zögert, soll er weitermachen oder nicht, überlegt, wie sich die unbeabsichtigten Nebenfolgen durch weitere Forschungsunternehmungen in den Griff bekommen lassen. Das hat zur Folge, daß zunehmend mehr Zeit und Geld für die Forschung und Technologie der Risikoermittlung und Risikovermeidung eingesetzt werden muß, so daß auf lange Sicht die Beseitigung technologisch verursachter Schäden mehr Mittel verschlingt als die Produktion zivilisatorischer Güter.

Wissenschaftler und Wissenschaftstheoretiker haben lange versucht, die Verantwortung für die Folgen und die Anwendung wissenschaftlicher Forschung an Politiker und Unternehmer weiterzugeben. Das ist heute nicht mehr möglich. Die Tätigkeit der Wissenschaft beschränkt sich ja nicht auf die Formulierung abstrakter Theorien, sondern ist immer auch eine Intervention in den Naturprozeß. Wissenschaftstheoretiker pflegen uns hier zu beschwichtigen und zu betonen, daß es sich, etwa im Experiment, nicht wirklich um eine Intervention in den Naturablauf handle, sondern daß hier bestimmte Rahmenbedingungen geschaffen werden, unter denen kontrolliert und beobachtet wird, was sich auch sonst, ohne menschliches Zutun, in der Natur vollzieht. Das mag auf eine Reihe physikalischer und chemischer Gesetze zutreffen. Die Entwicklungen in der Mikrophysik und insbesondere in den Biowissenschaften gehen aber längst dahin, daß Experiment und Labor Orte echter Intervention sind, daß es sich hier nicht selten um irreversible Eingriffe in die Formen und Prozesse des Lebens handelt. Und angesichts der heute schon real möglichen Ergebnisse solcher Eingriffe sind uns die Phantasien von einer solcherart entstehenden »Schönen Neuen Welt«, die allemal eine Männerwelt wäre, gründlich vergangen. Der Traum von der totalen Machbarkeit ist längst dem Alptraum einer totalitären Vision gesteuerter Lebensproduktion gewichen.

Als einziges Gegenmittel gegen die unabsehbaren Folgen solcher Exzesse des Machbarkeitswahns empfiehlt sich die Rückkehr zur Einsicht in die Beschränktheit des Wissens über die Natur und damit in die grundsätzlich begrenzte Verfügbarkeit dessen, was wir Natur nennen.

Ein solches Einbekenntnis einer letztlichen Unverfügbarkeit von Natur, einschließlich der eigenen, ist mit wissenschaftlichen Mitteln nicht zu begründen. Es hieße nämlich, die Grenzen der naturwissenschaftlichen Denkmethoden für das Verstehen von Natur einzugestehen.

Wissenschaftliche Methoden sind Techniken und Verfahren, die Annahmen über die Wirklichkeit immer schon voraussetzen. So gesehen, hat auch der wissenschaftliche Realismus selbst, das heißt die ontologische Überzeugung, daß die Welt so, wie sie von den empirischen Wissenschaften beschrieben wird, unabhängig von unserem Bewußtsein existiert, metaphysischen Charakter.[7] Er verleiht dem in den fortgeschrittenen Wissenschaften jeweils vorherrschenden Bild von der Natur den Charakter fragloser Gewißheit. Aus dieser Gewißheit, daß die Natur genauso ist, wie sie sich den Projekten der Forschung darbietet, werden alle noch so problema-

[7] Darauf verweist Karl Popper in seiner Kritik am Wissenschaftsverständnis des Positivismus, freilich auch in klarer Abgrenzung gegenüber instrumentalistischen Deutungen; vgl. Karl Popper, *Conjectures and Refutations. The Growth of Scientific Knowledge*, London 1963.

tischen Unternehmungen wissenschaftlicher Verfügung über Natur im Namen der Wahrheitssuche gerechtfertigt, ohne daß sie sich als Handlungsentscheidungen politisch oder moralisch begründet ausweisen müßten. Die metaphysische Option zugunsten eines »wissenschaftlichen Realismus« wirkt so – politisch und ideologisch – entscheidungsentlastend, freilich oft um den Preis der Einsicht in die konkrete Involviertheit des forschenden Subjekts, des Menschen als denkende Spezies in den Prozeß der Naturerzeugung, den sie wissenschaftlich vorantreibt.

Was wäre die Alternative zum metaphysischen Realismus der Wissenschaften? Ein radikaler Konstruktivismus, d. h. die Metaphysik, derzufolge alles, was ist, Ergebnis unseres Handelns und Denkens ist? Auch eine solche Position ist nicht haltbar. Dennoch können wir nicht so tun, als läge das, was heute aus der Natur geworden ist, aufgrund ihrer *letztlichen* Unverfügbarkeit vollständig jenseits unserer Verantwortung. Das Dilemma, das sich aus dieser Situation ergibt, läßt sich so beschreiben: Auf der einen Seite ist aufgrund des Stands der wissenschaftlichen und technischen Entwicklung, aber auch aufgrund des hohen Ressourcenbedarfs unseres dichtbevölkerten Planeten eine Rückkehr zu einem vorindustriellen, naturwüchsigen Zustand symbiotischer Koexistenz mit der Natur nicht mehr denkbar. Das gilt sowohl für den Umgang mit der äußeren Natur, mit Rohstoffen, Nahrungsmitteln und Lebensraum als auch für den Umgang mit unserer eigenen Natur. Zugespitzt ließe sich sagen, daß es für den Menschen *natürlich* ist, die Natur zu formen und zu gestalten, in Kultur zu verwandeln. Unsere Vorstellungen von dem, was Natur ist, sind selbst Produkte der Kultur. Auf der anderen Seite stoßen die Ambitionen schrankenloser Naturbeherrschung im Dienste ihrer industriellen und ökonomischen Verwertung unübersehbar an ihre Grenzen. Kurz, wir stehen zwischen der Skylla des Handeln-Müssens und der Charybdis des Nicht-so-weitermachen-Dürfens.

Daß dieses Dilemma nicht zu völliger Handlungsunfähigkeit führt, dafür sorgt nicht nur die kritische Ökologie, sondern mittlerweile auch eine ökologisch belehrte Marktwirtschaft. Freilich ist zu vermuten, daß eine wissenschaftliche Ökologie unter den gegebenen Bedingungen nichts anderes darstellt als ein Spiel gegen die Natur, eine Strategie der Störfallvermeidung. Denn der philosophische wie existentielle Kern des beschriebenen Dilemmas ist in der Struktur des wissenschaftlichen Denkens selbst zu suchen, in der geistigen Einstellung, mit der der wissenschaftlich Denkende der Natur und der ihn umgebenden Welt begegnet – einer Haltung, die im kollektiven Unbewußten der männlich dominierten Wissenschaftskultur verwurzelt ist und die sich eben deshalb lange einer Thematisierung entzog.

Das verlorene Erbe der Großen Mutter: Ein ganzheitliches Naturverständnis

Die dem Wissenschaftler abverlangte Haltung der Sachlichkeit und Objektivität, eine Einstellung, die sich, wie Hegel sagt, jede Zärtlichkeit gegenüber der Welt verbietet, setzt voraus, daß sich das erkennende Subjekt als vollständig getrennt und völlig verschieden vom Gegenstand seiner Erkenntnis versteht. Diese Haltung, die nicht erst in der Neuzeit entsteht, geht einher mit dem völligen Verzicht auf Empathie und dem Verlust dessen, was der Wissenschaftshistoriker Morris Berman »partizipatorisches Bewußtsein« nennt. Das ist höchstwahrscheinlich einer der Hauptgründe für die erschreckende Gefühllosigkeit und Unsensibilität des methodischen wissenschaftlichen Denkens für die potentiellen Konsequenzen forscherischen, experimentellen Umgangs mit Natur. Diese Erfahrung des Getrenntseins von der Welt des Kreatürlichen, Lebendigen ist darüber hinaus eine spezifisch männliche Erfahrung. Sie ist vermutlich jenes »Existential«, jene Grunderfahrung, auf der metaphysische Denksysteme und insbesondere auch die philosophischen Erkenntnistheorien beruhen. So wird etwa bei Platon die Idee der Mimesis, der Teilhabe als Modell für menschliche Erkenntnis, die eine Frau spontan als Teilhabe am Lebendigen bezeichnen und erleben würde, umgekehrt gedeutet, so daß die real erfahrbaren Dinge als bloße Abschattung des wahren Seins ewiger Ideen erscheinen. Sehen wir hier einmal davon ab, daß »Idee« vom griechischen »eidos« kommt, was soviel wie Bild heißt, und halten wir fest, daß für Platon die Idee ein abstraktes Urbild und demgegenüber das, was uns sinnlich zugänglich ist, bloßer Stoff, bloße Materie. Dann überrascht es nicht, wenn dieses aller Seinskraft beraubte Etwas den Namen »Materie« – von »mater« – »Mutter« – erhält. Der Intellekt, die Welt des männlichen philosophischen Geistes, hat, nachdem er die Kultur der Mutter erobert und domestiziert hatte, sich auch metaphysisch verabschiedet von jener Welt, die eigentlich der Ort auch seines Lebens ist.

Das Symbol der Großen Mutter stand für die Erfahrung der Einheit alles Lebendigen, als dessen Teil sich der Mensch verstand und erlebte, für die Idee der Teilhabe an den Geheimnissen des Lebens und der Fruchtbarkeit, auch für die Erfahrung der Einheit des Weiblichen und Männlichen, für den zyklischen Wechsel von Leben, Tod und Wiedergeburt, kurz, für die Idee der Einheit des Menschen mit der Natur. Es handelt sich um die symbolische Ordnung einer Kultur, die sich noch nicht im Gegensatz zur Natur oder als Gegensatz zur Natur definierte. Der Verlust dieser Einheit geht einher mit einem Einbruch in die matrizentrische Ordnung und mit der patriarchalen Revolte, die die weitere Geschichte bestimmen sollte. Beide Dimensionen, die des Verlustes matrizentrischer Spiritualität und die psychologische Dimension polarer Geschlechtscharaktere und männlicher Geschlechterherrschaft, haben wesentlich zur Transformation des menschlichen Naturverhältnisses beigetragen.

Als Erzählung von Geschehnissen im Zusammenhang mit der Entstehung der abendländischen Zivilisation enthält der Mythos die Erinnerungsspuren eines umwälzenden historischen Prozesses, in dem sich das menschliche Naturverhältnis grundlegend wandelte. Die einschneidenden Ereignisse sind nicht die oft zitierte neolithische Revolution oder die Einführung des Ackerbaus und die Entstehung von Stadtkulturen, sondern der Übergang von einer matrizentrischen zu einer patriarchalen Kultur.[8] Nachdem patrizentrisch organisierte Gruppen die Oberhand gewonnen hatten, trat an die Stelle der matrizentrischen Mythen und Kulte der Mythos vom männlichen Kriegerheros, der sich durch den Sieg über die Göttin und durch die Aneignung ihrer spirituellen und lebensspendenden Kräfte zum Herrn des Universums aufschwingt. So entstand eine neue symbolische Ordnung, eine neue Form sozialer Organisation, die für die menschliche Psyche entscheidende Wirkungen hatte. Es ist vor allem die männliche Psyche, die in diesem Prozeß auf die Bühne der Geschichte tritt und Kultur bestimmt. Sie nimmt jene Gestalt an, die sich auch in der psychischen Tiefenstruktur des modernen wissenschaftlichen Ha-

---

[8] Stephanie Coontz/Peta Henderson (Hg.), *Women Work, Men's Property. The Origins of Gender and Class*, London 1986.

bitus spiegelt. Ihr entspricht das erkenntnistheoretische Dogma, daß menschliche Erkenntnisfähigkeit eine fortschreitende Trennung von Subjekt und Objekt voraussetzt. Angesichts der Tatsache, daß diese Doktrin für viele Erkenntnistheoretiker, vor allem für die, die die neueren Entwicklungen in den Naturwissenschaften selbst ernst nehmen, immer mehr an Plausibilität verliert, sind Spekulationen erlaubt, welchen Erfahrungen sie entspricht.

Tatsächlich ist, wenn wir den Blick auf die frühesten Stadien kultureller Entwicklung richten und zugleich auf die unterschiedliche Weise, in der Frauen und Männer an ihr teilhaben, eine derartige Erfahrung des Getrenntseins, vor allem von den Vorgängen der Entstehung neuen Lebens, eine typisch männliche Erfahrung: Frauen als augenscheinliche Trägerinnen und Spenderinnen des Lebens waren über den Zyklus von Menstruation, Schwangerschaft, Geburt sichtbar eingebunden in die lunaren Zyklen und in die Zyklen des Werdens und Vergehens von Leben allgemein. Sie standen deshalb im Zentrum des kultischen Geschehens und hatten aufgrund der genannten Umstände mehr Macht und ein hohes Maß an Autorität in der sozialen Gemeinschaft.

Wir befinden uns hier an einem entscheidenden Punkt unserer Überlegungen. Die durch den weiblichen Lebenszusammenhang bestimmten Vorstellungen des Verbundenseins mit und der Teilhabe an der Natur bildeten, soweit heute zu sehen ist, den Ausgangspunkt kultureller Symbolisierungen über das Ganze der Wirklichkeit. Gemessen an diesen Gegebenheiten war männliches Handeln, männliche Macht eher marginal. Die männliche Erfahrung des relativen Ausgeschlossenseins aus den Mysterien der göttlichen Lebenskraft dürfte, wie HistorikerInnen und PsychoanalytikerInnen argumentieren, eines der Motive gewesen sein, die zur Entmachtung der Frau und zur Zerstörung der matrizentrischen Kultur durch das Patriarchat geführt hat.[9]

Jedenfalls läßt sich feststellen, daß die zunächst wenig erfreuliche Erfahrung von Distanz und Getrenntsein in den ersten philosophischen Theorien über das wahre Wissen eine radikale Umwertung erfuhr, und zwar dahingehend, daß die Trennung von Ich und Welt, metaphysisch überhöht als ontologische Differenz von Geist

---

[9] Vgl. die umfangreichen Belege für diese Annahme bei Carola Meier-Seethaler, *Ursprünge und Befreiungen. Eine dissidente Kulturtheorie*, Zürich 1988, Kap. III.

und Materie, zur Möglichkeitsbedingung von Erkenntnis überhaupt erklärt wurde. Das ist die Wurzel für den anthropologischen Dualismus, der sich vor allem in der Verdrängung von Leiblichkeit theoretisch niederschlägt.[10]

Natürlich haben nicht alle Philosophen so gedacht, aber die objektivistische Distanzierung von der zu erkennenden Welt ist die tragende Säule des wissenschaftlichen Weltbilds geblieben. Repräsentanten eines solchen Weltbilds sind auch keineswegs in erster Linie WissenschaftlerInnen, sondern ein doktrinärer Szientismus und Objektivismus, der den Wert wissenschaftlicher Hypothesen, Aussagen oder Theorien weniger an ihrem innovativen Gehalt bemißt als an methodischer Rigidität. Mit der fortschreitenden Einbindung wissenschaftlichen Denkens in ökonomische Projekte der Naturausbeutung erstarrten diese Doktrinen zu Ideologien die dazu dienten, die Herrschaftsinteressen der gesellschaftlichen Gruppen, die von diesen Projekten in erster Linie profitierten, zu verschleiern. Das war freilich nur solange möglich, als der Prozeß der Industrialisierung den ökologischen Haushalt menschlicher Naturbeziehungen nicht fühlbar störte.

Heute zeigt sich, daß die völlige Verdrängung des Wissens und der gelebten Erfahrung von Verbundenheit mit der Natur lebensbedrohend ist. Der Universalitätsanspruch des szientistischen und mechanistischen Denkens, das das Wissenschaftsverständnis weitgehend bestimmt, ist nicht nur Ausdruck männlichen Herrschenwollens, sondern auch fataler Selbstverkennung und der notorischen Unfähigkeit, die Sicht der »anderen« zu würdigen, ja überhaupt zur Kenntnis zu nehmen. Dazu ein Beispiel aus der Forschung zur Vorgeschichte der hochkulturellen Wissensformen. Einer der Experten der Frühgeschichte kommentierte einen Fund paläolithischer Höhlenkunst, einen langen gravierten Knochen, den er »baton de commandement« nannte, weil er wie ein Baton aussah, den Offiziere tragen. Gegen diese ebenso gedankenlose wie androzentrische Etikettierung behauptete Alexander Marshack, ein anderer Paläoanthropologe, der sogenannte »baton de commandement« mit seinen eingravierten Markierungen sei ein Mondkalenderstab. Gegen die Evidenz seiner eigenen Beobachtungen –

[10] Vgl. dazu Hermann Schmitz, *System der Philosophie*, Zweiter Band, Erster Teil: *Der Leib*, insbesondere Kap. 7: *Zur Geschichte der Verdeckung und Entdeckung des Leibes*, Bonn 1965, S. 365-596.

er zitiert sibirische Ethnographen, die berichten, daß Frauen zur Berechnung der Geburt solche Kalenderstäbe verwendeten – beharrt er aber darauf, der Besitzer des »baton« sei ein Mann gewesen. Dazu William Thompson, in dessen Buch *Der Fall in die Zeit. Mythologie, Sexualität und der Ursprung der Kultur* die Episode geschildert wird: »Der Besitzer des Baton ist kein Mann, kein mächtiger Jäger, sondern die Hebamme. Wer jemals mit einer Hebamme bei der Geburt eines Kindes zusammenarbeitete, weiß, daß ihr uraltes Geheimnis eine glänzende Kombination exakter Wissenschaft und sanfter Empfindsamkeit für die Mutter ist. Es ist absolut angemessen, daß Menstruation, der Mondkalender und die Hebammenschaft ebenso sehr oder viel mehr die Grundlage menschlicher Wissenschaft bilden als der Mann, der große Töter, den Robert Ardrey so sehr rühmte.«[11] Daß der »baton de commandement« kein männliches Militärabzeichen ist, sondern ein weibliches Meßinstrument, kann der männliche Wissenschaftler, so Thompson, nicht akzeptieren. Denn diese Hypothese würde bedeuten, »daß der Ursprung von Bezeichnungen, von Maßen und jener Art von Wissenschaft, die ihren Höhepunkt in der megalithischen Astronomie von Stonehenge erreicht, bei den Frauen und nicht bei den Männern zu suchen ist. Solch eine Hypothese würde an der Gesamtheit der männlichen Darstellungen von Macht und Fortschritt aus der archaischen Dunkelheit von Mythos und Aberglaubigkeit zum heutigen Licht von Technik und Industrie rütteln.«[12] Wir finden bei Thompson eine ungewöhnliche Periodisierung der Geschichte des menschlichen Denkens, die nicht mit dem männlich-heroischen Schritt »vom Mythos zum Logos«[13] beginnt: »Die Frau bemerkte zuerst eine Übereinstimmung zwischen einem inneren Prozeß, den sie durchlief, und einem äußeren Prozeß in der Natur. Sie ist diejenige, die eher eine holistische Epistemologie konstruiert, bei der Subjekt und Objekt in einer gleichgestimmten Resonanz zueinander stehen. Sie ist die holistische Wissenschaftlerin, die eine Taxonomie aller förderlichen Kräuter und Pflanzen erstellt; sie ist auch diejenige, die die Geheimnisse ihrer Blütezeit kennt. Die Weltsicht, die den Beobachter von dem beobachteten System loslöst, die sich einbildet, man könne das Universum in

---

[11] William Thompson, *Der Fall in die Zeit. Mythologie, Sexualität und die Ursprünge der Kultur*, Reinbek bei Hamburg 1987, S. 130.

[12] Vgl. Thompson, a. a. O., S. 129.

[13] Vgl. Wilhelm Nestle, *Vom Mythos zum Logos,* Stuttgart 1942.

bloße Subjektivität und wirkliche Objektivität aufteilen, stammt nicht aus ihrer Werkstatt. Sie drückt jenes ›Dabeisein des Körpers‹ aus, das Whitehead in seiner Philosophie des Organismus und des Prozesses wiederzuentdecken suchte. Ihre Philosophie ging den Spekulationen der Vorsokratiker voran; sie ist die ›Heilige Mutter Kirche‹, die Descartes herausforderte, als er die Nabelschnur zwischen Kirche und Philosophie durchschnitt und Wirklichkeit in ›res cogitans‹ und ›res extensa‹ teilte.«[14]

Thompsons Rehabilitierung der Kultur der Großen Mutter ist ein Plädoyer für eine ganzheitliche Sicht des Mensch-Natur-Verhältnisses und erinnert in vielem an neuere Bestrebungen einer Wiederbelebung matriarchaler Spiritualität. Was er, und auch manche der feministisch gesonnenen Verfechterinnen ähnlicher Ideen, nicht bedenken, ist der Umstand, daß es sich dabei um Ideen handelt, die die konservative Kulturkritik, insbesondere im Dunstkreis präfaschistischer Ideologien, vereinnahmt und für ihre politischen Ziele instrumentalisiert hatte. Das Erbe der Großen Mutter ist auf diese Weise gründlich verdorben worden.[15] Deshalb sind wir gut damit beraten, uns auf eigene Erfahrungen zu stützen.

Natur, die wir sein wollen:
Naturverhältnis als Selbstverhältnis

Im Gegensatz zur alten dualistischen, mechanistischen Metaphysik wird ein neues Denken über die Natur die Erkennbarkeit der Natur darauf gründen, daß wir selbst Natur sind, an dem lebendigen Zusammenhang, den wir Natur nennen, teilhaben. Naturwissenschaftler dieses Jahrhunderts, Heisenberg, Whitehead, Bateson und andere haben gezeigt, daß die dualistische Weltsicht der cartesischen Wissenschaft mit dem heutigen Wissensstand nicht mehr vereinbar ist. Da wir als Denkende Teil der Natur bleiben, ist menschlicher Geist lebendiger Geist, inkarnierter Geist, gebunden an die Erfahrungen von Wachstum und Vergehen, von Wachheit und Müdigkeit, von Tätigsein und Schlaf. Wenn in diesem Sinn Natursein *Lebendigsein* bedeutet, dann erscheint die traditionelle

---

14 William Thompson, a. a. O., S. 129.
15 Vgl. Annette Kliewer, *Zur Flucht in den »gestaltlosen Urgrund«: Matriarchat als »patriarchales Gepäck« der feministischen Theologie?*, in: *Beiträge zur feministischen Theorie und Praxis 32, Fundamentalismen*, Köln 1992, S. 107-116.

Zuordnung von »Frau« und »Natur« in einem neuen Licht. Sofern Leiblichkeit, Sinnlichkeit, Subjektivität und Kontingenz mit dem Frausein identifiziert werden, finden wir hier alle Eigenschaften und Formen lebendiger Kreativität vereinigt, die die Metaphysik des neuzeitlichen wissenschaftlichen Geistes mit problematischen Konsequenzen für die gesamte Kultur verdrängt hat: verdrängt aus dem Bild vom eigenen Selbst und vom erkennenden Subjekt und projiziert auf die Frau als ihr Anderes, als Anderes der Vernunft und der Kultur.

Morris Berman hat über diese Fragen ein sehr aufschlußreiches Buch geschrieben mit dem Titel *Die Wiederverzauberung der Welt*.[16] Es enthält die Aufforderung zur Rückkehr zu einem partizipatorischen Bewußtsein, einer teilnehmenden und identifizierenden Einstellung gegenüber der Welt. Berman vermag keine Erklärung dafür zu geben, warum das, was er »partizipatorisches Bewußtsein« nennt, so vollständig verdrängt wurde. Er durchschaut nicht die Rolle, die patriarchale Denk- und Herrschaftsformen, Männlichkeitswahn und der Verlust identifikatorischer Beziehung mit der Frau bzw. der Natur zusammenhängen. Dennoch läßt sich, was er als »Entzauberung der Welt« beschreibt, genau als jene Form der psychischen Entfremdung identifizieren, die Evelyn Fox Keller, Nancy Chodorow und andere Theoretikerinnen als die spezifischen Erfahrungen männlicher Individuation erkannt haben. Der Denkansatz der neuzeitlichen Wissenschaft, so Berman, »läßt sich am besten als Entzauberung, als Verlust an Teilnahme beschreiben, weil er auf einer rigiden Trennung von Subjekt und Objekt beharrt ...«

Feministisch orientierte Psychoanalytikerinnen sind der Frage nachgegangen, wodurch sich die Psychogenese eines typisch »männlichen« Selbst von der eines »weiblichen« oder weniger »männlichen« unterscheidet: Es ist die Vorstellung, von der Mutter, mit der sich das Kind zunächst in symbiotischer Verbindung erlebt, vollständig getrennt und von ihr vollständig verschieden zu sein. Mit anderen Worten, die Vorstellung vom eigenen Ganz- und Selbstsein ist eng verbunden mit der Vorstellung des völligen Getrenntseins von allen anderen, vor allem auch von allen Gefühlen, die uns an andere binden.

---

[16] Morris Berman, *Die Wiederverzauberung der Welt. Am Ende des Newtonschen Zeitalters*, dt. Reinbek bei Hamburg 1985.

Es war Max Weber, der das Wort von der »Entzauberung der Welt« prägte und auch das Prinzip der Objektivität zur Grundnorm wissenschaftlicher Weltauffassung erhob. Ganze Generationen von Sozialwissenschaftlern und Philosophen sind ihm gefolgt in seiner pessimistischen Diagnose, daß der Prozeß der Entzauberung der Welt mit eherner Notwendigkeit fortschreite und eben der Preis ist, den wir für die Errungenschaften der Zivilisation zu bezahlen hätten. Mehr noch: In ihrer Funktion als Experten haben sie dazu beigetragen, die Prozesse der Entzauberung im Namen der Rationalität voranzutreiben. Kritiker der Industriegesellschaft haben beschrieben, wie Massenproduktion, Konsum, industrielle Arbeit die Partialisierung der menschlichen Erfahrung und Weltsicht, die seit Descartes als Kardinaltugend des Wissenschaftlers gilt, bis in die letzten Winkel des Alltags durchdringt und daß das mechanistische Paradigma wissenschaftlicher Naturbeherrschung nicht nur auf den Tod der Natur, sondern auch des menschlichen Geistes zusteuert. Allerdings ist die Herrschaft des mechanistischen Denkens nicht so lückenlos, wie von seinen Kritikern zuweilen angenommen wird. So wissen wir, daß sich die männlichen Herrschaftseliten nicht nur die Natur angeeignet haben, sondern auch die Arbeits- und Lebenskraft von Frauen, die, oft unter Bedingungen der Sklaverei, Leben weitergegeben haben, zugleich die lebensbezogenen Formen teilnehmender Erfahrung, als geistige Subsistenzarbeit, während sich die großen Gelehrten ungestört der Verfeinerung ihrer metaphysischen Konstrukte widmen konnten. Frauen haben auch in der lebensweltlichen Realität der Neuzeit dafür gesorgt, daß »die goldene Kette der Wesen« nicht abreißt.

Was ergibt sich aus all dem als Antwort auf die Frage nach der Natur, die wir sein wollen? Heisenberg hat einmal bemerkt, daß der Gegenstand der Wissenschaft von der Natur nicht die Natur ist, sondern ein bestimmtes Natur-Mensch-Verhältnis. Das bedeutet, daß es wenig Sinn hat, normative Forderungen bezüglich der Natur an sich zu stellen. Worum es vor allem geht, ist, Natur als eigene und andere wieder wahrzunehmen. Das hieße, jene Seins- und Erfahrungsweisen lebendigen Geistes und lebendiger Natur, als Gegenstände und Medien der Naturforschung bewußt einzusetzen.

Das ist eine Aufgabe, deren Einlösung noch aussteht. Worin sie besteht, sei abschließend mit einigen Überlegungen angedeutet.

Eine grundsätzliche Schwierigkeit, mit der sich vor allem die feministische Diskussion wird auseinandersetzen müssen, liegt darin, daß Begriffe wie »Unverfügbarkeit«, »Kontingenz«, »Ganzheitlichkeit«, ja der Begriff des Lebens selbst, eine z. T. ideenpolitisch sehr problematische Vorgeschichte haben, z. B. in der christlichen Theologie und der faschistischen Ideologie. Sie sind auch heute noch nicht frei von entsprechenden ideologischen Konnotationen, denen gegenüber sich das Unternehmen einer nachcartesischen Sichtweise der Natur deutlich abgrenzen muß.

Zu einer solchen Sichtweise einige Thesen:

1) Statt der dualistischen cartesianischen Metaphysik einer rigiden Subjekt-Objekt-Trennung gilt es, eine Sprache, Bilder und Symbole zu finden als Ausdruck für Formen partizipatorischen Bewußtseins, welche die Dominanz analytisch-fragmentierender Darstellungs- und Forschungsmethoden zu korrigieren erlauben.

2) Die in der Tradition der Erkenntnistheorie fest etablierte Dichotomie von Verstand und Gefühl und die mit ihr verbundene Abwehr und Abwertung von Fühlen und Spüren als Medien der Erfahrung und des Erkennens müßte überwunden werden. Fühlen und Spüren sind leibgebundene Erkenntnisweisen; Leiblichkeit als erkenntnistheoretischer Grundbegriff entzieht sich der dualistischen metaphysischen Trennung der Wirklichkeit in Subjekt und Objekt, in Geist und Materie.

3) Der Absolutheitsanspruch und der falsche Universalismus der cartesischen Methode, mehr noch, die Idee der vollständigen Erkennbarkeit der Natur müßten aufgegeben werden.[17] Daraus folgt der schon angesprochene Gedanke der prinzipiellen Unverfügbarkeit des Lebens- und Denkzusammenhangs, in dem wir uns bewegen. Die Rede von der »Unverfügbarkeit« könnte verstanden werden als Einladung zur Rückkehr in die alte Religion oder in den Mythos. Aber sie ist hier nicht verstanden als Verweis auf ein Absolutes, sondern auf zwei Eigentümlichkeiten dessen, was die menschliche Lebensform ausmacht: auf Kontingenz und Relativität. Die Vorstellung von der Kontingenz menschlichen Lebens wird oft begriffen als Indiz für eine es überschreitende Instanz absoluter Transzendenz, während das Konzept der Relativität deutlicher auf eine Form selbstbestimmter Offenheit menschlicher

---

[17] Dies erläutert Evelyn Fox Keller anhand der Grundlagenprobleme der modernen Physik, in: *Liebe, Macht und Erkenntnis*, München 1986.

Denk- und Erfahrungszusammenhänge hinweist, die Spielräume menschlicher Entscheidung sichtbar werden läßt.

Eine nachcartesische Epistemologie, so läßt sich zusammenfassend sagen, hätte auszugehen von zwei Grunderfahrungen menschlichen Lebens und Denkens, die zwar nicht in irgendeinem Sinn essentiell weiblich sind, aber doch den Erfahrungsweisen von Frauen nahestehen: der der Prozessualität, der Eingebundenheit in Werden und Veränderung, und der des Bezogenseins. Aus der ersten Grunderfahrung der *Prozessualität* ergibt sich, daß menschliches Denken immer schon Handeln und Wirken in der Natur ist, eingebunden in den Zusammenhang, den es beschreibt. Und die zweite Grunderfahrung besagt, daß Mensch-Sein immer schon leib-haftiges Bewußt-Sein heißt, aber auch *Bezogensein* auf andere Menschen, auf einen größeren sozialen, ökologischen, planetarischen Zusammenhang. Alle diese Beziehungen sind zwar auch Beziehungen von Teilen zu einem größeren, unverfügbaren Ganzen, aber ihre Reflexion, Regelung und Herstellung vollziehen sich im Medium des Sozialen. Deshalb schließt die Frage nach der Natur, die *wir* sein wollen, Entscheidungen über unsere Formen des Umgangs mit der Natur ein politisches Moment in sich, das zugleich unverzichtbar und unvermeidlich ist.

Dies gilt es zu bedenken vor allem angesichts des Umstands, daß eine Veränderung des durch die Technologie und Wissenschaft der Neuzeit bestimmten Naturverhältnisses der Gegenwartskultur nicht weniger erfordert als eine Transformation unseres Bewußtseins in seinen spirituellen Dimensionen. Spiritualität und Politik, beides steht zur Disposition auf der Suche nach einem anderen Umgang mit der Natur. Denn es geht nicht nur um ein neues Bild vom Selbst und von der Wirklichkeit sowohl in kognitiver als auch in normativer Hinsicht, sondern auch um die Beziehung zwischen Selbst und Natur.

Im Bereich der Wissenschaftstheorie bedarf es demnach insbesondere einer dem Stand der Wissenschaftsentwicklung entsprechenden Sichtweise des Verhältnisses von Mensch und Natur. Die Wissenschaftsgeschichte und die Wissenschaftstheorie, aber auch die Wissenschaftler selbst sind zum überwiegenden Teil auch noch heute einer Weltsicht oder Metaphysik verpflichtet, die von einer zunehmenden Distanz zwischen dem Menschen/Wissenschaftler und einer sich seit je gleichbleibenden Natur, zwischen Erkenntnissubjekt und erkannter Wirklichkeit ausgehen. Wissenschaftliche Erkenntnis und technisch-praktische Anwendung sind dieser Auffassung zufolge zwei Phänomene, die verschiedenen Wirklichkeitsbereichen angehören. Das spiegelt sich unter anderem in der Trennung zwischen »reiner Forschung« einerseits und politisch und ökonomisch organisierter Umsetzung und Anwendung von Forschung andererseits.

Für eine ganz andere Sicht des Mensch-Natur-Verhältnisses plädiert Serge Moscovici in seinem *Versuch über die menschliche Geschichte der Natur* im Blick auf die spezifisch neuzeitliche Form der wissenschaftlichen Naturaneignung. Er sieht den neuen Typus des experimentellen Philosophen, der Träger der wissenschaftlichen Revolution ist, als Schöpfer seines Erkenntnisgegenstandes – der Natur im Zustand ihrer Aneignung im mechanistischen Paradigma – und der *Erkenntnis* des Gegenstandes zugleich.[18] Die Generationen von Wissenschaftlern, die auf Newton folgten, begnügten sich nicht mit der geduldigen Ausarbeitung seines Systems, sondern waren leidenschaftliche Bastler, und ihre Experimente waren Demonstrationen im gesellschaftlichen Sinn. Sie traten in Salons und an öffentlichen Orten auf, um ein interessiertes Publikum mit neuartigen Experimenten und Effekten zu unterhalten. Spielerische und ernsthafte Physik, so Moscovici, waren nahe beieinander.[19] Sowohl Poppers These vom noninduktiven Charakter des Forschungsprozesses als auch Kuhns und Feyerabends Betonung der Diskontinuität wissenschaftlicher Denk- und Anschauungssysteme finden hier eine Bestätigung.

Moscovici resümiert die auf Newton folgende Entwicklung, die sich vor allem in der Erforschung chemischer und elektrischer Phänomene vollzog: »Die mechanische Philosophie näherte sich ihrem Ideal, indem sie sich auf Erfindung einließ. Die Wissenschaften haben sie zu einem Element ihrer Tiefenstruktur gemacht. Die organische Geschichtlichkeit ihrer Arbeit und die Eigenschaft ihrer Theorien, die den Gegenstand, unser materielles Substrat, nicht nur enthüllen, sondern schaffen, sind die deutlichsten Zeichen ihrer Durchdringung.«[20]

Moscovici schreibt die Geschichte des menschlichen Naturverhältnisses als die Abfolge dreier verschiedener »Naturzustände«,

---

[18] Serge Moscovici, *Versuch über die menschliche Geschichte der Natur*, Frankfurt/Main 1982, S. 326 ff.

[19] Serge Moscovici, a. a. O., S. 359.

[20] Serge Moscovici, a. a. O., S. 373.

eines organischen (vor der wissenschaftlich-industriellen Revolution), eines mechanischen, dem schließlich der synthetische oder kybernetische Naturzustand folgt, der der Wissenschaft des 20. Jahrhunderts entspricht. Ein »Naturzustand« ist in diesem Zusammenhang ein bestimmtes Muster der Mensch-Natur-Beziehung, das für den jeweiligen Naturzustand spezifische Bilder vom erkennenden und handelnden Selbst einerseits sowie der Natur als ihrem Gegenstand entspricht. Moscovici geht aus von der Unterscheidung von Materie und Natur, die er von Aristoteles übernimmt. Für Aristoteles ist die Natur ein Doppeltes, einerseits Materie und andererseits Form. Die Form ist der Zweck, um dessentwillen alles da ist. Was die menschliche Kunst von der Natur unterscheidet, ist, daß letztere das bewegende Prinzip, das formgebende Prinzip also, in sich selbst hat. So ist das Wesen der Kunst für Aristoteles Mimesis, Nachahmung der Natur.

Bei Moscovici heißt es nun umgekehrt: »Die Natur, die wir kennen, hat zum Unterscheidungsmerkmal den Menschen. Sie ist seine Natur.«[21] Die Einsicht in den historischen Charakter verschiedener Verfassungen des Naturverhältnisses erweist die Klagen, die Technik beraube uns der Natur, als Fehlurteil: »Die natürliche Umwelt wird nicht von Techniken zerstört oder in ihrem Bestand gemindert, sondern von einer anderen natürlichen Umwelt modifiziert, in die sie sich einfügt.«[22] Diese andere natürliche Umwelt ist der Mensch, sind seine Praktiken in der Natur. Mit Moscovicis fast poetischer Feststellung: »In ein und derselben Handlung erzeugt der Mensch seine Kunst und seine Natur«[23] ist die traditionelle Sicht des Verhältnisses Mensch–Natur als Opposition radikal in Frage gestellt. Der »Naturzustand« in seiner jeweils historischen Verfassung schließt eine bestimmte Weise der Selbsterzeugung des Menschen in sich ein.

Grundlegend für alle historisch bekannten »Weisen der Selbsterzeugung« – so ließe sich der Prozeß in Analogie zu Goodmans »Weisen der Welterzeugung«[24] treffend charakterisieren – ist die Erzeugung der Geschlechterdifferenz. Während die philosophische Tradition den (männlichen) Menschen als Geistwesen definierte, war es vor allem die Frau, die sie als Naturwesen sah, und als

[21] Serge Moscovici, a. a. O., S. 38.
[22] Serge Moscovici, a. a. O., S. 42.
[23] Ebda.
[24] Nelson Goodman, *Weisen der Welterzeugung*, Frankfurt/Main 1984.

solches überließ sie sie verschiedenen Naturwissenschaften als Gegenstand. So kommt es, daß vor allem der weibliche Mensch es ist, der als Naturwesen erscheint, inkarniert in einen vielfältig formbaren und deutbaren Leib.

Kapitel VI

Wissenskörper: Von der Theorie des Subjekts zur Politik symbolischer Repräsentationen

Mit ihrem Leib haben Menschen Teil an der Natur in ihrer Materialität und Exteriorität, als Erscheinungsformen kreatürlichen Lebens. Daß solche Naturhaftigkeit die »Wesensnatur« des Menschen aber nicht ausmache, daran hat die philosophische Tradition mit Nachdruck festgehalten. Sie sieht die Besonderheit und die Bestimmung des Menschen gerade nicht in der trivialen Tatsache begründet, daß er ein organisch Lebendiges ist, sondern in seiner Existenz als Geistwesen. Diese geistmetaphysische Prämisse, vor allem das Bild vom bios theoretikos, von der theoretischen Lebensform, prägt nicht nur sein Verhältnis zur äußeren organischen und materiellen Natur, sondern auch zur eigenen, leiblichen.

Das Dilemma menschlichen Umgangs mit seiner inneren und äußeren Natur, das in den nichtintendierten Folgen gezielter experimenteller Manipulation von Naturprozessen und des industriellen Zugriffs auf Naturressourcen sichtbar wird, ist nicht nur die Folge eines blinden Aneignungswillens, sondern hat auch eine gnoseologische Wurzel.

Die Erkenntnis von Welt ist eine intellektuelle Leistung, die die Bezogenheit auf Welt genauso einschließt wie die Fähigkeit zur Distanzierung, sofern die Objektivierung von subjektiven Empfindungen und Eindrücken ein Moment der Distanzierung einschließt. Dieser Art von Distanzierung verdankt sich die Unterscheidung von Ich und Nicht-Ich, von Subjekt und Objekt, die für den erkenntnistheoretischen Diskurs ebenso grundlegend ist wie für den ontologischen. Insofern sind Objektivität und Subjektivität gleichermaßen wesentliche Momente des Erkenntnisprozesses. Angesichts der vorherrschenden Tendenz, das distanzierende Moment der Objektivierung als allein erkenntnisstiftend zu betrachten, haben feministische Wissenschaftstheoretikerinnen – aber nicht nur sie – mit Nachdruck darauf hingewiesen, daß eine vollständige Objektivierbarkeit von Erkenntnis nicht möglich ist.[1] Hinter dem Wunsch nach der möglichst vollständigen Objektivierung von Erkenntnis steht die Tendenz des erkennenden Selbst, seine Teilhabe an und Zugehörigkeit zur Natur als dem, was sich der vollständigen Kontrolle durch instrumentelles Wissen entzieht, zu verleugnen bzw. zu verdrängen. Der eigene Leib als Medium von Erfahrung und Bewußtsein wird zum Anderen und Äußeren des erkennenden Subjekts, ein durch Experiment und Theorie faßbares Körperobjekt.

Daß der erkenntnistheoretische Objektivismus, das Ideal einer Erkenntnis ohne Subjekt, sehr oft mit einer androzentrischen Weltsicht verbunden ist, hat sich in verschiedenen Zusammenhängen gezeigt.[2]

Es liegt deshalb nahe, eine Beschreibung und Realisierung von Naturverhältnissen und Erkenntnisbeziehungen, die der unvermeidlichen Subjektivität und Leibbezogenheit (natur)wissenschaftlicher Praktiken besser Rechnung tragen, unter »gynozentrischen« Vorzeichen zu suchen. Es gibt aber gute Gründe dafür, die so möglicherweise wieder konstatierte exklusive Zuständigkeit von Frauen für Leiblichkeit, Subjektivität und Kontingenz zurückzuweisen – politische, »theoriepolitische« Gründe gewissermaßen. Denn erstens besteht eine solche primäre Zuständigkeit von Frauen nicht, jedenfalls nicht außerhalb bestimmter Sichtweisen des Weiblichen, und zweitens ginge es darum, die verdrängten Erfahrungen von Leiblichkeit und Endlichkeit den Protagonisten des philosophischen Diskurses nicht wieder einmal als ihr Anderes zu definieren, sondern als das ihnen Eigene zurückzuspiegeln. Schließlich wäre es problematisch, der Versuchung nachzugeben, diese vom Hauptstrom theoretischer Reflexion dementierten Momente der menschlichen Lebenssituation nun ihrerseits zu universalen »Wesensbestimmungen« zu stilisieren.

Statt dessen scheint es angemessener Kontingenz und Leibgebundenheit ebenso wie die regulativen Bestimmungen von Objektivität, als *prozedurale Universalien* zu betrachten, die auf die Grenzen verweisen, innerhalb derer sich Welt durch Erkennen er-

---

[1] Das hat Evelyn Fox Keller anhand der erkenntnistheoretischen Probleme der zeitgenössischen Physik demonstriert, in: *Liebe, Macht und Erkenntnis. Männliche oder weibliche Wissenschaft?*, München 1986; weiters Michael Polanyi, *Personal Knowledge*, und Thomas Nagel, *The Objective and the Subjective*, in: *Mortal Questions*, Cambridge 1979.

[2] Vgl. oben Kap. 1-4.

schließen kann, und im weiteren verweisen sie auch darauf, unter welchen Bedingungen Erfahrung und Wissen im Handeln realisiert werden können – kantisch gesprochen verweisen sie also auf Möglichkeitsbedingungen von Handeln und Erkennen. Kantisch gesprochen, aber freilich nicht kantisch gedacht: Denn die Transzendentalphilosophie als Theorie der Subjektivität hält – von Kant bis Husserl – am Primat des Cogito fest, und wohl auch noch zeitgenössische Autoren, selbst wenn sie, wie Manfred Frank, mit ihrer Bestimmung von Subjektivität als einer Form der vortheoretischen Vertrautheit mit sich selbst meinen, einen Rückfall in eine cartesische Subjektivierung des Cogito vermeiden zu können.[3] Franks Theorem von der (epistemologischen) Unhintergehbarkeit der Erfahrung von Subjektivität ist gegen die von ihm so genannten Intersubjektivisten gerichtet, die im Anschluß an Mead und die analytische Sprachphilosophie die Vorgängigkeit der Sprache in der Konstitution von Selbstbewußtsein behaupten. Dabei ließe sich in Berufung auf dieselben Überlegungen zur Bedeutung deiktischer Ausdrücke, die Frank für die Begründung seiner These heranzieht, zeigen, daß nicht bloß Subjektivität im Sinne eines unmittelbaren Selbstbewußtseins, sondern ebensosehr die Inkarniertheit sprechender Subjekte, die Gebundenheit an das Hier und Jetzt ihrer leiblichen Existenz eine unhintergehbare Voraussetzung aller Reflexion ist. Kants Forderung, »das: Ich denke, muß alle meine Vorstellungen begleiten können«, kann also nicht in kategorischer Ausschließlichkeit verstanden werden, auch wenn eine solche Deutung jenem Strom philosophischen Denkens besonders entgegenkommt, der ausdrücklich oder unausdrücklich an der Vision eines *reinen*, selbstgenügsamen und sich selbst vollständig transparenten Vernunftsubjekts festhält. Die analytische Sprachphilosophie und die Phänomenologie in der kritischen Nachfolge Husserls haben je auf ihre Weise gezeigt, daß diese Vorstellung vom reinen Vernunftsubjekt eine Fiktion ist. Jeder einzelne Akt der Reflexion, ja das ganze »Abenteuer der Ideen«, dem die Philosophie ihre Anziehungskraft verdankt, setzt das unhintergehbare Faktum des leibhaftigen Existierens voraus – denn auch, *daß ich lebe,* muß alle meine Vorstellungen begleiten können. Ob diese Einsicht ausreicht, um ein neues philosophisches Paradigma zu begründen,

---

[3] So Manfred Frank, *Die Unhintergehbarkeit von Individualität*, Frankfurt 1986, und ders., *Selbstbewußtsein und Selbsterkenntnis*, Stuttgart 1991.

darauf kommt es letztlich nicht an. Aber sie gibt Anlaß, die ratio-
nalistische Metaphysik samt ihren Prämissen zu verabschieden,
und auch den traditionellen epistemologischen Diskurs, insofern
er auf denselben Prämissen und auf einer cartesischen Ontologie
sowie einem mentalistischen Verständnis des Erkennens beruht.

Subjektivität, Kontingenz, Leiblichkeit – Leitkategorien einer neuen Epistemologie?

Sprachanalytische Ansätze zur Subjektivität messen der Untersuchung sogenannter »deiktischer« Terme, also von Ausdrücken,
wie sie in Aussagen in der Ich-Form regelmäßig vorkommen, eine
besondere Bedeutung zu. Am Beispiel solcher Aussagen in der
Ich-Form, oder Aussagen der ersten Person, wird deutlich, daß die
Kontroverse über Sinn und Bedeutung von Aussagen in erster Person die Rolle des Leibes für Wahrnehmung und Bewußtsein nicht
reflektiert, auch nicht für die Genese des Subjekts und von Subjektivität. Und dies hat bezüglich dessen, was als »fundamentum inconcussum« der Philosophie gelten soll, Konsequenzen, oder ein-
facher gesagt: Es hat Konsequenzen in bezug auf die Frage, was wir
für die Grundlage und die Aufgabe philosophischer Tätigkeit halten. Dies bildet letztlich auch den Hintergrund der Auseinandersetzung um die epistemische Asymmetrie zwischen Aussagen aus
der Ich- und der Er/Sie-Perspektive. An sie knüpft sich die These
von der ontologischen und epistemologischen Priorität des Perso-
nalpronomens »ich« und anderer an die Sprecherperspektive ge-
bundener deiktischer Terme.[4] Aufgrund der damit behaupteten
epistemologischen Differenz zwischen Aussagen erster und dritter
Person ließe sich aber auch die ontologische und epistemologische
Priorität des Leiblichen behaupten, wie es Merleau-Ponty, freilich
mit phänomenologischen Argumenten, tut, in kritischer Wendung
gegen rationalistischen Mentalismus wie empiristischen Behaviou-
rismus.

Wenn nämlich jede Aussage in der Ich-Form das Gewahrsein des
eigenen Bewußtseins impliziert, und Subjektivität mithin bedeu-

---

[4] Dies die These, die Frank unter Verweis auf Hector Neri-Castaneda und Elizabeth
Anscombe u. a. vertritt, ders., *Selbstbewußtsein und Selbsterkenntnis*, a. a. O.,
S. 263.

tet, in dieser Weise »ich« zu sagen und sich dessen bewußt zu sein, gibt es dann nicht noch etwas, dessen wir ebensosehr gewahr sind, wenn wir »ich« sagen? Dieses etwas ist, so läßt sich behaupten, nicht bloß das Gewahrsein eines reinen »Ich bin meiner bewußt«, sondern schließt in wesentlicher Hinsicht das Hier und Jetzt der leiblichen Situierung ein. Dieses Moment der Inkarniertheit, der Leibbezogenheit ist es eben, das sich in der für die Ich-Erfahrung spezifischen Form der Raum-Zeitlichkeit manifestiert und das in der Formel des »Ich-hier-jetzt«, in die Hector Neri-Castaneda die Bedeutung von Ich-Aussagen faßt[5], mitbehauptet ist. Was den besonderen Modus der Raum-Zeitlichkeit solcher Ich-Aussagen betrifft, so ergibt er sich daraus, daß sich das »Jetzt-und-hier«, Ort und Zeit der Erfahrung von Subjektivität, nicht in den kategorialen Rahmen eines topologischen oder relativen Raums, etwa eines geometrischen Raums, verorten läßt. Es haftet ihm derselbe Unmittelbarkeitscharakter an wie dem Modus des Unmittelbar-mit-sich-vertraut-Seins, der nach Frank den Kern subjektiven Selbstbewußtseins auszeichnet. Im Unterschied zur Raum-Zeitlichkeit von Gegenständen der Objektwelt, die nach ihrer dreidimensionalen räumlichen Ausdehnung und ihrer zeitlichen Dauer relativ in bezug auf andere Gegenstände innerhalb des kategorialen Rahmens von Raum und Zeit beschrieben werden können, sind Aussagen in der Ich-Form in ihrer Bedeutung gebunden an das absolute, nicht relativierbare »Hier-jetzt« des sprechenden Subjekts, an die absolute Örtlichkeit seines Leibs.[6] Diese Weise der absoluten Gebundenheit und eigentümlichen Unmittelbarkeit ist, wie Hermann Schmitz in seinen Studien zur Philosophie des Leibes zeigt, das kennzeichnende Merkmal leiblicher Erfahrung und der Wahrnehmung des je eigenen Leibes.[7]

Sind es diese Merkmale der Unmittelbarkeit und der Unhintergehbarkeit, die den Phänomenen der Leiblichkeit und der Subjektivität eignen und aufgrund derer ihnen die Rolle eines »fundamentum inconcussum« zuzusprechen wäre? Merleau-Ponty jeden-

[5] Hector Neri-Castaneda, *The Self and the I-Guises, Empirical and Transcendental,* in: *Theorie der Subjektivität,* Hg. Konrad Cramer, Frankfurt 1989, hier zitiert nach Manfred Frank, *Selbstbewußtsein und Selbsterkenntnis,* S. 304.

[6] Dieser Modus absoluter Örtlichkeit unterscheidet den Leib vom Körper als in relativer Raum-Zeit bestimmbaren Gegenstand. Vgl. dazu Hermann Schmitz, *System der Philosophie.* Zweiter Band, Erster Teil: *Der Leib,* Bonn 1965, S. 6 ff.

[7] Schmitz, a. a. O.

falls sieht in ihnen jenes »Feld der Phänomene«[8], in dem sich die präreflexive Basis aller Bewußtseins- und Erkenntnisleistungen erschließt. Freilich demonstriert Merleau-Pontys eigenes Werk die Schwierigkeiten, die sich aus dem Versuch ergeben, diese »präreflexive Basis« auf den Begriff zu bringen, reflexiv, d. h. diskursiv zu fassen. Ein Beispiel dafür ist sein Konzept eines vorthetischen Bewußtseins. In der Wahrnehmung des Eigenleibs, aber auch bei der äußeren Wahrnehmung sieht Merleau-Ponty »das Beispiel eines nicht-thetischen Bewußtseins, das nicht im Besitz der vollen Bestimmtheit seiner Gegenstände ist, einer *lebendigen Logik*, die von sich selbst keine Rechenschaft ablegt, einer immanenten Bedeutung, die nicht für sich klar ist und nicht in der Erfahrung bestimmter natürlicher Zeichen kenntlich ist«.[9]

Anders als der frühe Wittgenstein war Merleau-Ponty nicht der Meinung, über das, was nicht klar ist, schweigen zu müssen, und er kommt zu dem Ergebnis, daß das letzte, ursprünglichste, was sich über die Genealogie unseres Wissens ausfindig machen läßt, kein fester Grund ist, sondern das Faktum der Endlichkeit und Kontingenz menschlichen Lebens – ein Ergebnis, dem sich der späte Wittgenstein annähert, wenn er sagt: »Nur beschreiben kann man hier und sagen: So ist das menschliche Leben.«[10]

Freilich muß sich eine Philosophie, die daraus die Konsequenzen zieht, endgültig verabschieden vom Anspruch jeder »Letztbegründung«, insbesondere, wenn sie eine Philosophie am »Leitfaden des Leibes«[11] sein will. Denn der Verweis auf die Inkarniertheit aller Wahrnehmung und Erfahrung kann, in welcher Benennung auch immer, stets nichts anderes sein als eine »Chiffre der Transzendenz«, die Andeutung einer Leerstelle, die, wenn sie den präreflexiven Status dessen, was sie als präreflexiv behauptet, nicht aufheben will, eine Geste des diskursiven Hinweisens auf das *Unsagbare* bleiben muß – auf etwas diskursiv, reflexiv nicht Faßbares. Als das strikt Präreflexive, das die Möglichkeitsbedingung aller Erkenntnis ist, kann es eben nicht Gegenstand einer (sprachlich-begrifflich artikulierten) Erkenntnis werden, es sei

8 Maurice Merleau-Ponty, *Phänomenologie der Wahrnehmung*, Berlin 1966, S. 75 ff.
9 Merleau-Ponty, a. a. O., S. 73.
10 Ludwig Wittgenstein, *Bemerkungen zu G. Frazers »Goulden Bough«.*
11 Gernot Böhme, *Eine Philosophie am Leitfaden des Leibes – das Andere der Vernunft*, in: *Feminismus der Vernunft – Kritik, Ansätze und Traditionen*, hg. von Ilona Oster und Klaus Lichtblau, Frankfurt/New York 1992, S. 53-65.

denn, man nimmt in Kauf, sich in Selbstwidersprüchen und Paradoxien zu verfangen.

Von der präreflexiven Leiberfahrung zur diskursiven Produktion der Leibsymbolik

Die Leibgebundenheit von Bewußtseinsprozessen ist ebensosehr »unhintergehbar« wie das Moment der Subjektivität, das sie kennzeichnet. Warum hat die neuzeitliche Erkenntnistheorie sich fast ausschließlich mit dem Apriori der Subjektivität und so wenig mit dem »Leibapriori« von Erkenntnis beschäftigt?[12] Hängt es vielleicht damit zusammen, daß sie einem bestimmten Bild vom erkennenden Subjekt verpflichtet ist? Diese Frage stellt sich um so mehr, als der Rekurs auf die Evidenz des Unmittelbar-mit-sich-Vertrautseins allein nicht besser geeignet ist, Kriterien für die Richtigkeit oder Triftigkeit bestimmter Erkenntnisse zu liefern als die Berufung auf das Faktum unvermeidlicher Inkarniertheit aller Erfahrung. Wenn es sich zum Beispiel um die Rechtfertigung und Kritik von Wissensansprüchen im wissenschaftlichen Diskurs handelt, dann ist der Verweis auf die unhintergehbare Subjektivität der Akte ihrer Hervorbringung nicht viel mehr als eine leere Geste. Denn, wenn immer Leiblichkeit (oder auch Subjektivität) als Kriterium formuliert wird, erfordert dies eine vorgängige »Übersetzung« prädiskursiver Evidenzen von Erfahrungen der Leibgebundenheit (oder Subjektivität) in sprachliche Ausdrücke. In dieser Form aber ist ihnen die Qualität der Unmittelbarkeit prädiskursiven Gewahrseins des »Ich-hier-jetzt« nicht mehr eigen. Was immer wir also unseren Leib, unseren Körper *nennen*, ist in diesem Sinne immer schon eine diskursive Konstruktion, Produktion und Präsentation. Allenthalben grassierende Hoffnungen auf eine Leibphilosophie, die über das Gewahrsein der eigenen körperlichen Situiertheit meint, einen authentischen und unmittelbaren

---

[12] Einen Versuch, dem Moment der Leiblichkeit vom Standpunkt der Transzendentalphilosophie Rechnung zu tragen, unternimmt Karl-Otto Apel in: *Das Leibapriori der Erkenntnis. Eine erkenntnisanthropologische Betrachtung in Anschluß an Leibnizens Monadenlehre,* in: *Neue Anthropologie,* hg. v. Hans-Georg Gadamer und Peter Vogler, Band 7, Stuttgart 1975, S. 264-288. Leider berücksichtigt Apel nicht die weiterführenden Überlegungen zu einer transzendentalphilosophischen Analyse von Leiblichkeit bei Husserl und Merleau-Ponty.

Zugang zu neuen Einsichten und Wahrheiten zu finden, sind in dieser Form unbegründet. Das Insistieren auf der reinen Evidenz der Erfahrung von Leiblichkeit bleibt inhaltsleer, Bedeutung wächst dem Leiblichen erst durch seine Symbolisierungen zu. Erst über Bilder, Vorstellungen, Repräsentationen wird das Wie und Was auch der je eignen Leiblichkeit faßbar und erfahrbar.

Das bedeutet gerade nicht, daß diesen diskursiven oder symbolischen Konstrukten in der Realität nichts entspricht. Der gesellschaftlich produzierte Diskurs ist vielmehr das Medium, das ins Bewußtsein der einzelnen eindringt und die Formen des Umgangs mit ihrem Körper, ihrer Leiblichkeit, bestimmt. Der präreflexiven Evidenz der Leiblichkeit mag zwar epistemologisch ein (zumindest genetischer) Primat zukommen, das Schicksal lebendiger Körper aber wird in der Realität des sozialen Lebens bestimmt durch eine von kulturellen Instanzen dekretierte Erfahrungs- und Körperpolitik, die vor allem auch die Bedeutung und die diskursive Produktion der Geschlechterdifferenz einschließt.

Leiblichkeit und Geschlechterdifferenz

Um den Konnex zwischen Wissensproduktion und Geschlechterpolitik in den Diskursen über Leiblichkeit und Körperlichkeit zu verstehen, ist es wichtig, die verschiedenen Dimensionen und Gesichtspunkte zu unterscheiden, in bzw. unter denen das Verhältnis von Leiblichkeit und Erkenntnis, Körper und Wissen ins Spiel kommen kann. Zunächst stellt sich die im engeren Sinne *erkenntnistheoretische* Frage, um die es bisher hauptsächlich gegangen ist: die Frage nach der Rolle des Leibes als Medium und Instrument der Erkenntnis, und in Zusammenhang damit die Frage danach, welche Erfahrungen von Leiblichkeit und Körperlichkeit jenem Idealtyp des Wissens entsprechen, das dem cartesischen bzw. dem physikalistischen Modell inhärent ist.

Wie sich gezeigt hat, beantwortet die Ablösung eines mentalistischen Erkenntnismodells durch eines, das von der Inkarniertheit von Erfahrung und Bewußtsein ausgeht, für sich genommen noch nicht die Fragen, die das subjekttheoretische Modell offenläßt. Freilich unterscheiden sich die beiden Erkenntnismodelle hinsichtlich der Vorstellung des erkennenden Selbst, die ihnen zugrunde liegt. Und es ist aus anderen als im engeren Sinn erkenntnistheoretischen Gründen nicht gleichgültig, welches Bild vom erkennenden Subjekt der Konstruktion und Rekonstruktion von Erkenntnis und Wissen unterlegt wird. Denn unter wissenssoziologischen Gesichtspunkten ist vorauszusetzen, daß jedem Wissensideal eine bestimmte Organisation des jeweiligen *Wissenskorpus* entspricht, und ebenso ein bestimmtes Bild vom erkennenden Subjekt und seinem Körper. So sind cartesische Selbstverhältnisse, die ihre Seinsgewißheit aus dem Rückzug ins reine Cogito beziehen, verbunden mit der Vorstellung vom Körper als dem Anderen, das dieses Selbst nicht als Teil seiner selbst betrachtet, es sei denn als Besitz, als Maschine, die es nach den Gesetzen der Physiologie zu kontrollieren und zu beherrschen gilt. Evelyn Fox Keller hat den Wechsel der Einstellung zum Körper von der antiken Tradition der Körperverachtung zum Ideal wissenschaftlicher Naturbeherrschung, die die Herrschaft über den Körper als Natur einschließt, am Beispiel Platons und Bacons ausführlich dargestellt.[13]

Dies sind die zwei wesentlichen Gesichtspunkte, unter denen das Verhältnis von Leiblichkeit und Erkennen gesehen werden kann: einmal die Frage nach der Rolle von Leiblichkeit als Voraussetzung von Erkenntnisprozessen, und dann die nach dem Bild vom Körper, das bestimmten, etwa dem cartesischen Wissensideal oder dem Erkenntnisideal der neuzeitlichen Naturwissenschaften zugrunde liegt.[14]

Mit dieser zweiten Frage ist der Rahmen der Erkenntnistheorie im herkömmlichen Sinn verlassen. Mit dem *im engeren Sinne epistemologischen* Interesse an Leiblichkeit sind, insbesondere im Kontext eines postempiristischen Wissenschaftsverständnisses, und natürlich auch vom Standpunkt feministischer Kritik, meist weitergehende *anthropologische, wissenssoziologische* und *semiotische* Fragen verbunden, und nicht zuletzt ein *politisches* Erkenntnisinteresse: ein anthropologisches Interesse am eigenen Leib, ein semiotisches Interesse an der sozialen Konstruktion von Leiblichkeit und ein politisches Interesse am Leib als Adressat einer Biopolitik, aber auch am subversiven Leib, der sich, solange er lebendig ist, einer vollständigen Kontrolle oder Zurichtung entzieht.

Subversiv ist deshalb auch das Ansinnen, die Formen der Wis-

---

[13] Evelyn Fox Keller, *Liebe, Macht und Erkenntnis. Männliche oder weibliche Wissenschaft?*, München 1986, Kap. 1.

[14] Vgl. dazu auch Werner Kutschmanns Untersuchungen in: *Der Naturwissenschaftler und sein Körper*, Frankfurt 1986.

sensproduktion und der durch sie organisierten Formen der Welt-
bezüge unter dem Gesichtspunkt der Leiblichkeit zu analysieren:
In seiner Leiblichkeit ist der Mensch Naturwesen, was bedeutet,
daß er als Erkennender nicht der absolute Souverän seines Wissens
ist; Leiblichkeit markiert so eine zwar verschiebbare, aber grundsätzlich nicht aufhebbare Grenze des Wissens und des Wißbaren.
Der Leib gehört nicht nur »zur Welt« als Teil und Medium der
Erfahrung der äußeren Welt, er ist zugleich das Medium der frühesten sozialen Kontakte des Kindes, und er bleibt es auch im Er-
wachsenenleben, zumindest für die elementarsten emotionalen
Beziehungen, insbesondere der erotischen Beziehungen zwischen
Menschen. Damit erlangt der Körper eine zentrale Bedeutung für
die Erfahrung und die Inszenierung von Geschlechtsidentität und
sexuellen Beziehungen. Leiblichkeit ist dergestalt das entscheidende Thema jeder Geschlechterpolitik, die zugleich immer so etwas wie eine »Erkenntnispolitik« einschließt. So findet sich im
Etymologischen Wörterbuch der deutschen Sprache unter »erkennen« als erster Beleg ein Zitat aus dem Buch Genesis – »eine Frau
erkennen« – was an der genannten Stelle besagt, daß Adam Eva zur
Frau nahm.

Die Politik der Benennung, der der traditionelle philosophische
Diskurs zur Frage der Leiblichkeit folgte, lief darauf hinaus, Leib-
lichkeit als essentielles Moment der conditio humana zu entwerten
und zugleich als Naturbestimmung der Frau zuzuschreiben – eine
Politik der Benennung, die im Gefolge von Platons Deutung des
Körpers als Grab der Seele insbesondere die unreinen körperlichen
Organe und Funktionen aus dem Bild des wahren Selbst verbannte
und als das Andere nach außen projizierte, besonders auf die
Frau.[15] Diese Zuschreibung ist über die Definitionsmacht und die
Autorität wissenschaftlicher Institutionen durch die »Biomächte«,
durch sich ständig vermehrende und verfeinernde Techniken der
Produktion und Kontrolle von Körperlichkeit real wirksam geworden. Sie hat ihre Spuren in einer langen Geschichte der symbolischen und realen Zurichtung des weiblichen Körpers hinterlassen,
die in einer mittlerweile schon umfangreichen Literatur zur Phi-
losophie- und Wissenschaftsgeschichte freigelegt worden sind.[16]

[15] Vgl. Elisabeth V. Spelman, *Woman as Body: Ancient and Contemporary Views,* in:
Feminist Studies 8/1, 1982, S. 109-131.
[16] Vgl. u. a. Thomas Laqueur, *Auf den Leib geschrieben,* Frankfurt/Main 1992.

Die Versuche einer theoretischen Rehabilitierung des Leibs, die nicht nur von feministischen Theoretikerinnen stammen, sind Reaktionen auf diese Entwicklung und symptomatisch für die Erschöpfung des cartesischen Wissenschaftsmodells und seiner erkenntnistheoretischen Prämissen.

Die durch die industrielle Revolution in Gang gesetzte ökonomische und technische Aneignung der äußeren Natur als beliebig verfügbare Ressource hat schon seit ihren Anfängen den menschlichen Körper einbezogen, aber erst der wissenschaftlich-technische Zugriff auf das organische Substrat menschlichen Lebens hat durch die revolutionären Entwicklungen der Molekularbiologie eine neue Qualität angenommen. Die kritische Auseinandersetzung mit diesen neuen Möglichkeiten der Biotechnologie und einer synthetischen Biologie, die zwar Leben noch nicht erschaffen, wohl aber in seinen genotypischen und phänotypischen Erscheinungen gezielt beeinflussen und verändern kann, hat erst ein Bewußtsein davon geschaffen, daß der wissenschaftlich-technische Umgang mit dem menschlichen Körper ein wesentlicher Aspekt globaler ökologischer Krisenerscheinungen ist. Das vermehrte Auftreten gesundheitlicher Gefahren durch Veränderungen des ökologischen Umfelds, von psychosomatischen Störungen, Störungen des Immunsystems, und nicht zuletzt die Entwicklung verschiedener Techniken der Transformation, ja auch der Verbesserung körperlicher Erscheinungsbilder und Funktionen hat die psychophysische Integrität zu einem entscheidenden Maßstab für ökologische Stabilität werden lassen.

Dieser Entwicklung verdanken neue Ansätze einer *Anthropologie der Erkenntnis* ihre Aktualität, die Leiblichkeit ins Zentrum der Aufmerksamkeit rücken. Sie treffen sich an diesem Punkt mit den Anliegen der feministischen Theorie. Denn es sind vor allem die vielfältigen Formen der stillschweigenden Indienstnahme weiblicher Körperlichkeit, die die Aneignung des *anderen Körpers* – meist die Folge der Entfremdung vom eignen Körper – in all ihrer Fragwürdigkeit offenkundig hat werden lassen.

Für die feministische Theorie und Kritik ist der Körper nicht ein Thema unter anderen, sondern ein Thema, an dem sich existentielle, persönliche Alltagserfahrung, Strategien der Geschlechterpolitik und Fragen nach den Bedingungen der kulturellen Deutung und den gesellschaftlich organisierten Praktiken der Erzeugung von Körpern und Körperbildern überschneiden.[17] Kulturell bestimmende Definitionen des *Frauseins*, dessen, was ihre gesellschaftliche Aufgabe, ihre *Naturbestimmung* ist, die Art und Weise ihrer Kontrolle und die spezifischen Formen von Gewalt gegen Frauen – alle verweisen auf den Zusammenhang von *Weiblichkeit* und *Leiblichkeit*.[18] Das Körperliche und Leibliche gehört, so wie zur menschlichen Lebensform überhaupt, auch zum weiblichen Lebenszusammenhang. Die vorrangige oder gar ausschließliche Zuständigkeit von Frauen für das Leibliche, wie sie der noch weitgehend ungebrochenen androzentrischen Weltsicht entspricht, mag zwar den Schein des Selbstverständlichen haben, ist aber der *politische* Effekt einer spezifischen Form der symbolischen Konstruktion von Wirklichkeit, ein Sediment jahrhundertelanger kultureller Praktiken des realen und symbolischen Ausschlusses von Frauen, und zugleich ihrer realen und symbolischen Vereinnahmung. Das zeigt sich am Bauen als Form der materiellen Gestaltung von Wohnraum und Lebensformen, an den traditionellen und säkularisierten Visionen des Heiligen, wie in der bürgerlichen Organisation politischer Öffentlichkeit. Und es wirkt untergründig als kulturelles Unbewußtes in den unvollendeten Projekten der Moderne[19], insbesondere in ihrem Rationalitätsparadigma und seinen Paradoxien. Diesen Themen werden die folgenden Kapitel nachgehen.

---

[17] Vgl. Barbara Duden, *Geschichte unter der Haut. Ein Eisenacher Arzt und seine Patientinnen um 1730*, Stuttgart 1987, und dies., *Der Frauenleib als öffentlicher Ort. Vom Mißbrauch des Begriffs Leben*, Hamburg/Zürich 1991.

[18] Vgl. u. a. Claudia Honnegger, *Die Ordnung der Geschlechter. Die Wissenschaften vom Menschen und das Weib*, Frankfurt/Main 1991.

[19] Jürgen Habermas, *Der philosophische Diskurs der Moderne. Zwölf Vorlesungen*, Frankfurt/Main 1985.

Kapitel VII

Fremde Frauen, fremde Körper
Über Alterität und Körperlichkeit in Kultur- und Geschlechtertheorien

Seit einigen Jahren hat die Avantgarde des kulturellen Zeitgeistes ein neues Schlagwort: das einer »neuen Nomadologie«.[1] Was ist damit gemeint? Die Kultur eines neuen Nomadentums?

Die Idee einer Nomadologie verdankte sich zunächst einem philosophischen Wortspiel. Der Philosoph G. W. Leibniz hatte im Jahr 1714 eine Schrift veröffentlicht mit dem Titel *Monadologie*, in der er programmatisch sein philosophisches Weltbild zusammenfaßte. Leibniz war der Auffassung, daß jedes einzelne Individuum eine Monade, ein in sich geschlossenes Wesen, ist, ein Gebilde ohne Fenster gewissermaßen. Aber dennoch fügen sich diese Wesen, und zwar aufgrund ihrer Teilhabe an den Ideen der höchsten Monade, die niemand anderes ist als Gott, in die Harmonie der von Gott gedachten und geschaffenen Welt ein. Die Ordnung und die Einheit der Welt und auch der Menschen untereinander verdankten sich für Leibniz also der Vorsehung Gottes und der Fähigkeit der Menschen, diese Ordnung zu erkennen.

Leibnizens optimistischer Glaube, daß die Welt, in der er und seine Zeitgenossen lebten, die »beste aller möglichen Welten« sei, in der sie in friedlicher Eintracht und Zuversicht, im Schutz der vorsehenden Güte Gottes bestehen konnten, hat schon Voltaire gründlich mit der schwarzen Tinte seiner Ironie übergossen. Um so mehr läßt sich von der gegenwärtigen Weltsituation sagen, daß ihr das Projekt einer Nomadologie tatsächlich besser entspricht als das einer Monadologie im Sinne des Philosophen Leibniz: das Vorhaben oder vielmehr die Notwendigkeit, sich in einer Welt einzurichten, wo nichts und niemand mehr einen festen Ort hat und

---

[1] Seit 1990 stellt sich das Avantgardefestival »steirischer herbst« dieses Thema. Vgl. dazu Horst Gerhard Haberl, Werner Krause, Peter Strasser (Hg.), *auf, und, davon. Eine Nomadologie der Neunziger*, Graz 1990.

in der die Dynamik sozialer und politischer Veränderungen von einem zum anderen Jahr in der Lage ist, über Jahrzehnte stabile politische Ordnungssysteme aufzubrechen.

In gewisser Weise ist die sogenannte neue Nomadologie als Devise einer zeitgemäßen kulturellen Lebensform der Versuch, aus der eben angedeuteten existentiellen Unbehaustheit eine Tugend zu machen: Der Kosmopolit, der in der Zeit seit der Aufklärung meinte, als Humanist und Vernunftmensch überall zu Hause zu sein, muß zur Kenntnis nehmen, daß es dieses Zuhause jenseits von »Gott, Familie und Vaterland« nicht mehr gibt – und auch nicht mehr diesseits –, denn die Bindungskraft der Religionen ist geschwunden, ebenso die der familiären Beziehungen. Und selbst in den alten Vaterländern beginnt es, unbehaglich zu werden – als Folge der großen Migrationsbewegungen, die nicht erst die politischen Veränderungen in Osteuropa seit 1989 ausgelöst haben.

»Not und Tugend« – beide liegen beim Thema des Fremden eng beieinander. Sowohl die Erfahrung des (eigenen) Fremdseins als auch die Wahrnehmung der Gestalten des Fremden außen sind höchst zwiespältig.

»Wenn einer eine Reise tut, so kann er was erzählen« – schon in dem zur Redensart gewordenen Dichterwort[2] hält sich etwas von der Zwiespältigkeit, der Ambivalenz des Fremdseins. Die Etymologie des Wortes »Er-fahrung« verweist auf die Vorstellung, daß sich die Welt nur dem erschließt, der sich öffnet und ihr entgegengeht, um sie zu erfahren – auf die Gefahr hin, daß ihm manchmal auch etwas widerfährt, was er sich vielleicht lieber erspart hätte. Die Alltagsweisheit, wie sie in Sprichwörtern zum Ausdruck kommt, besagt im Kern dasselbe, was auch Philosophie und Wissenschaften zutage bringen. So sieht die genetische Erkenntnistheorie den Erwerb von Wissen und die Höherentwicklung von Lebewesen unter anderem in zwei Fähigkeiten begründet: in der Fähigkeit, sich von Ort zu Ort zu bewegen, und in der Fähigkeit, sich auf unvertraute Situationen einzulassen und ihnen einen Sinn zu geben. Aber beides ist mit einem gewissen Risiko verbunden, was die Sicherheit und Stabilität der jeweils schon erworbenen und vertrauten Existenzweise betrifft, und rührt deshalb an archaische, tiefsitzende und meist unbewußt bleibende Ängste, die die

---

[2] Es handelt sich um die erste Zeile des Gedichtes *Urians Reise um die Welt* von Matthias Claudius.

Menschheit offenbar trotz aller Fortschritte der Wissenschaften nicht hinter sich gelassen hat.

Das Neue erregt und erschreckt zugleich, und so ist es auch mit der Erfahrung des Fremden. Erträglich bleibt diese Ambivalenz des Fremden und des Fremdseins, solange wir das Fremdsein als Möglichkeit wählen können oder, um bei dem eben zitierten Sprichwort zu bleiben: solange wir, wenn wir eine Reise zu tun gedenken, es uns vorher reiflich überlegen und sagen können: Nein, lieber bleib ich doch zu Hause!

Die Erfahrungen des Fremdseins, mit der viele Menschen gegenwärtig konfrontiert sind, sind allerdings nicht von dieser Art. Die meisten von ihnen, etwa die, die in den letzten Jahren aus verschiedenen osteuropäischen Staaten gekommen sind, aber auch die, die hierzulande oder anderswo als Fremdarbeiter leben, haben oder hatten diese Wahl nicht. Sie wären wahrscheinlich überwiegend lieber zu Hause geblieben, aber dieses Zuhause bot oder bietet keine Möglichkeit mehr, ökonomisch, politisch und kulturell zu überleben. Es sind, kurz gesagt, Menschen, die das Fremdsein nicht freiwillig gewählt haben, sondern aus Not Fremde sind.

Wie nehmen sich in dieser Situation »Fremde« und »Einheimische« gegenseitig wahr? Wie sehen sie sich selbst als Fremde oder Einheimische? Dieses »wie« entscheidet letztlich darüber, ob ein Staat, eine Regierung, die Öffentlichkeit in einem Land befindet, daß »das Boot voll« oder nicht voll ist. Denn diese Entscheidung hängt nicht, jedenfalls nicht allein von den real vorhandenen oder den erforderlichen materiellen Mitteln ab, sondern davon, wie diese Fremden, also die, die nicht schon immer hier zu Hause gewesen sind, wahrgenommen werden.

Fremde Frauen – fremde Fremde?

Die Vorstellung vom Fremdsein setzt ihr Gegenteil voraus: Wenn es das Fremde, den Fremden gibt, dann muß es auch ein Zuhause geben, das, was mit dem Wort »Heimat« gemeint ist – und »Meinesgleichen«, die »Unseren«, die dieses Zuhause mit uns teilen. Und Fremde sind zugleich solche, die »anderswo« ihre Heimat haben, eben in der Fremde. Oder gibt es vielleicht auch Menschen, die in keiner Heimat zu den »Unseresgleichen« gehören, die Fremde von Geburt an sind, deren Situation also am besten beschrieben wäre mit den Worten von Christa Wolf: Kein Ort. Nirgends?[3]

Bei den Hamari, einem Stamm in einem schwer zugänglichen Landstrich Südäthiopiens, sagt man – konkret handelt es sich um die Aussage des Stammesältesten in einem Interview im Rahmen einer Dokumentation für ein Fernsehprogramm[4] –, daß die Töchter, die in einer Familie geboren werden, in dieser Familie nur Gäste sind. Schließlich sind sie dazu bestimmt, eines Tages an den Mann einer anderen Sippe verheiratet zu werden und an seinem Wohnsitz zu leben. In einer dieserart patrilokalen Organisation der Stammesgesellschaft ist es die Regel, daß die Familie am ursprünglichen Wohnort des Vaters lebt, und so ist die Frau, wo immer sie lebt, eine Fremde: schon in ihrer Herkunftsfamilie, und erst recht in der Sippe ihres Mannes. Genaugenommen betrachten sich also in jeder der beiden Sippen nur jeweils die Männer als »ihresgleichen«. Und die Aussage des Stammeshäuptlings, die den Töchtern den Status von Gästen zuweist, ist, wenn man sie in Bezug setzt zu anderen Aussagen desselben Interviews, nicht viel mehr als eine höfliche Floskel.

Die Frau – nur Gast in dem Haus, das sie reinigt, und auf dem Boden, den sie bebaut? Noch heute wird im Savannengürtel Afrikas südlich der Sahara ein Großteil der Feldarbeit von Frauen erledigt. So sagt ein Hamari-Mädchen: Wenn mir die Hände weh tun von der Arbeit mit der Herde, dem Haus und von der Ernte auf den Feldern, dann frage ich mich, warum ich nicht als Sohn geboren bin. Und – so die männliche Weisheit aus dem Mund eines jüngeren Stammesangehörigen: Natürlich müssen sie geschlagen werden, die Frauen. Sonst könnten sie nämlich auf die Idee kommen, ins »weite Land« zu gehen. Das »weite Land« – das sind in der Sprache des Dorfs die großen Städte. Dort erwarten freilich die Hamari-Frauen »unterwegs« nur zwei Dinge: Prostitution und soziale Entwurzelung.

Die Stabilität der Stammesbeziehungen über die einzelnen Sippen hinaus wird, das ist die Deutung der Kulturanthropologie, durch die Einrichtung des Frauentausches gesichert. Claude Lévi-Strauss zögert nicht zu behaupten, daß der Frauentausch – und im

---

[3] Hinweise zu dieser Frage finden sich auch bei Claudia Schöning-Kalender, *Heimat – kein Ort für Frauen?*, in: *Wissenschaft ist Frauensache*, Heft 8, Kassel 1990, 15 S.

[4] Es handelt sich um eine Sendung der Reihe »Universum«, produziert vom BBC, ausgestrahlt in FS 1 des Österreichischen Rundfunks am 2. 10. 1990.

Zusammenhang damit das Inzestverbot – der Grundstein für den zivilisatorischen Fortschritt der Menschen ist. Steht tatsächlich am Anfang unserer Kultur die »Errungenschaft«, Frauen als Objekte zu betrachten, als – wenn auch wertvollen – Besitz, der zum Haus gehört wie das Vieh und der Boden?

Wie auch immer: Noch die Hochkulturen der Antike und der Moderne sehen im »wir«, in dem Philosophen, Politiker und Künstler von »ihresgleichen« sprechen, Frauen nicht vor. Das gilt für das biblische »Macht euch die Erde untertan« ebenso wie für die ersten Dokumente der Erklärung allgemeiner Menschenrechte; und bürgerliche Rechte der politischen Mitbestimmung haben Frauen bekanntermaßen erst seit dem 20. Jahrhundert.

Wenn Frauen, wie wohl kaum jemand sagen würde, nicht Objekte sind und auch nicht, aus der Sicht derer, die in unserer Kultur das Sagen haben, »ihresgleichen« – was sind sie dann anderes als Fremde?

Sicher nicht Gäste. Denn wenn ein bürgerlicher Haushalt im 19. Jahrhundert auch über ein Herrenzimmer verfügte und heutzutage in unseren Breiten zumindest über ein Gästezimmer – »Ein Zimmer für sich allein«, wie Virginia Woolf es im Titel eines Buches andeutet, hat die Kultur der Moderne für Frauen nicht vorgesehen. Dieses »Zimmer für sich allein« meint mehr als diese vier Wände. Es meint den Raum, der Frauen für ihr eigenes Leben zugestanden wurde oder besser: den sie sich nehmen konnten.

Es galt lange als natürlich, daß die Frau ins Haus gehört. Aber der reale Ort weiblichen Lebens – »Trautes Heim, Glück allein« – ist der Ort des Glücks zuerst für Mann und Kinder, und nicht für die Frau. Mehr noch: Sie, die Frau, *ist* dieser Ort des ersehnten Glücks. Die Frau hat nicht Heimat, sie ist Heimat.[5]

So ist denn vieles beim alten geblieben, nicht nur in den Dörfern der Hamari. Gerade im ländlichen Raum sind es auch hierzulande die Frauen, die die meisten Lasten auf sich nehmen. Und was anderes als eine Fremde ist etwa eine Frau, die aus einem ostösterreichischen Bundesland ins »Ländle«, nach Vorarlberg, zugeheiratet hat, in ein schwer zugängliches Tal, wo selbst die Ausflügler aus der Landeshauptstadt für die Einheimischen noch vor wenigen Jahren nichts anderes waren als »fremdes Pack«?

Dieses Beispiel zeigt, unter welchen Bedingungen und wie rasch

---

5 Claudia Schöning-Kalender, a. a. O., S. 9.

sich die Einstellung zu Fremden ändern kann: Immer dann, wenn ihre Anwesenheit aus praktischen Gründen wünschenswert ist – sei es aufgrund eines Arbeitskräftebedarfs oder der Entwicklung des Tourismus –, ist der Fremde nicht mehr bloß der, der »nicht dazugehört«, sondern ein willkommener Partner, ein umworbener Gast. Und unter Umständen ist es dann auch möglich, daß aus Fremden Zugehörige werden. Das genannte Beispiel zeigt aber auch, daß Frauen das Schicksal einer doppelten Fremdheit erleiden können: Fremde zu sein aufgrund ihrer Herkunft aus einem anderen Land, doch auch, je nach den Umständen, Fremde zu bleiben selbst im eigenen Haus.

Wie können Frauen versuchen, solche Erfahrungen zu bewältigen? Am meisten werden sie sich wünschen, irgendwann einmal richtig »dazuzugehören«, eine Heimat zu finden, und nicht bloß eine Bleibe, ein Dach über dem Kopf zu haben. Aber wenn das nicht möglich ist, auf vielerlei Weisen vereitelt wird? Wäre es dann nicht besser, das Stigma des Fremdseins zurückzuweisen, das Anderssein selbstbewußt zu leben, sich ganz konkret dazu die Freiheit zu nehmen, statt stumm zu leiden? Oder – warum auch nicht – wirklich »auf und davon«[6] zu gehen, Vagabundin zu werden, um im Verzicht auf Sicherheiten das eigene Leben zu suchen, so wie es Christine Thürmer-Rohr beschreibt: »Vagabundieren wird zum Symbol eines Lebensversuchs, der an das Vertraute *nicht* anknüpft, der Vertrautes nur zum Anlaß nimmt, falsche Heimstätten wieder zu verlassen, der *nicht* nach ›Identität‹ sucht, dieser fixen Idee. Heilung von jenem Mißgefühl, das Urteile unmöglich macht. Das heißt: Mich nicht einfangen lassen. Ein Weg zwischen Erschöpfung und Neugierde. Eine andere Liebe zum Leben.«[7]

Ein solcher Entwurf einer weiblichen Nomadologie wäre auch eine Antwort auf die Frage, die sich die Mailänder Theoretikerinnen einer Politik des »affidamento« stellen, auf die Frage nämlich, »wie weibliche Freiheit entsteht«[8] – die Freiheit zu denken, die Freiheit, das eigene Leben zu wählen, über sich selbst zu verfügen. Zurecht bemerkt Christina Thürmer-Rohr, daß Frauen zwar darin gleich sind, daß sie Objekte derselben Zuschreibungen werden,

---

[6] So der Titel des Kulturprogramms »steirischer herbst«, das der schon erwähnten »neuen Nomadologie« gewidmet war.

[7] Vgl. Christina Thürmer-Rohr, *Vagabundinnen. Feministische Essays,* Berlin 1987, S. 8.

[8] Libreria delle donne di Milano, *Wie weibliche Freiheit entsteht,* Berlin 1988.

nämlich als Frau zur Klasse der den Männern verfügbaren biologischen Exemplare zuzugehören.[9] Dennoch: »Frauen werden in bestimmten Situationen gleich, nämlich ›nur‹ als Frauen, behandelt, aber sie *sind* – zum Glück – nicht gleich.«[10]

Freilich muß hier hinzugefügt werden, daß Frauen die Wahl, geschlechtsspezifische Zuschreibungen von außen zurückzuweisen, nur unter bestimmten privilegierten Voraussetzungen haben, zu denen vor allem ein bestimmtes Maß an ökonomischer Unabhängigkeit gehört. Deshalb bedeutet für die große Mehrheit der Frauen die Erfahrung des Andersseins und Fremdseins zugleich Machtlosigkeit und Unfreiheit.

Körperlichkeit und Alterität

Wie hängen das Anders- oder Fremd-Sein, das Körper-Sein und das Frau-Sein zusammen? Zuerst einmal ließe sich sagen, daß die Verbindung von Frausein und Fremdsein, von Fremdheit und Körperlichkeit einen sehr merkwürdigen, ja paradoxen Sachverhalt darstellt. Denn was kann uns, die wir alle von Müttern geboren werden, vertrauter sein als diese Mutter-Frau und unser Lebenszusammenhang mit ihr? Und was kann uns näher sein als unser eigener Leib, aus dem und durch den wir leben, ständig die Welt berühren und empfinden? Die Lösung dieses Rätsels ist nicht schwer, wenn wir bedenken, wer diese Welt, das Universum, in dem wir leben, benennt: Wer benennt seine Orte? Wessen Heimat sind sie? In wessen Sprache, mit welchen Symbolen wird unsere soziale Welt beschrieben und von welchem »wir« ist hier die Rede?

Fremdsein und Anderssein sind relationale Qualitäten. Wir sind nicht schlechthin fremd oder »einfach anders« – wir sind anders als jemand, der diese Alterität feststellt und kontrolliert, und wir sind fremd in einer Umgebung, in der wir von der Möglichkeit, dazuzugehören, solche Zugehörigkeit auszusprechen, ausgeschlossen sind. Fremdsein und Alterität sind nicht nur relationale Qualitäten. Es sind außerdem Eigenschaften, die auf eigentümliche Weise asymmetrisch zugeschrieben, definiert und benannt werden. Auch die unausweichliche Sichtbarkeit derer, die aufgrund ihrer körper-

[9] Thürmer-Rohr, a. a. O., S. 140.
[10] Ebda.

lichen Erscheinung ihre Alterität verraten, ist ebenfalls auf eine
eigentümliche Weise asymmetrisch. Es ist die Sichtbarkeit von
einem herrschenden Blickpunkt aus, oft der Blickpunkt eines
Subjekts, das sich selbst der Sichtbarkeit entzieht. Es ist, in der
Realität der Geschlechterbeziehungen, die Sichtbarkeit des weiblichen Körpers aus der Perspektive des männlichen Blicks. Film,
Wochenmagazine, Werbung mit und für Mode – alle diese uns täglich und fast in Permanenz umgebenden medialen Präsentationen
des Geschlechts folgen dieser Regie des männlichen Blicks. Ähnliches gilt wohl auch für die Präsentationen und Repräsentationen
des Körpers in historischen oder literarischen Dokumenten.

Diesseits solcher Politik der Repräsentation des Geschlechts –
»technology of gender« nennt es Teresa de Lauretis[11] – ist freilich
der Leib oder lebendige Körper immer schon mehr: Ausdruck und
Medium eines Selbst. Immer geht es zuletzt um dieses Selbst, dieses Subjekt, das im Körper erscheint: der Körper als Medium der
Selbstdarstellung, des Austausches mit der Welt und der Beziehung mit anderen.
  Als Ausdrucksfeld von Subjektivität hat der Körper, und sei er
auch verhüllt und bekleidet, eine Besonderheit: Er läßt sich dem
Anblick nicht oder nur beschränkt entziehen. Ihre körperliche Erscheinung und ihre Gesichtszüge sind die ersten und sichtbarsten
Zeichen der Selbigkeit einer Person. Ebensosehr, und vielleicht
noch augenfälliger, ist der Körper ein schwer zu verbergendes
Symbol des Andersseins, der Alterität: Ob jemand Frau oder
Mann ist, alt oder jung, Angehöriger derselben oder einer anderen
Rasse, alles das tritt im körperlichen Äußeren unmittelbar zutage,
wie auch das Stigma körperlicher Behinderung oder Verstümme-
lung. Kraniologie und Physiognomie hielten die Kriminalforscher
des ausgehenden 19. Jahrhunderts in Bann. Das Vermessen von
Köpfen und die Deutung der Gesichtsformen sollten ihnen gewis-
sermaßen suspekte Frauenspersonen und Gauner auf den ersten
Blick zu erkennen geben.[12]
  In unserer symbolischen Ordnung der sozialen Wirklichkeit
knüpfen sich die elementarsten Kategorien sozialer Differenzie-

---

[11] Teresa de Lauretis, *Technologies of Gender. Essays on Theory, Film and Fiction*,
London 1987.
[12] Dazu Peter Strasser, *Verbrechermenschen*, Frankfurt/Main 1984.

rung an die körperliche Erscheinungsweise, an physisch-körperliche Merkmale und damit auch an grundlegende Modi der Selbst- und Fremdwahrnehmung, die Erfahrungen von Zugehörigkeit und Fremdheit. Die Rede von elementaren sozialen Kategorien ist freilich zweideutig. Zunächst sind vom Standpunkt der Kulturanthropologie Geschlecht, Alter und Ethnos unbestreitbar elementare soziale Unterscheidungsmerkmale – sie laufen aber Gefahr, nicht bloße Gesichtspunkte der Differenzierung zu bleiben, sondern zum Anlaß bzw. zum Maßstab von Maßnahmen sozialer Ausgrenzung und Wertung zu werden. Solche Formen der Bewertung und Ausgrenzung sind, vom Standpunkt der modernen Rechtsgleichheit ebenso wie vom Standpunkt der Moral, abzulehnen. Denn es sind die primitivsten und moralisch fragwürdigsten Formen der sozialen Wertung – Rassismus und Sexismus –, die sich auf Merkmale körperlichen Andersseins beziehen oder vielmehr zu beziehen scheinen. Und auch hier gilt, daß das körperliche Anderssein als Ausdruck und Symbol für ein Dahinterliegendes gelesen wird – für psychische und geistige Andersartigkeit. So fragt ein Pharisäer in einer Episode des Neuen Testaments beim Anblick eines Menschen mit einer schweren körperlichen Mißbildung: Wer hat gesündigt? Auf dem Hintergrund derselben Mentalität ist heute die Rede von der »Lustseuche« im Zusammenhang mit Aids zu verstehen. Hier drängt sich die Frage auf, wie das Interesse am Fremdartigen mit der Sorge um das eigene Selbst verknüpft ist, auf welche Weise Xenophobie und Rassismus zu Formen der negativen Absicherung der eigenen Identität werden.

Im einen wie im anderen Fall verdankt sich das Interesse am Körper dem Wunsch nach Wahrheit oder besser: nach Gewißheit bezüglich des eigenen Selbst[13]; aber es ist verfälschend, in einer Kultur, die sich bis in die höchsten Sphären der Metaphysik als dichotomisch heterosexuell definiert, vom Körper allgemein zu sprechen. Denn die Beziehung zwischen Selbst und Leiblichkeit, Subjektivität und Körperlichkeit ist, seit es derlei Fragen gibt, nämlich z. B. nach der Wahrheit des Selbst, für Frauen und Männer verschieden gedeutet und definiert worden.

Der Philosophie kommt in diesem Zusammenhang eine beson-

---

[13] Michel Foucault, *Zur Genealogie der Ethik. Ein Überblick über laufende Arbeiten*, in: Hubert Dreyfus/Paul Rabinow, *Michel Foucault. Jenseits von Strukturalismus und Hermeneutik*, Frankfurt/Main 1987, S. 265-292.

dere Bedeutung zu. Denn es ist vor allem das philosophische Selbst, dessen imaginäres männliches Ich, das sich als Souverän gegenüber seinem Körper denkt und das die Momente des Körperlichen, die gegenüber der Idee des einen und in sich einigen Selbst als das Heterogene erscheinen, an den weiblichen Körper delegiert und an ihm und in ihm erlebt. Bezeichnenderweise ist es für Hegel der Kampf auf Leben und Tod, dem man(n) sich stellen muß, um Selbstbewußtsein – im emphatischen Modus des »strikten Fürsichseins« – zu erlangen.[14] Erst die Todesverachtung und damit zugleich die Geringschätzung von Leib und Leben stellen die Anerkennung des Selbstbewußtseins in Aussicht. Der Tod, von dem aus der Sicht des um Anerkennung ringenden Selbstbewußtseins die Rede ist, ist der Tod des Anderen. Der Kampf auf Leben und Tod dient Hegel als Veranschaulichung für das Bestreben des Selbstbewußtseins, das bloß »seiende Bewußtsein«[15] als sein Anderes aufzuheben. Aber Kampf und Tod als Metaphern für das Streben des Subjekts nach reiner Selbigkeit durch die Annihilation seines Anderen sind keine zufälligen Setzungen. Sie binden die Dialektik des Selbstbewußtseins an die virilen Phantasien des Kriegs, des Tötenkönnens, an die martialische und heroische Selbststilisierung männlicher Identität.

Dieselbe Dialektik der Unterwerfung des Anderen durch das reine Fürsichsein des Selbstbewußtseins, die Hegel am Beispiel der Herr-Knecht-Beziehung erläutert, kennzeichnet auch das traditionelle kulturelle Muster der Geschlechterbeziehung: hier männliche Subjektivität, Macht und Selbigkeit, da weibliche Selbst- und Machtlosigkeit, Körperlichkeit und Alterität. Es organisiert die materielle Realität des Geschlechterverhältnisses im Bereich der Politik, der Wirtschaft und vor allem im Alltag der Beziehungen zwischen den Frauen und Männern. Und weil diese Beziehungen mehr als andere soziale Beziehungen die Dimension körperlicher Nähe einschließen, erscheint die Frau in der Phantasie des männlichen Selbstbewußtseins in erster Linie als der andere Körper.

Es sind sehr verschiedene Schicksale von Alterität, die sich an körperliches Anderssein knüpfen. Um diese Verschiedenheiten zu verstehen und erklären zu können, muß auf die sozialen Prozesse,

[14] Georg Wilhelm Friedrich Hegel, *Phänomenologie des Geistes,* Erste Ausgabe 1807, S. 114 ff.
[15] Ebda.

die Machtverhältnisse und auf die ökonomischen Verhältnisse hingewiesen werden, die den historischen Kontext für verschiedene Weisen des Gebrauchs von Körpern bilden – des Selbstgebrauchs wie der Indienstnahme von fremden Körpern. Aus diesem Grunde ist es angebracht, zumindest skizzenhaft auf den weiteren Problemhorizont einer Soziologie des Körpers einzugehen, wie sie etwa Brian Turner in seinem Buch *The body and society. Explorations in social theory* zu entwickeln sucht.[16]

Nicht anders als die Kulturanthropologie geht die Soziologie von einem bestimmten Bild vom Menschen aus, ein Bild, für das sich bei Durkheim die Bezeichnung »homo duplex« findet. Von Platon bis Freuds *Unbehagen in der Kultur* bildet, so Turner, die Vorstellung vom antagonistischen Verhältnis zwischen Vernunft und Leidenschaft eine grundlegende Prämisse des philosophischen und wissenschaftlichen Menschenbilds.[17] Demnach erscheint als das zentrale Problem des Zivilisationsprozesses die Bewältigung der Spannung zwischen Vernunft und Begehren. Während die Psychoanalyse und die Kritische Theorie dieses Thema aufgreifen, ist die soziologische Theorie charakterisiert durch die Absenz des Körpers und seines Begehrens. Den Grund dafür sieht Turner u. a. in der antipositivistischen Tendenz der Soziologie des 20. Jahrhunderts, insbesondere in ihrer zunächst durchaus begründeten Ablehnung eines biologischen Determinismus. Aber gerade dieser Vorbehalt gegenüber dem Naturalismus des späten 19. Jahrhunderts führte dazu, daß in der Soziologie die Thematisierung des Körpers unterblieb. Die Absenz der Körper geht einher mit der Absenz der Frauen im Raum soziologischer Theorien.

So bemerkt Turner also, daß für die Soziologie im Gegensatz zur Kulturanthropologie die Thematisierung des Körpers lange kein Anliegen war. Sie setzte die Dichotomie von Natur versus Kultur, die die Anthropologie beschäftigte, offenbar mehr oder weniger als gegeben voraus und fragte lediglich nach den Bedingungen, unter denen Gesellschaften in die Geschichte eintreten. Max Weber und die ihm folgende Tradition soziologischer Theoriebildung sahen Recht, Wirtschaft und Politik als die in erster Linie relevanten Dimensionen sozialen, und das hieß für sie: rationalen Handelns. Im Bild des »homo oeconomicus« ist für das Leiblich-Körperliche

---

[16] Erschienen in Oxford 1984.
[17] Turner, a. a. O., S. 20.

kein Ort. Turner verweist darauf, daß der Begriff des Körpers in sozialwissenschaftliche Theorien erst Eingang fand, nachdem das Konzept des Organismus in einem naturwissenschaftlichen Rahmen entwickelt worden war. Überhaupt haben die Sozialwissenschaften das Thema des Körpers den Naturwissenschaften überlassen. So delegierte die philosophische »Lehre vom Menschen« insbesondere das andere Geschlecht an die Medizin, genauer die Gynäkologie, die damit zur »Wissenschaft vom Weibe« schlechthin wurde.[18]

Anders die Kulturanthropologie: Sie entdeckte sehr früh, daß der Körper eines der wichtigsten klassifikatorischen Systeme darstellt. Aber auch in der Anthropologie richtet sich der forschende Blick nicht auf den eigenen Körper, sondern auf den anderen Körper, den Körper der Fremden. Es ist der Körper des Anderen, den sie beschreibt, es ist der Primitive, das Mitglied der anderen Kultur, dessen Existenz als durch seine Körperlichkeit bestimmt gesehen wird.

Die ersten Anstöße für eine Thematisierung des Körpers in der Soziologie sind von der Psychoanalyse ausgegangen, von Norbert Elias und Michel Foucault und vor allem auch von der feministischen Theorie. Vorweg muß betont werden, daß es nicht primär und nicht ausschließlich um Sexualität geht, sondern um Strategien des Gebrauchs des Körpers. Brian Turner versucht, den sozialen und vor allem sozioökonomischen Kontext des Interesses am Körper systematisch, theoretisch und gesellschaftshistorisch zu analysieren. Er knüpft an die Hobbessche Frage an, an die für jede Soziologie der Herrschaft grundlegende Frage: Wie ist soziale Ordnung möglich? Gegen den Hauptstrom der Soziologie der Neuzeit, die den »homo sociologicus« vor allem als denkendes und sprechendes Wesen im Blick hat, versucht Turner an der Rekonstruktion der Gesellschaftstheorien von Hobbes, Malthus, Foucault und Theoretikern wie Erving Goffman zu zeigen, daß die soziale Ordnung wesentlich darauf beruht, daß die folgenden Probleme im Umgang mit der materialen Körperlichkeit der Einzelindividuen gelöst sind: erstens die Ordnung der menschlichen Körper im Raum, zweitens ihre Reproduktion in der zeitlichen Abfolge der Generationen, drittens die Verinnerlichung von sozia-

[18] Vgl. dazu Claudia Honnegger, *Die Ordnung der Geschlechter. Die Wissenschaften vom Menschen und das Weib*, Frankfurt/New York 1991.

len Normen – z. B. von Arbeits- und Leistungsnormen, durch die die soziale Disziplinierung der elementaren körperlichen Bedürfnisse im Dienste des Funktionierens in der Arbeitsgesellschaft gewährleistet werden soll, und viertens die Präsentation und Darstellung des Körpers als Symbol für die Zugehörigkeit und die soziale Identität von Individuen.

Turner verweist ausdrücklich darauf, daß diese Zusammenhänge nur aus einer feministischen Perspektive angemessen verstanden werden können. Die Verfügbarkeit und Gefügigkeit des weiblichen Körpers im Dienste der Reproduktion einer effizienten Produktionsgesellschaft sind nie ein bloßer Ausfluß der Natur gewesen. Aus diesem Grunde war und ist der weibliche Lebenszusammenhang zu allen Zeiten reguliert und kontrolliert durch ein engmaschiges Netz von Maßnahmen der Unterweisung, Zurichtung, Einsperrung, die sich vor allem auf den weiblichen Körper richteten.

Schön, tugendsam und fruchtbar: der weibliche Körper als Körper für den anderen

Die Fremdheit des weiblichen Körpers, die eine Fremdheit für sie, die Frau selber, ebensosehr ist wie für den anderen, ist Ausdruck weiblicher Ent-fremdung. Die materiellen Bedingungen ihrer Genese, die Folgen für den weiblichen Lebenszusammenhang ließen sich anhand der eben aufgezählten Problembereiche erläutern. Das sei hier am Beispiel des vierten genannten Problembereichs versucht – am Beispiel der Rolle und Kontrolle des Körpers als symbolischer Ausdruck des Selbst und seiner sozialen Repräsentation. Und die Frage lautet, gestellt für den weiblichen Körper, ganz einfach: Was ist es, das da zum Ausdruck kommt? Ein dem männlichen Wunschbild gemäßes weibliches Selbst oder die Frau selber?

Zunächst wäre da zu reden von den Ambivalenzen des Schönseins. Schönsein ist schön – was ist für Frauen problematisch daran? Weil sie es sind, denen zugestanden wird, »das schöne Geschlecht« zu sein – aber zugleich auch zugemutet wird, eben dies zu sein und nichts anderes darüber hinaus. Barbara Sichtermann hat die Sache auf den Punkt gebracht: »Der Zusammenhang ist im Grunde einfach: In einer Gesellschaft wie der unsrigen, in der die Schlüsselpositionen gesellschaftlicher Macht und Geltung in den Händen von Männern liegen, hängen Prestige, Erfolg und Einfluß, den Frauen erringen können, nicht unwesentlich davon ab, daß sie von Männern akzeptiert werden. Und dieses Akzeptiertwerden schließt – da es sich bei dem Herrschaftsverhältnis, das wir hier betrachten, um ein Verhältnis zwischen Geschlechtern handelt – immer das Geschlechtliche ein. Vereinfachend können wir so sagen: Die Männer haben die Welt oder das, was an ihr interessant, was im emphatischen Sinne ›Welt‹, Außenwelt ist, unter sich aufgeteilt. Politische und wirtschaftliche Macht, produktive Arbeit, Wissenschaft, Kunst und andere öffentliche Betätigungsfelder sind Domänen der Männer. Den Frauen bleibt eigentlich nur eine ›ureigene‹ Sphäre: die des Geschlechtlichen selbst. Und innerhalb des Geschlechtlichen ist der Reiz, den das eine Geschlecht auf das andere ausübt, eine Form von Macht. In der Redewendung vom ›schönen Geschlecht‹ ist die Schönheit eine Chiffre für die Macht, die die Frauen als einzige besitzen dürfen, für die Reduktion weiblicher Lebensperspektiven auf das Geschlechtliche. Eine Reduktion, die übrigens nicht mal in Hochzeiten des Patriarchats ganz gelang, die andererseits aber noch heute, wo Frauen längst wieder mit Männern um Positionen und öffentliche Geltung konkurrieren, als Tendenz spürbar bleibt.«[19]

Es ist nicht die Frage, ob Schönsein schön ist, sondern welche Form der Subjektivität sich für Frauen aus ihrem Beschäftigtsein mit dem Schönsein ergibt.

Wie es darum bestellt ist, zeigt ein Blick auf den Stand der neuen Körper-Freizeit-Fitneß-Schönheits-Konsumkultur. Was ist es, das Frauen umtreibt zwischen Boutiquen und Haarstudios? Die Freude an uns selbst oder der Wunsch, für einen anderen schön zu sein? Oder vielleicht die Hoffnung, auf diese Weise das große Los zu ziehen? Das traurige Spektakel um die Mißwahlen macht nur allzu deutlich, wie gefährlich es sein kann, auf eine der ältesten »Listen der Ohnmacht« zu bauen. Wenn sich zum guten Aussehen nicht Talent, Härte, Stehvermögen und geschäftliche Raffinesse gesellen, geht die Rechnung meist nicht auf.

Im Wunsch, schön zu sein für andere, verdoppelt sich die weibliche Entfremdung. Die Arbeiterin schuftet für den Chef in der Fabrik und daheim, aber vielleicht weiß sie darum. Sie erleidet die

---

[19] Barbara Sichtermann, *Über die Schönheit, die Demokratie und den Tod* (1981), in: Farideh Akashe-Böhme (Hg.), *Reflexionen vor dem Spiegel*, Frankfurt/Main 1992, S. 21-34, hier S. 22 f.

Form der Entfremdung und Enteignung von den Früchten ihrer Arbeit und ihres Leibes, aber erst im Lob auf die weibliche Schönheit verschwindet selbst dieses Bewußtsein hinter dem Glamour von Schmuck und Schminke. Das ist der Punkt, an dem sich Frauen nicht nur selbst Fremde werden können, sondern Enteignete im Zustand willfährigen Selbst-Verlusts.

Nein – ganz so ist es längst nicht, längst nicht mehr. Was aber von dieser Situation geblieben ist, vor allem für Frauen, die sie hinter sich gelassen haben, ist ein waches Befremden gegenüber dieser Welt vertrauter Verhältnisse, die bei allem Wandel noch lange nicht die Welt von gestern ist. Und vielleicht ist es so, daß die Erfahrung dieses Fremdseins in einer Welt weiblicher Fremdbestimmung unvermeidlich ist für den Fort-Schritt aus ihr.

Kapitel VIII

Gebaute Welt
Raum und Körper
in ihrem lebensweltlichen Zusammenhang

Zu den Seins- und Erfahrungsdimensionen, die den Spielraum menschlichen Handelns und Lebens entscheidend bestimmen, gehören Raum und Zeit wie die Formen ihrer Erfahrung und Aneignung. Die Philosophie hat im Laufe ihrer Geschichte immer wieder versucht, sie begrifflich zu fassen und zu deuten.

Aber nicht nur als Themen sind Raum und Zeit philosophisch relevant. Die philosophische Rede selbst, die Rede vom Weltengrund, vom Aufbau der Welt ist voll von Metaphern, die auf die Tätigkeit des Baumeisters, des Planens und Entwerfens verweisen. Von daher ist es erstaunlich, daß der Dialog zwischen Philosophie und Architektur, wenigstens von der Philosophie her, so selten gesucht wird. Außer bei Otto Friedrich Bollnow und bei Hermann Schmitz finden sich in der Gegenwartsphilosophie kaum Reflexionen über den Raum als Grundstruktur der menschlichen Lebenswelt. Kein Wunder also, daß Heideggers knapper Text über »Bauen, Wohnen und Denken« zum architekturphilosophischen Klassiker avancierte.

Ein Grund dafür ist vermutlich darin zu sehen, daß sich die theoretische Philosophie am galileischen bzw. cartesischen Weltbild der Naturwissenschaften orientiert, an einem Weltbild, von dem Husserl beklagte, daß es im Namen der Wissenschaft alle Spuren von Subjektivität zu tilgen müssen meint und darüber den lebensweltlichen Boden unter den Füßen wenn nicht verliert, so doch vergißt.

Kritik an diesem Weltbild ist also zunächst Kritik an der doktrinären Verfestigung bestimmter Vorstellungen von Erkenntnis und Wirklichkeit, wie sie mit der Durchsetzung der neuzeitlichen Naturwissenschaft entstanden sind. Diese Kritik versucht, wie dies nicht nur Husserl, sondern auf seine Weise auch Wittgenstein getan hat, die philosophische Reflexion auf die lebensweltlichen Existenzbedingungen der Menschen zurückzubeziehen.

Von ähnlichen Überlegungen geht auch die feministische Wissenschaftskritik aus. Was nach den herkömmlichen Vorstellungen wissenschaftliches Denken ausmacht, ist seine Leistung, die soziale Realität als einen universell, d. h. ohne raum-zeitliche Beschränkungen erfaßbaren und planbaren Zusammenhang zu beschreiben, so wie es Max Weber, der Vater der modernen Sozialwissenschaften, formulierte: Der Sinn der Wissenschaften bestehe darin, »die Dinge ... durch Berechnen im Prinzip beherrschbar zu machen«.[1] In diesem Bild von der sozialen Realität haben die alltäglichen Tätigkeiten und Erfahrungen von Frauen keinen Platz, wiewohl es die alltägliche Überlebensarbeit von Frauen ist, die im Sinne Max Webers »Wissenschaft als (noch überwiegend männlichen) Beruf« möglich macht.

Es liegt nahe, das Ergebnis feministischer Kritik, wie sie z. B. von Dorothy Smith für die Soziologie entwickelt worden ist, auf Planung und Architektur anzuwenden.[2] Denn wie der soziologische Diskurs entspricht der Planungsdiskurs dem Idealtyp eines Herrschaftsdiskurses nach dem Modell instrumenteller Vernunft. Es handelt sich um einen Verfügungsdiskurs, der immer schon davon ausgeht, es sei seine Aufgabe – und auch sein Recht –, aus der Position eines Zentrums der Macht, von Wissensmacht und materieller Macht, kraft seines Rationalitätsanspruchs Entscheidungen über den Einsatz und die Verteilung von Ressourcen, und im besonderen auch über die Gestaltung von Wohn- und Arbeitsraum zu treffen.

Ein solcher Diskursmodus, der sich, wie Dorothy Smith es nennt, als »Modus abstrahierenden begrifflichen Denkens«[3] und mithin als Ausdruck »reiner« und interesseloser Wissenschaftlichkeit versteht, weist eine doppelte Standpunkthaftigkeit auf, erstens die einer organisatorischen Elite, die soziale Einrichtungen nicht bloß beschreibt, sondern sie nach den Gesichtspunkten optimaler Plan- und Kontrollierbarkeit gestaltet, und zweitens den unreflektierten Standpunkt männlicher Subjekte, die aufgrund der traditionellen Arbeitsteilung zwischen den Geschlechtern genau jene abstrahierenden und objektivierenden Denkweisen zu entwickeln vermögen, die für die herkömmliche professionelle Tätigkeit des Wissenschaftlers und Managers erforderlich ist.

[1] Max Weber, *Wissenschaft als Beruf*, Berlin, 5. Aufl. 1967, S. 17.
[2] Dorothy Smith, *Eine Soziologie für Frauen*, in: Elisabeth List/Herlinde Studer (Hg.), *Denkverhältnisse. Feminismus und Kritik*, Frankfurt/Main 1989, S. 353-423.
[3] Dorothy Smith, a. a. O., S. 378 ff.

Moderne professionelle Arbeit – nicht nur im Wissenschaftsbetrieb und in der Wirtschaft, sondern auch im Bereich von Architektur und Planung – setzt die traditionelle Arbeitsteilung zwischen den Geschlechtern, insbesondere die Zuständigkeit von Frauen für die Sorgen des Alltags, noch immer als Selbstverständlichkeit voraus. Ihr unreflektierter *Androzentrismus* – so ließe sich die feministische Kritik resümieren – ist die Ursache nicht nur der Geschlechterblindheit der modernen Wissenschaftskultur, sondern auch ihrer Lebensweltvergessenheit, ihrer Verleugnung von Kontingenz und Leiblichkeit als wesentliche Momente der menschlichen Lebenssituation.

Raum und Leiblichkeit

Das soziale Leben in Lebenswelt und Alltag vollzieht sich in Raum und Zeit. Die Soziologie als die Wissenschaft vom sozialen Leben orientiert sich am Vorbild der Naturwissenschaft und an ihrem cartesischen Weltbild. Cartesianisch sind demnach auch ihre Vorstellungen vom gesellschaftlichen Raum, der bestimmt ist als Extension, als durch Messen erfaßbare Größe. Galilei und ihm folgend die klassischen Naturwissenschaften betrachten Ausdehnung und Größe als primäre Qualitäten, das heißt als die einzig realen Merkmale der Welt.

Diese cartesische Welt ist, wie gesagt, eine Welt ohne Subjekte, und um sie von ihrer Entfremdung vom Menschen zu befreien, fordert der Phänomenologe E. Husserl, sie auf den Boden der Lebenswelt zurückzubeziehen. Was die lebensweltliche Erfahrung von Raum gegenüber der cartesischen ausmacht, gewinnt Konturen freilich erst in Alfred Schütz' Darstellungen der Strukturen lebensweltlichen Wissens. Bei Schütz ist es das leibhaftige Hier und Jetzt meines Handelns, meiner Erfahrung und Wahrnehmung, von dem her sich die Lebenswelt als räumlich und zeitlich aufgeschichtete erschließt. Merleau-Ponty hat Husserls Kritik am Objektivismus der neuzeitlichen Naturwissenschaft radikalisiert zu der erkenntnistheoretischen These, daß der Leib als entscheidende Quelle und als Medium aller Erkenntnis gesehen werden muß – ein Umstand, dem die Erkenntnistheorie bisher nicht Rechnung getragen habe.

Merleau-Ponty kritisiert, viele Thesen des Poststrukturalismus vorwegnehmend, die Idee des transzendentalen Subjekts, d. h. die

Idee eines Subjekts, das reines Bewußtsein ist und kraft seiner intellektuellen Fähigkeiten sich selbst und die Welt als sein objektives Gegenüber erfaßt. Gegen den Intellektualismus der philosophischen Tradition weist Merleau-Ponty anhand empirischer Forschungsergebnisse im Bereich der Wahrnehmungspsychologie nach, daß alle Erkenntnisakte immer schon *inkarniert* sind, d. h., ein leibliches Fundament haben.

Merleau-Ponty resümierend, läßt sich sagen, daß es der phänomenale Leib ist, der empfindende, spürende, wahrnehmende Leib in seiner intentionalen Gerichtetheit auf seine Welt, der Handeln in der Welt oder so etwas wie Weltkonstitution möglich macht. Menschliche Vernunft ist daher *immer »leibhaftige Vernunft«, menschliche Wesen können nur als inkarnierte auf die Welt hin handeln und so handelnd die Realität erkennen.*[4]

Für Merleau-Ponty haben diese erkenntnistheoretischen Aussagen anthropologische Konsequenzen: Leiblichkeit erweist sich als die existentielle Daseinsform des Menschen, und in dieser Daseinsform sind Leiblichkeit und Räumlichkeit als Erfahrungsformen und Handlungsbedingungen wechselseitig aufeinander bezogen. Die Grundaktivität des lebendigen Leibes ist *Bewegung* – spontane Bewegung. Bewegung organisiert die Raumerfahrung, so wie umgekehrt der bereits gestaltete und objektivierte Raum den Bewegungsspielraum leiblicher Existenz begrenzt und oft genug beschränkt. Und schließlich entfaltet sich Leiblichkeit als Daseinsform immer schon eingebettet in eine historisch gewordene und kulturell vermittelte soziale Lebenswelt, zu der heute auch die Institutionen gehören, vom Gesundheitswesen über die Gebrauchsgüterindustrie bis hin zu Wohnungsbau und Stadtplanung, die mittelbar oder unmittelbar über unsere Körper und Leiblichkeit verfügen, nicht nur, aber insbesondere über uns als Frauen.

Raum und Geschichte

Die mittlerweile vielkritisierte Leibvergessenheit des Hauptstroms philosophischer Erkenntnistheorien ist gewiß auch der Effekt eines sich im philosophischen Diskurs umtreibenden männlichen

---

[4] Vgl. Alexandre Métraux/Bernhard Walderfels (Hg.), *Leibhaftige Vernunft. Spuren von Merleau-Pontys Denken*, München 1986.

Imaginären und der Allmachtsphantasien seiner Subjekte. Daß sich die alteuropäischen Wissenssysteme nach dem Prinzip zunehmender Objektivierung und Rationalisierung entfalteten, muß aber auch wissenssoziologisch gesehen werden, im Zusammenhang mit der Entstehung komplexer Gesellschaftsstrukturen und Formen der Arbeitsteilung.

So entsteht etwa die abstrakte philosophische Spekulation in der Antike im Kontext einer Gesellschaft, die durch städtische Geldwirtschaft und Handel, durch Sklavenarbeit und durch eine patriarchale Geschlechterordnung charakterisiert ist. Die neuzeitliche Wissenschaft formiert sich – nach dem theologischen Intermezzo des christlichen Mittelalters – im Zuge der Entwicklung des Kapitalismus, der Industrialisierung und der Entstehung des modernen Zentralstaats. All das sind gesellschaftliche Faktoren, die die konkreten Anlässe dafür boten, das abstrakte theoretische Denken wiederzuentdecken und operativ werden zu lassen, und zwar als Instrumente der Anleitung und Kontrolle von gesellschaftlichen Prozessen der Naturaneignung. Es handelt sich um eine neue Gesellschaftsform – und eine neue Form der Arbeitsteilung zwischen den Geschlechtern. Die Trennung von – wie es Max Weber nennt – Haushalt und Betrieb oder, anders formuliert: von privatem und öffentlichem Leben, ist es, die die moderne Form der Arbeitsteilung zwischen den Geschlechtern reguliert, und dadurch ist das private Leben in der neuzeitlichen Gesellschaft als der Ort leiblich-konkreten Existierens in einem besonderen Sinn ein weiblicher Lebenszusammenhang.

Die Entstehung der neuzeitlichen Wissenschaft bedeutet, wissenssoziologisch gesehen, nicht einfach die Ablösung älterer, »traditionaler« Orientierungsformen durch solche, die Weber als zweckrational bezeichnet, sondern eher die Überlagerung der ersteren durch rationalisierte Bewußtseinsstrukturen. Das führt dazu, daß zwei unterschiedliche Typen der Orientierung koexistieren, die beide in je verschiedener Weise zur Erhaltung und Ordnung des sozialen Kosmos beitragen und gewissermaßen zum dualen Organisationsprinzip einer Gesellschaft werden, die durch die Trennung von Privatleben und Öffentlichkeit entlang der Geschlechterrollen gekennzeichnet ist. Hinsichtlich ihrer potentiellen Handlungsreichweite lassen sie sich als »lokale« vs. »globale« Orientierungsweisen charakterisieren, wobei die letzteren dem Universalismus des neuzeitlichen wissenschaftlichen Denkens entsprechen. Wissenschaftshistoriker haben auf die bedeutende Rolle hingewiesen, die die Architektur und das Bauwesen für die Durchsetzung dieser neuen Denkform gespielt haben.[5] Die Bauhütten, wie sie im 15. Jahrhundert entstanden, lieferten die organisatorische Basis für die »Verwissenschaftlichung« handwerklicher Künste und werden als paradigmatisch für die Revolution des wissenschaftlichen Denkens in der Renaissance angesehen. Als paradigmatisch können sie auch insofern gelten, als »global« und »lokal« Formen der Aneignung des Raumes bezeichnen, und die Aneignung des Raumes ist ja vor allem das Geschäft von Raumplanern und Architekten. Die Begriffe »lokal« und »global« bezeichnen freilich nicht nur die räumliche Reichweite von Handlungen, sondern verweisen implizit auf Reichweiten von Verfügung und Kontrolle, also auf Herrschaft, sind also zugleich ordnungspolitische Kategorien.

Die Differenz von »lokal« und »global« läßt sich – trotz des Zusammenfallens von lokal organisierter privater Lebensform und weiblichem Lebenszusammenhang – nicht umstandslos an die Geschlechterdifferenz binden. Sie findet sich ebenso exemplifiziert im Unterschied zwischen der agrarischen Lebensform des Oikos und der modernen Stadt. Entscheidend ist dabei, daß der Oikos als Lebens- und Arbeitsgemeinschaft im wesentlichen an den Bedürfnissen und Interessen der in ihm Lebenden, also an Gebrauchswerten, orientiert ist. Die Stadt hingegen, genauer die moderne Metropole, entfaltet sich als Brennpunkt zentralisierter Macht und zentraler Akkumulation von Kapital und Ressourcen, sie unterliegt den Prinzipien der funktionalen Differenzierung, des Tausches und damit der Universalisierung von Kommunikationsformen. Das gilt für die Bereiche und Institutionen der Politik, der Verwaltung, der Exekutive wie z. B. Polizei und Militär, es gilt für den Bereich der Güterproduktion und für den Markt, schließlich auch für den Bereich der Bildung und der Wissensvermittlung.

Mit Marx und Weber sind sich feministische Theoretikerinnen darin einig, daß die Dynamik dieses Prozesses das Schicksal der modernen Gesellschaften bestimmt. Freilich ist es erst der feministischen Theorie gelungen, die Konsequenzen sichtbar zu machen, die dieser Prozeß für das Alltagsleben hatte und noch hat. Aus der

[5] Vgl. Gernot Böhme, Wolfgang van den Daele, Wolfgang Krohn, *Experimentelle Philosophie. Ursprünge autonomer Wissenschaftsentwicklung*, Frankfurt 1977.

Sicht des Privatlebens, insbesondere des weiblichen Lebenszusammenhangs, läßt sich der Prozeß der Modernisierung als doppelläufiger Vorgang der Ausgrenzung und der Indienstnahme beschreiben. Auf der einen Seite sind die privaten Lebensformen gewissermaßen das Resultat eines Filterungsprozesses, durch den jene Bereiche und Aspekte menschlichen Lebens in die Sphäre des Privaten eingeschlossen oder abgedrängt wurden, die sich den Spielregeln des öffentlichen Lebens, der Logik des Marktes und der industriellen Produktion nicht fügen. Sie wurden verlagert in ein »naturwüchsiges« Jenseits jener Lebensbereiche, die die Moderne als ihre eigentliche Domäne sah. Auf der anderen Seite hat der Prozeß der Modernisierung, z. B. durch die Produkte der Konsum- und der Haushaltsindustrie, durch den Bedarf an auch weiblichen Arbeitskräften und durch die neu entstehenden Einrichtungen des Sozialstaats und des Gesundheitssystems, begonnen, das Alltagsleben im Binnenraum des Privaten zu verändern.[6] Da der private Lebensraum real noch immer in wesentlicher Hinsicht »weiblicher Lebenszusammenhang« ist, sind Frauen von diesen Veränderungen in besonderer Weise betroffen. Denn, ob essentiell »weiblich« oder nicht, es bleibt im wesentlichen noch immer Frauen überlassen, sich des nicht rationalisierungsfähigen »Substrats« des menschlichen Lebens anzunehmen: der Kinder, der Alten, der Kranken, kurz, all jener menschlichen Bedürfnisse, die nicht der Logik des Marktes entsprechen.

Gebaute Welt: Die soziale Ökologie lebensweltlicher Räume

Kehren wir noch einmal zurück zur erkenntnistheoretischen Ausgangsthese von der Leibgebundenheit aller Erkenntnis und Erfahrung. Eine ihrer Konsequenzen ist die Allgegenwart nicht nur leiblicher, sondern zugleich leibgebundener räumlicher Metaphern in unserem Sprechen über die Wirklichkeit, über unsere Lebenswelt und insbesondere auch in der philosophischen Rede über Erkennen und Wirklichkeit.

Nicht erst Eva Meyer schreibt »Für eine Architektur des Ge-

---

[6] Vgl. dazu Rolf Kreibich, *Die Wissenschaftsgesellschaft. Von Galilei zur High-Tech-Revolution*, Frankfurt 1986, S. 124 ff.

dächtnisses«.[7] Schon Ernst Cassirer hat in seiner Philosophie der symbolischen Formen hinsichtlich der Genese von Sinn- und Erfahrungsstrukturen darauf aufmerksam gemacht, daß für die Entwicklung sinnhafter Orientierung im Raum, und zwar im Raum relativ zum Körper der Sprechenden, eine Schlüsselrolle zukommt.[8] Wie wenige andere hätten die hinweisenden Ausdrücke für Nähe und Ferne, für hier und dort, und die deiktischen Personalpronomina »ich« und »du« den Charakter von Naturlauten.

Räumliche Metaphorik, und zwar leibgebundene, wie sie an den Ausdrücken »oben«, »unten«, »rechts«, »links«, aber auch »gehen«, »greifen« deutlich wird, bildet das Bauprinzip des symbolischen Universums. Ernst Cassirer bemerkt dazu: »Es ist, als würden alle gedanklichen und ideellen Beziehungen dem Sprachbewußtsein erst dadurch faßbar, daß es sie auf den Raum projiziert und analogisch ›abbildet‹. An den Verhältnissen des Beisammen, des Nebeneinander und Auseinander gewinnt es erst das Mittel zur Darstellung der verschiedenartigsten qualitativen Zusammenhänge, Abhängigkeiten und Gegensätzlichkeiten.«[9]

Daß diese Analogisierung von gedachten und realen Räumen nicht von ungefähr kommt, demonstriert die genetische Epistemologie. Ihr zufolge beginnt alles Begreifen tatsächlich mit dem Greifen; und etwas verstehen heißt, einen Standpunkt gefunden zu haben, von dem aus die Welt faßbar und vertraut wird.[10]

Die Etymologie vieler Ausdrücke zur Beschreibung von kognitiven Prozessen verweist auf den leiblichen und räumlichen Kontext, in dem sie sich realisieren. Freilich sind, wie der Neokantianer Cassirer immer wieder unterstreicht, Raum und Zeit jene Sinnkategorien, die sich im Fortschreiten des menschlichen Denkens vom Mythos zur Wissenschaft immer mehr aus der Sinnen- und Leibgebundenheit lösen und zu intellektuellen Kategorien, zu »reinen Denkbestimmungen« werden.

Der Gedanke, daß dieser Prozeß der Emanzipation des Intellekts vom Sinnlich-Leiblichen beliebig weit vorangetrieben werden kann, erweist sich aus anthropologischer Perspektive als frag-

---

[7] Eva Meyer, *Architexturen*, Basel/Frankfurt 1986, S. 75-92.
[8] Ernst Cassirer, *Philosophie der symbolischen Formen*, Bd. I, 7. Auflage, Darmstadt 1964, S. 149 f.
[9] Ernst Cassirer, a. a. O., S. 152.
[10] »Ver-stehen« bedeutet etymologisch ursprünglich ›daneben stehen‹, im konkreten, nicht übertragenen Sinn.

würdig. Im Gegenteil: daß ihm Grenzen gesetzt sind, und zwar in spezifischer Weise, ergibt sich aus den Gegebenheiten der menschlichen Lebensform. Für die Soziologie hat daraus vor allem Alfred Schütz Konsequenzen gezogen. So beschreiben Schütz/Luckmann die räumlichen Strukturen der alltäglichen Lebenswelt: »Der hellwache Mensch ist in der natürlichen Einstellung vor allem an jenem Sektor der alltäglichen Welt interessiert, der in seiner Reichweite liegt und der sich räumlich und zeitlich um ihn herum als Mittelpunkt anordnet. Der Ort, an dem ich mich befinde, mein aktuelles ›Hier‹, ist der Ausgangspunkt für meine Orientierung im Raum, er ist der Nullpunkt des Koordinatensystems, innerhalb dessen die Orientierungsdimensionen, die Distanzen und Perspektiven der Gegenstände in dem mich umgebenden Feld bestimmt werden. Relativ zu meinem Leib gruppiere ich die Elemente meiner Umgebung unter die Kategorien rechts, links, oben, unten, vorn, hinten, nah, fern usw.«[11]

Schütz' Unterscheidungen von aktueller und potentieller, von wiederherstellbarer und wiedererlangbarer Reichweite des lebensweltlichen Handelns und Denkens bleibt eigentümlich neutral gegenüber der Frage nach substantiellen Gesichtspunkten der Dimensionierung von Raum und Räumen im sozialen Zusammenleben. Bedenkt man aber, daß aktuelle Reichweite Nähe bedeutet und potentielle Reichweite Entfernung oder Distanz, legen sich solche Gesichtspunkte gerade für die Formen und die Gestaltung leiblichen Lebens unmittelbar nahe. Aus den Untersuchungen etwa zur Entwicklung geschlechtsspezifischer Identität wissen wir, welcher Stellenwert in diesem Zusammenhang dem Umgang mit Nähe und Distanz zukommt, aber darüber hinaus für die Ökologie zwischenmenschlicher Beziehungen überhaupt. Sieht man einmal ab von der milden Misanthropie, die aus ihr spricht, verdeutlicht eine Parabel, die Schopenhauer zugeschrieben wird, recht genau, worum es geht. Die Parabel handelt von einer Gesellschaft von Stachelschweinen, die, um sich vor der Kälte zu schützen, näher zusammenrücken, freilich nur bis zu dem Punkt, an dem sich die Wärme suchenden Genossen gegenseitig mit ihren Stacheln zu pieken beginnen, und wieder auseinanderrücken.[12]

[11] Alfred Schütz/Thomas Luckmann, *Strukturen der Lebenswelt,* Darmstadt 1975, S. 54.
[12] Arthur Schopenhauer, *Parerga und Paralipomena II,* Zweiter Teilband, Zürich 1977, § 396, S. 708 f.

Die vergleichende Verhaltensforschung spricht von artspezifischer Territorialität, die einen Bedarf an und ein Bedürfnis nach Distanz begründet. Denn jeder Organismus brauche ein bestimmtes Maß an Raum, um seiner biologischen Ausstattung entsprechend leben zu können. Um diesen Sachverhalt für die menschliche Kultur und Gesellschaft angemessen zu analysieren, empfiehlt der Anthropologe Edward T. Hall[13], drei Dimensionen in der Beziehung zwischen Raum und Organismus zu unterscheiden, einmal die vorkulturelle Dimension der Raumbeziehung, die durch die Quantität und Qualität der Informationen bestimmt wird, die ein Organismus durch die Sinnesorgane von seiner Umgebung vermittelt bekommt, zweitens die »intrakulturelle«, die in biologisch vorgegebenen Verhaltensmustern gründe, und drittens die »mikrokulturelle« Dimension, die Gegenstand der kulturanthropologischen Analyse des Raumes ist, der Hall den klingenden Namen »Proxemik« gibt.

Hall geht davon aus, daß territoriale Verhaltensmuster für jede Phase des Lebens relativ fix und rigide sind. Das gelte zum Beispiel für die Lokalisation von Aktivitäten wie Essen, Schlafen, Nestbau. Als die Gesamtheit der Lokalisierung lebenswichtiger Funktionen könne das Territorium in jedem Sinn dieses Wortes als Extension des Organismus betrachtet werden, die markiert ist durch visuelle, vokale und olfaktorische Zeichen.[14]

Hall legt nahe, daß die entscheidenden Parameter der räumlichen Ordnung einer Kultur Ausfluß der Vitalfunktionen und damit der biologischen Ausstattung des Organismus sind. Formen der Arbeitsteilung, die Besonderheiten sich wandelnder symbolischer und technischer Fähigkeiten und Praktiken, wie sie etwa Leroi-Gourhan[15] beschreibt, finden bei Hall nicht einmal als »intervenierende Variablen« Erwähnung. Dabei ist hinlänglich bekannt, daß sogar Tiersozietäten über entwickelte Kommunikationsformen und über technische Fähigkeiten verfügen wie etwa die, aus den Materialien, die die Umwelt bietet, kunstvolle Nester zu bauen. Um so mehr geht es bei der Untersuchung des Gebrauchs, den der Mensch vom Raum macht, um die jeweils verfügbaren

[13] Edward T. Hall, *The Hidden Dimension. An Anthropologist examines man's use of space in private and public*, Garden City, New York 1969.
[14] Edward T. Hall, a. a. O., S. 193.
[15] Andre Leroi-Gourhan, *Hand und Wort. Die Evolution von Technik, Sprache und Kunst*, Frankfurt/Main 1980.

symbolischen Fähigkeiten und materiellen Techniken kultureller Gestaltung. Werkzeuge und Techniken der Materialbearbeitung und natürlich der jeweilige Grad und die Form sozialer Organisation bestimmen wesentlich, welche Muster »immobiler Räume« – als Beispiel nennt Hall hier Häuser, Dörfer, Städte – entstehen. Das Territorium einer Sozietät läßt sich nach Leroi-Gourhan errechnen durch eine Gleichung, in die als entscheidende Variablen die Größe des verfügbaren Raums, die Qualität und Quantität der Ressourcen und Produktionsmittel und die Bevölkerungsdichte eingehen. In diese Gleichung gehen die wichtigsten »objektiven« Größen ein, die für eine *Ökologie lebensweltlicher Räume* bestimmend sind.

Ein solches Konzept einer Ökologie lebensweltlicher Räume wäre zu ergänzen durch Uri Bronfenbrenners Konzept einer Ökologie menschlicher Entwicklung.[16] Bronfenbrenner geht davon aus, daß menschliche Individuen im Laufe ihrer Lebensgeschichte schrittweise in verschiedene soziale Kontexte hineinwachsen, deren Gesamt ihren sozialen Lebensraum ausmacht.

Als Grundlage seiner Proxemik wählt Edward Hall eine Klassifikation unterschiedlicher Muster oder Strukturen räumlicher Gestaltung, wobei er es der Leserin überläßt zu spekulieren, welche Funktionen sie jeweils erfüllen bzw. wie sie sich in eine Ökologie des Sozialen einfügen. Hall unterscheidet demnach fixe, mobile und informelle Muster räumlicher Ordnung, wobei er als Beispiele für »fixe« räumliche Muster Häuser und Siedlungen, für »mobile« (oder »semifixe«) Muster das Mobiliar von Kranken- bzw. Kaffeehäusern und Wohnungen anführt. Er verweist darauf, daß solche mobilen Muster, etwa die Anordnung von Mobiliar, einen entweder »soziofugalen« (z. B. das Mobiliar eines Bahnhofwarteraums) oder einen »soziopetalen« Effekt haben können, ein Effekt, der sich besonders an der Anordnung und Größe von Tischen in Kaffeehäusern beobachten läßt.

Informelle Raumstrukturen schließlich sind für Hall jene räumlichen Dimensionen, in denen sich der Umgang mit Nähe und Distanz in der sozialen Interaktion niederschlägt.

Die architekturtheoretisch interessanteste Frage, die sich aus Halls Proxemik ergibt, ist die, wie die drei genannten Muster räumlicher Strukturierung bestimmte Formen des Umgangs mit

16 Uri Bronfenbrenner, *Ökologische Sozialisationsforschung*, Stuttgart 1976.

Nähe und Distanz ermöglichen oder verhindern. Je nach sozialer Situation lassen sich zunächst vier solcher Typen sozialer Distanz bzw. Nähe unterscheiden: intime, persönliche, soziale und öffentliche Beziehungen bzw. Distanzen. Dieser Klassifikation läßt sich einiges abgewinnen, wiewohl Hall zu ihrer Begründung nichts weiter anführt als den Umstand, daß diese Typen von Distanz bei vielen Tierarten und beim Menschen vorkommen.[17] Auf jeden Fall scheint ganz offensichtlich, daß zwischen den von Hall genannten Typen räumlicher Strukturierung und typischen Formen sozialer Beziehungen ein enger Zusammenhang besteht. Denkt man etwa an ein Krankenhaus einerseits und ein Luxushotel andererseits, ist leicht zu sehen, wie mobile Muster räumlicher Gestaltung Formen der Intimität bzw. der Anonymität ermöglichen oder verhindern. An diesem Beispiel ließe sich auch klarmachen, in welchem Maß die Chance, sich angemessene Räume und Spielräume für Privatheit und Intimität zu verschaffen, eine Frage ökonomischer Ressourcen ist.

Hall nimmt in Berufung auf die Vergleichende Verhaltensforschung an, daß jede Spezies eine biologisch bestimmte Form der Territorialität hat und daß Knappheit an Raum zu Streß führt, unter Umständen zum Zusammenbruch der artspezifischen Lebensordnung. Eine humane Ökologie des Raumes müßte freilich neben den biologischen die kulturell und symbolisch vermittelten sozialen und technisch-ökonomischen Gegebenheiten der menschlichen Lebensform in Betracht ziehen und in ihrem Wechselspiel untersuchen. Dazu nur einige Stichworte:

– Da ist zunächst der Raum der Intimität. Vieles an Halls Anthropologie des Raumes ist kritikwürdig, insbesondere seine Denkvoraussetzung, daß Räume allein dazu dienen, Distanzen herzustellen. Zumindest im Fall des Intimen ist klar, daß Räume auch dazu da sind, Nähe zu ermöglichen. Die Räume und Raumvorstellungen, die für diese Dimension menschlicher Erfahrung stehen, sind die Höhle, der mütterliche Schoß, das Nest, das Ei. Sie symbolisieren den Wunsch nach Geborgenheit, nach Sicherheit, nach Rückkehr zu den symbiotischen Ursprüngen und sind, nicht nur in feministischen Zusammenhängen, weiblich konnotiert.

[17] An dieser Stelle ist ein Kommentar zum Untertitel von Halls Buch unvermeidlich. Zum einen zeigt sich in ihm ein unreflektierter Androzentrismus, zum anderen frage ich mich, welche Formen von »Öffentlichkeit« wohl eine Schimpansengesellschaft herzustellen vermag...

– Haus, Hof und Zimmer sind die Räume für persönliche Beziehungen, die zunächst einmal familiäre Beziehungen sind. Es sind Räume der primären Beziehungen, in denen sich die physische und die psychische Reproduktion des Lebens vollzieht, und damit zugleich, zumindest für die neuere Zeit, die Orte weiblicher Reproduktionsarbeit.

– Soziale Räume entsprechen etwa der Kategorie der Nachbarschaft, und sie haben in der Moderne die Funktion, zwischen den Bereichen des Privaten und des Öffentlichen zu vermitteln. Die Grenzen zwischen dem Raum sozialer Beziehungen und dem der Öffentlichkeit sind fließend und historischen Charakters.

– Öffentlichen Räumen kommt für eine politische Ökologie des Raumes eine besondere Bedeutung zu. Sie sind Orte des politischen Handelns, von der antiken Agora bis zum neuzeitlichen Salon und Kaffeehaus, und wo es diesen Raum für bestimmte Gruppen nicht gibt, seien es Minderheiten oder marginalisierte Mehrheiten, dort ist politisches Handeln für die Betreffenden nicht möglich.

Es bedarf nicht ausführlicher theoretischer Begründungen für die Forderung, daß es jeder Person möglich sein sollte, in alle vier Formen sozialer Beziehungen einzutreten, um den Spielraum menschlichen Handelns, den einzelnen Phasen lebensgeschichtlicher Entwicklung und ihren jeweiligen Bedürfnissen entsprechend, auszuschöpfen. Daß es sich gerade um vier, und um die vier von Hall genannten Typen von Beziehungen handeln sollte – intime, persönliche, soziale und öffentliche –, ergibt sich aus der Ökologie moderner Gesellschaften, wie sie Uri Bronfenbrenner analysiert. Sehr einfach gesagt: Wir alle brauchen ein bestimmtes Maß an Intimität und körperlicher Nähe, funktionierende persönliche Beziehungen, ein soziales Umfeld, um unsere spezifischen Talente und beruflichen Fähigkeiten zu realisieren, und schließlich eine Form der Öffentlichkeit, um unseren Handlungsspielraum als BürgerInnen demokratisch verfaßter Staaten aktiv zu gestalten. All dies gilt für Männer und Frauen, aber für Frauen, die so lange auf die Domäne des Privaten beschränkt worden sind, haben diese Forderungen eine besondere Bedeutung. Vielleicht haben deshalb gerade Frauen ein besonders ausgeprägtes Interesse daran, ihren Alltag, ihre Lebenswelt nach allen vier genannten Gesichtspunkten zu strukturieren.

Daraus folgt zum Beispiel, daß »Ein Zimmer für sich allein«[18]

18 Vgl. Virginia Woolf, *Ein Zimmer für sich allein.*

nicht genügt. Es ist notwendig für eine selbstbestimmte Existenz, aber es reicht nicht aus, wenn es darum geht, politische Rechte zu verwirklichen. Ein eigener Wohnraum mag der Frau die Möglichkeit geben zu wählen, wann und in welcher Weise sie intime oder soziale Beziehungen haben möchte, d. h., frei zu entscheiden, wann sie intime bzw. persönliche Nähe oder Distanz braucht oder gewähren will. Aber damit ist noch nicht garantiert, daß sie auch frei ist, vor die Haustür zu gehen, wann immer sie will, an der sozialen Lebensform ihrer nachbarschaftlichen Umgebung teilzunehmen, sich zu allen Tageszeiten, auch in der Nacht, an öffentlichen Plätzen frei zu bewegen. An solchen sehr konkreten Vorstellungen orientieren sich die Utopien von Frauen, die planen.[19] Und sie liefern den Anknüpfungspunkt für so etwas wie eine *feministische Kritik der politischen Ökologie des Raumes*.

Für eine Kritik der politischen Ökologie des Raumes

Virginia Woolf hat darauf aufmerksam gemacht, daß das Menschenrecht auf körperliche und geistige Integrität das Recht auf einen Raum für sich selber einschließt. Unter dieser Voraussetzung gewinnt die eingangs getroffene Unterscheidung zwischen lokalen und globalen Orientierungsformen erst ihren politischen Sinn. Das menschliche Leben in seiner Leibhaftigkeit und Materialität realisiert sich stets in einer lokalen Realität und nicht in gedachter Universalität. Die Abstraktion von der konkreten Lokalität menschlicher Lebensvollzüge bedeutet aber sehr oft ein »Hinwegsehen-über« die Bedürfnisse und Interessen ihrer konkreten Subjekte. Davon sind sowohl Männer als auch Frauen betroffen, aber doch in sehr unterschiedlicher Weise.

Für eine von diesen Überlegungen ausgehende Kritik der politischen Ökologie des Raumes kann ich abschließend bestenfalls einige Stichworte geben. Ich bin ausgegangen von der kritischen Differenz zwischen dem Alltag und dem wissenschaftlichen Denken, die sich teilweise deckt mit dem Unterschied zwischen lokalen und globalen Denkweisen, der Trennung von Privatem und

[19] Dazu u. a. Barbara Martwich (Hg.), *FrauenPläne. Stadtumbau, sozialer Wandel und Fraueninteressen*, Frankfurt/Main 1991, und Kerstin Dörhöfer (Hg.), *Stadt-Land-Frau. Soziologische Analysen – feministische Planungsansätze*, Freiburg 1990.

Öffentlichem und der epistemologischen Differenz zwischen gelebtem Raum und cartesischem Raum, wie ihn die Wissenschaft strukturiert. Ein kurzer Blick auf die Geschichte zeigt, daß diese verschiedenen Dimensionen einer Metaphysik und Politik »getrennter Sphären« einhergehen mit der Geschichte der Arbeitsteilung zwischen den Geschlechtern. Ich habe dann einige Thesen des Kulturanthropologen Edward Hall referiert, von denen jedenfalls die Klassifikation von Typen der Nähe bzw. Distanz und entsprechender Räume in intime, persönliche, soziale und öffentliche den Ausgangspunkt für eine Ökologie sozialer Lebenswelten und ihrer räumlichen Dimensionen bilden könnten. Da die historische Lebenswelt in ihrer realen Gestalt nicht bloß das Produkt gestaltender und planender Aneignung von Raum ist, sondern auch der Niederschlag von Herrschaftsverhältnissen – nicht nur von Klassenherrschaft, sondern auch der Herrschaft der Stadt über das Land, der europäischen Metropolen über die Länder der dritten Welt, und nicht zuletzt auch die historische Erscheinungsform patriarchaler Verhältnisse, geht es nicht allein um eine *Ökologie*, sondern, in Anlehnung an Marx' Kritik der *politischen Ökonomie*, um eine Kritik der politischen Ökologie des sozialen Raums.

Leibhafte Existenz vollzieht sich immer in bestimmten räumlichen, zeitlichen und sozialen Strukturen. *Die gebaute Welt, der umbaute Raum sind gewissermaßen die zu Architektur »geronnene« soziale und kulturelle Lebensform, innerhalb derer sich die Produktion und Reproduktion unseres Lebens, und zwar des materiell-leiblichen Lebens, vollzieht.*

Erst in den letzten Jahren ist der Körper, ist Leiblichkeit als Thema der Sozialwissenschaften vermehrt aufgegriffen worden, und gewiß nicht zufällig gleichzeitig mit der Geschlechterproblematik. So etwa versucht Brian Turner das Kernproblem sozialer Ordnung als das Problem der Kontrolle über menschliche Körper zu beschreiben, der Kontrolle ihrer Reproduktion in der Zeit, ihrer Verteilung im Raum, ihrer Disziplinierung von innen und von außen.[20] Da, so Turner, die Kontrolle der Körper und ihrer Reproduktion im wesentlichen in der Kontrolle der Fruchtbarkeit besteht, ist das Problem eine Körperpolitik in erster Linie das Problem der Regulierung weiblicher Sexualität und weiblicher Körper durch ein patriarchales System. Aus lebensweltlicher Perspektive

[20] Brian S. Turner, *The Body and Society*, Oxford 1984.

sind Leib und Körper die Bezugspunkte gelebter Erfahrung, und aus feministischer Sicht der Hebel patriarchaler Kontrolle, übrigens nicht nur gegenüber Frauen. Am Thema Leiblichkeit und Körperlichkeit treffen sich Erkenntniskritik und Herrschaftskritik.

Jargon der Leiblichkeit – Jargon der Weiblichkeit?

Die Besinnung auf die unmittelbaren Erfordernisse und Gegebenheiten leiblich-körperlicher Lebensvollzüge und Erfahrungen des Lebendigen läuft heute Gefahr, in der Sackgasse eines falschen Essentialismus des Leiblichen zu enden. Konkretheit und Lokalität, ebenso wie Leiblichkeit, sind nicht – und letztere jedenfalls nicht nur – neu zu entdeckende Inhalte, sondern Kategorien der Kritik.

Die kulturelle Transformation der menschlichen Lebensform durch den Prozeß einer zivilisatorischen Entwicklung, die auf die Aneignung von Gütern in Dimensionen von Raum und Zeit zielt, die die Reichweite des leiblichen Wahrnehmungs- und Bewegungshorizonts überschreiten – diese Transformation zu ignorieren oder rückgängig zu machen, darum kann es nicht gehen.

Weit wichtiger ist es, im Auge zu behalten, unter welchen sozialen und politischen Bedingungen die kulturelle und vor allem die technische Eroberung von Raum und Zeit vor sich gingen und noch gehen; daß, wie Helga Novotny in ihrer Untersuchung über Zeit in sozialen Systemen betont[21], gerade die Technologie der Moderne nicht nur neue Formen der Verfügung über Raum und Zeit darstellt, sondern zugleich neue Formen der Kontrolle etabliert, Formen der Kolonisierung individueller Lebenswelten.

Die Erfahrung von Raum und Zeit ist zunächst leibgebunden, also bestimmt durch den genetisch vorgegebenen Horizont organischen Lebens, der materiellen Reproduktion natürlichen Lebens. Aber gerade die Humanevolution ist gekennzeichnet durch eine erstaunliche Vielfalt kultureller und sozialer Gestaltungsweisen, die der menschlichen Lebensform ihren wesentlich historischen Charakter geben: das heißt, die Weisen, in denen Raum, Zeit und Leiblichkeit erfahren werden, sind für die menschliche Spezies weder unveränderlich noch universell. Die Erfahrungen von Raum

[21] Helga Nowotny, *In Search of Usable Knowledge. Utilization Contexts and the Application of Knowledge*, Frankfurt/Main/Boulder 1990.

und Zeit, genauer, die Formen ihrer symbolischen Artikulation und Konstruktion, sind Ergebnis intersubjektiver Prozesse; es sind symbolische Formen, eingebettet in eine Konfiguration der Verteilung materieller Güter, mit anderen Worten: der Weisen, in denen Güter produziert, transformiert und gesellschaftlich verteilt werden, und zugleich in Konfigurationen des Lebendigen, das wir selbst, durch unsere Körper, sind. Es geht also zuletzt nicht um Räume und Ressourcen an sich, sondern um unsere leibhaftige Existenz. Und, wie nicht nur Foucault, sondern vor allem auch feministische Forscherinnen gezeigt haben, vollzieht sich die Enteignung und Entfremdung dieses Lebens in Form einer »Biopolitik« durch die Kolonisierung und Kontrolle der Körper, vor allem der weiblichen. Seine Befreiung jedoch bedarf konkreter Räume und Ressourcen.

Dies in solcher Allgemeinheit zu sagen, ist vielleicht eine Trivialität. Dennoch ließe sich, Kant noch einmal variierend, sagen: Daß ich lebe, muß alle meine Vorstellungen *begleiten* können, auch meine politischen, meine planerischen Vorstellungen. Mit anderen Worten: Der Gedanke an die leibhaftige Existenz liefert den Hintergrund planerischer Konzepte. Solche Konzepte können und dürfen sich aber nicht in diesem Gedanken erschöpfen, eben weil menschliches Leben seine Leiblichkeit wesentlich transzendiert, und zwar in vielfältigen Dimensionen einer komplexen Ökologie menschlicher Räume.

Mit guten Gründen richtet sich die Aufmerksamkeit der feministischen Wissenschaftskritik heute auf die Biowissenschaften, die einer alten patriarchalen Körperpolitik neue Formen des Zugriffs vor allem auf den weiblichen Körper erschließen. Die Utopie einer Welt oder Stadt der Frauen müßte ausgehen von der Möglichkeit, daß Frauen als Planerinnen städtische und andere Räume schaffen werden, wo weibliche Freiheit wirklich entstehen kann, als die Freiheit, über Leib und Leben ohne Angst und ohne Zwänge zu verfügen. Diese Freiheit wäre ein wichtiger Schritt in eine menschlichere Welt als die, in der wir heute leben.

Kapitel IX

Homo politicus – femina privata?
Thesen zur Kritik der politischen Anthropologie

Historische wie zeitgenössische Debatten über die politische Legitimität der Moderne kreisen um die Leitideen von Vernunft und Rationalität. Dies festzustellen, ist nicht mehr als ein Gemeinplatz, auch wenn die Behauptung hinzugefügt wird, daß die Moderne, die sich solchermaßen legitimiert, eine Moderne von beschränkter Allgemeinheit ist, nämlich die männliche.

Denn die beiden zentralen Legitimationsdiskurse der Neuzeit, der wissenschaftliche wie der politische, und die sie organisierenden Rationalitätsprinzipien – Objektivität und Öffentlichkeit – sind mittlerweile zu bevorzugten Gegenständen feministischer Kritik geworden.

Selbst auf dem Boden der Aufklärung und ihres fortschrittlichen politischen Credos stehend, mußten engagierte Theoretikerinnen, die sich mit den Anliegen der Frauenbewegung identifizierten, die überraschende Entdeckung machen, daß gerade jene kategorialen Dichotomien von Objektivität und Subjektivität bzw. von Öffentlichkeit und Privatheit, durch die sich Wissenschaft und Politik als rationale Praktiken definieren, zugleich implizit die Ausschließungsmechanismen enthalten, die die Realitäten und die Erfahrungen des weiblichen Lebenszusammenhangs und der Beziehungen zwischen den Geschlechtern nachhaltig einer wissenschaftlichen und politischen Thematisierung entzogen.

Die Wirksamkeit solcher ihren eigenen Idealen und Prinzipien offenkundig widersprechenden Ausschließungsmechanismen verdankt sich dem Umstand, daß die Männer der Wissenschaft und der Politik lange beanspruchen konnten, tatsächlich im Namen der Allgemeinheit und damit der Vernunft zu sprechen. Dabei ist es doch eine offenkundige und unwidersprochene historische Tatsache, daß Frauen im Raum bürgerlicher Öffentlichkeit, ebenso wie in den Institutionen der hohen Gelehrsamkeit, bis ins 20. Jahrhundert keinen Platz hatten. Der aufgeklärte und liberale Diskurs zwischen »Freien und Gleichen« wurde mit größter Selbstverständlichkeit als eine Sache von Männern gesehen, und es besteht kein Zweifel, daß auch die historischen Gründungsdokumente bürgerlicher Rechtsstaatlichkeit (etwa die Unabhängigkeitserklärung der Vereinigten Staaten von Amerika von 1776 und die französische Erklärung der Menschen- und Bürgerrechte von 1789) von dieser Überzeugung getragen sind.

Jede Kritik am patriarchalen Charakter der Tradition des Liberalismus versuchte man lange mit dem Argument zu entkräften, der Platz der Frau sei ihrem »Wesen«, ihrer »Natur« nach in der Familie, im Bereich des Privaten, unter der Voraussetzung, was natürlich sei, sei wohl auch rechtens. Verfechter des traditionellen Arrangements der Geschlechter möchten Frauen auch noch heute mit wiederholten Beteuerungen, wie »wichtig«, »bedeutsam« ihre Rolle in der Familie als der »Keimzelle der Gesellschaft« sei, darüber hinwegtäuschen, daß ihnen, den Frauen, in ihrem »privaten Reich«, in Heim und Familie, dessen ungeachtet jene Rechte, die entsprechend den politischen Prinzipien des Liberalismus unveräußerliche Rechte aller Menschen sind, ebenso vorenthalten wurden wie in der Öffentlichkeit.

Im Gegenteil: Unter dem Deckmantel »unveräußerlicher privater Rechte« männlicher Bürger und Familienvorstände lieferte ein patriarchales Verständnis von Politik und Öffentlichkeit die ideologische Rechtfertigung für die Aufrechterhaltung vormoderner, feudalpatriarchaler Abhängigkeitsverhältnisse innerhalb der Familie. Der fundamentale Widerspruch der öffentlich-liberalen und privatpatriarchalen Verfassung der bürgerlichen Gesellschaft wurde verdeckt und entschärft durch einen schrittweisen Prozeß der »politischen Entpflichtung der Familie«[1], ihre Entpolitisierung und Entrechtlichung als soziale Institution – ein Prozeß, den die Romantik und die Theoretiker des deutschen Idealismus mit einer neuen Metaphysik polarer Geschlechtscharaktere ideologisch absicherten.

Karin Hausen hat in einem aufschlußreichen Beitrag zu diesem Thema die realen historischen Hintergründe und die potentiellen

---

[1] D. Schwab, Artikel »Familie«, in: Otto Brunner u. a. (Hg.), *Geschichtliche Grundbegriffe. Historisches Lexikon zur politisch-sozialen Sprache in Deutschland*, Bd. 2, Stuttgart 1975, S. 253-301, hier zitiert nach Karin Hausen, *Die Polarisierung der »Geschlechtercharaktere«* – eine Spiegelung der Dissoziation von Erwerbs- und Familienleben, in: Heidi Rosenbaum (Hg.), *Seminar. Familie und Gesellschaftsstruktur*, Frankfurt 1978, S. 161-191, S. 164.

politischen Konflikte beschrieben, die zur Entstehung der spezifisch neuzeitlichen Theorien des Männlichen und Weiblichen führten.[2] Verfassungstheoretiker und Politiker befürchteten zu Recht, daß die unbeschränkte Gewährung bürgerlicher Freiheitsrechte auch für Frauen das traditionelle Gefüge des sozialen Lebens gefährden könnte. Die um die Wende vom 18. zum 19. Jahrhundert aufkommenden Theorien von der »Gefühlsnatur des Weibes« schienen geeignet, diese Gefahr hintanzuhalten. Die geschlechtsspezifische Zuschreibung bestimmter »Seelenvermögen«, nämlich die von Rationalität und Vernunft als »männlich« und die von Gefühl und Intuition als »weiblich«, war geleitet von einer Politik der Benennung, deren Ziel darin bestand, angesichts der fortschreitenden Rationalisierung aller Bereiche des öffentlichen Lebens und ungeachtet aller abstrakter Zugeständnisse an die egalitären Ideale des Liberalismus Frauen auf den Wirkungsbereich des familialen Lebens zu beschränken.

Gelang es einer sich liberal und verständig gebenden männlichen Öffentlichkeit, den privaten Patriarchalismus ihrer politischen Kultur und ihres staatsbürgerlichen Bewußtseins lange und erfolgreich zu verschleiern, trat ihre Widersprüchlichkeit im Laufe des 20. Jahrhunderts, als immer mehr Frauen begannen, neben ihrer Familienarbeit außerhäuslicher Erwerbstätigkeit nachzugehen, schärfer zutage.

Zunehmend mußten Staat und Gesetzgebung auf den Plan treten, um zwischen den patriarchal-familialen Ansprüchen der Familienväter und den Interessen von Kapital und Industrie zu vermitteln – häufig auf Kosten der Frauen und unter Preisgabe der allgemeinen Freiheits- und Gleichbehandlungsforderung, die in den Präambeln und Grundrechtskatalogen bürgerlicher Gesetzbücher formuliert sind. Das Ergebnis solcher »Vermittlungsversuche« hat Hannelore Schröder an einigen Beispielen einer schonungslosen Kritik unterzogen.[3]

Für die Feministinnen der ersten Stunde und die Frauenbürgerrechtsbewegungen am Ende des 19. Jahrhunderts stand der Kampf um öffentliche politische Rechte im Vordergrund. Mit der Durchsetzung des allgemeinen Wahlrechts für Frauen war eine entschei-

[2] Vgl. Anm. 1.
[3] Hannelore Schröder, *Das »Recht« der Väter*, in: *Feminismus. Inspektion der Herrenkultur. Ein Handbuch.* Hg. von Luise E. Pusch, Frankfurt 1983.

dende Etappe politischer Emanzipation abgeschlossen. Die neuere Frauenbewegung ist geprägt von der Erfahrung, daß es weniger Fragen der politischen Partizipation, sondern die Realität und die Ideologien des privaten Lebenszusammenhangs sind, die der Befreiung von Frauen im Wege stehen. Die Devise: »Das Persönliche ist politisch«, die sich der radikale Feminismus zu eigen machte, enthält die Aufforderung, aus patriarchal kontrollierten Privatverhältnissen auszubrechen, theoretisch wie praktisch. Nicht selten wird diese Devise auch so verstanden, daß es gälte, die Trennung von Öffentlichkeit und Privatheit überhaupt zu überwinden – ein Vorschlag, der nicht nur auf einem Mißverständnis beruht, sondern von dem auch nicht zu sehen ist, wie er Frauen nützen könnte.

Eine Politik im Interesse von Frauen und eine angemessene Deutung der Parole: »Das Persönliche ist politisch« müßte vielmehr auf der Erkenntnis aufbauen, daß Privatheit und Öffentlichkeit zwei komplementäre Bereiche politischen Handelns und sozialen Lebens sind, die für die soziale Ökologie einer Gesellschaft, zumindest einer hochdifferenzierten wie der modernen, unerläßlich sind. Die Trennung von Bereichen des Öffentlichen und Privaten ist konstitutiv für das Gesellschaftsmodell der Moderne und unter ihren Bedingungen für ein Politikverständnis, das sich zwar an den Prinzipien der Freiheit und Gleichheit aller Menschen orientiert, deren Realisierung jedoch nur für den Bereich der politischen Öffentlichkeit vorsieht. Die feministische Kritik geht zunächst von denselben normativen Prämissen aus, stellt aber zugleich die traditionellen Organisationsformen des Privaten in Frage, deren Effekt es ist bzw. lange war, Frauen von allgemeinen Bürgerrechten auszuschließen.

»Öffentlichkeit« und »Privatheit«, das sollte im folgenden etwas klarer werden, sind dialektisch aufeinander bezogene Begriffe, deren Zusammenhang im Kontext politischer Theorien durch die Vorstellung vom politischen Subjekt, den Begriff der Rechtsperson, gestiftet wird. Nur wer als Person mit bestimmten konstitutiven Fähigkeiten und Rechten gesehen wird, kann als politisch handlungsfähiger Staatsbürger gelten. Und eine staatsbürgerliche Existenz in diesem Sinn schließt das Recht auf öffentliches Handeln ebenso ein wie das Recht auf Privatheit.

Die Frage, die sich hier aus feministischer Sicht unumgänglich stellt, ist, wie die Hauptvertreter der politischen Theorie der Neuzeit, ausgehend von egalitären Prämissen, zu so unterschiedlichen

Aussagen bezüglich der Rechte von Männern und Frauen gelangen konnten. Wie konnte, anders gesagt, aus öffentlichem männlichen Recht privates Unrecht für Frauen werden? Die Annahme eines universalhistorischen patriarchalen Despotismus oder schlicht naturwüchsiger männlicher Gewaltsamkeit wäre eine vorschnelle und wenig befriedigende Antwort, nicht zuletzt deshalb, weil damit der reale und argumentative Spielraum feministischer Politik verloren wäre.

Statt dessen käme es darauf an zu prüfen, inwieweit die leitenden Theorietraditionen des neuzeitlichen politischen Denkens implizite Elemente enthielten, die auf eine »politische Verfassung« der Geschlechterbeziehung verweisen und durch die der universalistische Anspruch seiner Prinzipien kontextualisiert und relativiert, das heißt: letzten Endes doch auf ein Geschlecht, nämlich das männliche, beschränkt blieb. Zumindest zwei solcher Elemente lassen sich identifizieren. Das erste ist die in allen patriarchalen Kulturen vorhandene Konzeption »getrennter Sphären«, durch die nicht nur Formen der Arbeitsteilung zwischen den Geschlechtern, sondern auch die Machtverhältnisse zwischen ihnen geregelt werden. Das zweite, und für die feministische Kritik politischer Theorien wichtigere, ist die implizite politische Anthropologie, die, von Hobbes bis Fichte, ein Bild des »homo politicus« zeichnet, das dem des »homo oeconomicus« und dem des »homo rationalis« in der Philosophie ähnelt und im übrigen, wie diese, männliche Züge trägt.

Man könnte nun meinen, es genüge, dieses androzentrische Menschenbild aus dem Gesamtgefüge traditioneller politischer Theorien zu entfernen, so wie man etwa an einem alten Gemälde Übermalungsschichten ablöst, um das Original freizulegen, in unserem Fall die originären, »reinen« Prinzipien rationaler Politik, die dann geschlechtsneutrale und deshalb wirklich allgemeine, auch für Frauen annehmbare Normen und Regeln des politischen Diskurses wären. Der Rekurs auf die abstrakteste, die philosophische Ebene der Begründung und Rechtfertigung politischer Ordnung belehrt eines anderen. Die hier vorfindbaren Antworten auf die allgemeinsten Fragen, z. B.: Wer ist Person, Subjekt? Was ist Vernunft? Was heißt Autonomie?, sind selbst noch geprägt von derselben männlichen Sichtweise. Es scheint, daß die Anliegen feministischer Kritik zuletzt auf die Notwendigkeit einer grundlegenden Revision der metaphysischen und epistemologischen

Leitideen der philosophischen Moderne verweisen, auf ein Interesse also, das sich in einer Reihe divergierender Tendenzen der Gegenwartsphilosophie bemerkbar macht.[4]

Homo politicus – der heimliche Androzentrismus der politischen Theorie

Ohne die Relevanz und Aktualität der damit angedeuteten Probleme in Frage zu stellen, werden sich die folgenden Überlegungen auf konkretere Themen und Bereiche des politischen Diskurses beziehen, innerhalb derer sich die androzentrischen Elemente der traditionellen politischen Anthropologie leichter identifizieren lassen, zum Beispiel in den Theorien der Staatsbegründung, insbesondere in den Theorien des Gesellschaftsvertrages.

Den Ausgangspunkt staatsphilosophischer Argumentation bildet häufig die (fiktive) Annahme eines jeder rechtlichen und politischen Ordnung entbehrenden Naturzustandes. Sie enthält als wesentlichen Bestandteil eine Vorstellung vom Menschen/Mann, wie er »von Natur« aus beschaffen ist. Je nach der Einstellung gegenüber der aktuellen Realität historischer Vergesellschaftungsprozesse wird das Bild des »homo politicus« in strahlenden – wie bei Rousseau – oder in düsteren Farben gemalt, etwa bei Hobbes. Hobbes, für den Begehrlichkeit, Machtstreben und Furcht zu den natürlichen Eigenschaften der Menschengattung zählen, leitet aus diesen »anthropologischen Konstanten« die Notwendigkeit einer absoluten Staatsgewalt zweckrational ab. Beschreibungen des Naturzustandes, wie verschieden sie im übrigen auch sein mögen, stimmen in bemerkenswerter Weise darin überein, daß sie die Präsenz oder die Bedeutung von Frauen für das menschliche Zusammenleben leugnen oder ignorieren. So greift Hobbes dort, wo es sich nicht vermeiden läßt, etwas über den Anfang des menschlichen Erdendaseins zu sagen, zur botanischen Metapher: »Betrachten wir die Menschen (men) . . . als ob sie eben jetzt aus der Erde gesprießt und gleich Pilzen plötzlich ohne irgendeine Beziehung zueinander gereift wären.«[5]

[4] Vgl. Jürgen Habermas, *Der philosophische Diskurs der Moderne*, Frankfurt 1985.
[5] Thomas Hobbes, *De Cive*, hier zitiert nach Sheyla Benhabib, *Der verallgemeinerte und der konkrete Andere. Versuch einer feministischen Kritik des Universalismus*, in: Elisabeth List/Herlinde Studer (Hg.), *Denkverhältnisse. Feminismus als Kritik*, Frankfurt/Main 1986, S. 464.

Locke hingegen stützt sich auf die Aussagen der Bibel, um die natürliche Unterlegenheit der Frauen aus ihrer reproduktiven Rolle abzuleiten. Allerdings ist für Locke ebensowenig wie für Hobbes die Situation von Frauen staatspolitisch relevant. Sein Insistieren auf ihrer »natürlichen Benachteiligung« ist nicht von Belang für seine Argumente gegen den Patriarchalismus als legitime Form öffentlicher Herrschaft. Im Gegenteil: Lockes explizite Kritik am Patriarchalismus des Feudalismus und der Monarchie liefert gewissermaßen nebenbei zugleich Argumente für die Aufrechterhaltung patriarchaler Verhältnisse innerhalb der Familie.[6]

Ist erst einmal mit Hilfe der Fiktion eines Naturzustandes die Wünschbarkeit staatlicher Ordnung demonstriert, besteht die entscheidende Aufgabe theoretischer Staatsrechtfertigung darin zu zeigen, daß bestimmten Formen politischer Ordnung aufgrund ihrer Vernünftigkeit eine Legitimität zukommt, die sie vor anderen auszeichnet. Dieser Nachweis ist nicht möglich ohne die anthropologische Prämisse, daß der Mensch grundsätzlich fähig ist, sich rational und planend zu verhalten, und daß er vor allem in der Lage und willens ist, die Konflikte, die sich im gesellschaftlichen Zusammenleben unweigerlich ergeben, konsensuell, durch Vertrag und Gesetz, zu regeln (Kant, Hegel).

Das Politikverständnis der politischen Philosophie der Neuzeit setzt ein Menschenbild voraus, das die philosophische Konzeption des Menschen als Vernunftwesen mit den Ideen des »Besitzindividualismus«[7] verbindet. Demzufolge ist der *homo politicus* a) ein Vernunftwesen, b) von Natur aus in der Lage, als einzelner ein unabhängiges Leben zu führen, einerseits aufgrund seiner Vernunftfähigkeit, andererseits aber c) durch den natürlichen Erwerb von Boden und Besitz. Dieses »besitzbürgerliche« Kriterium politischer Autonomie hat Marx in seiner Kritik der Politischen Ökonomie durch ein anderes ersetzt, durch das der Arbeit.

Wirtschaftliche Selbständigkeit und materielle Unabhängigkeit sind aus der Sicht des Liberalismus die entscheidende Voraussetzung für den Anspruch auf individuelle Freiheits- und politische Rechte. Daß tatsächlich jeder Mensch zumindest ein Drittel, je-

---

[6] Dazu Lorenne M. G. Clark, *Women and Locke. Who owns the appels in the Garden of Eden?*, in: Linda Lange/Lorenne M. G. Clark, *The Sexism of Social and Political Theory*, Toronto 1979.

[7] Vgl. C. P. Macpherson, *Die politische Theorie des Besitzindividualismus*, Frankfurt 1973.

denfalls entscheidende Phasen seines Lebens, als Kind, in Zeiten der Krankheit, im gebrechlichen Alter auf die Fürsorge anderer angewiesen ist, konnte der patriarchale Liberalismus gerade deshalb vernachlässigen, weil er glaubte, in der Frau über eine »natürliche Gehilfin« zu verfügen, die zusammen mit arbeitsfähigen Kindern und allenfalls dem Gesinde, den (männlichen) Bürgern auch in solchen Lebenslagen ihre Unabhängigkeit sicherte.

Den realen familialen Machtverhältnissen durchaus entsprechend, machte sich die neuzeitliche politische Theorie ein Bild von der Frau als einem Wesen, das erstens aufgrund seiner »natürlichen« Unterlegenheit nicht wie der Mann nach Macht und Unabhängkeit, sondern nach Liebe und Unterwerfung strebt (Rousseau, Fichte), das zweitens nicht wahrhaft vernünftig ist, sich nicht von der Ratio, sondern von Gefühlen leiten läßt (Aristoteles bis Freud), das drittens infolgedessen auch kein Recht auf Eigentum erwirbt, sondern ökonomisch und politisch von anderen abhängig bleibt, und das schließlich nicht »arbeitet«, sondern »naturwüchsig« unproduktive Hausarbeit verrichtet. Da ein politisch mündiger Bürger nur sein kann, wer im Besitz der Vernunft ist und vor allem über die materiellen Mittel für eine unabhängige Existenz verfügt, folgt aus all dem, daß Frauen im vollen Sinn des Wortes nicht politisch handlungsfähig sind und darüber hinaus, angesichts ihrer »natürlichen Bestimmung«, ihre politische Partizipation auch nicht wünschenswert ist. Obwohl Patriarchen des alten Schlags, die sich ausdrücklich zu dieser Auffassung bekennen, heute deutlich in der Minderzahl sind, ist der implizite Sexismus der politischen Theorien des 18. und 19. Jahrhunderts auch noch in der politischen Kultur der Gegenwart wirksam, wie Untersuchungen zur Rechtslage von Frauen nach der Erlangung des Wahlrechts unzweideutig belegen. Um das Bisherige zusammenzufassen: Die Prinzipien und Ideale der politischen Tradition der Neuzeit artikulieren sich im Kontext einer politischen Anthropologie, deren Effekt es war, den Ausschluß von Frauen aus Recht und Politik als »vernünftig« zu legitimieren. Die realen Praktiken und historischen Institutionen politischer Rechtfertigungsdiskurse blieben hinter ihren eigenen Ansprüchen auf allgemeine Gültigkeit und Akzeptabilität zurück, nicht zuletzt deshalb, weil sie ihr Verständnis dessen, was ihr als vernünftig galt, aus philosophischen Überlieferungen bezogen, die ihrerseits dem kulturellen Erbe einer ungebrochenen patriarchalen Tradition entstammten, dem der Antike und des christlichen Mittelalters.

Da es nun, dem aufgeklärten Selbstverständnis der Neuzeit entsprechend, der Anspruch der Vernunft ist, der über politische Rechte und Pflichten zu entscheiden hat, übertrug sich der implizite Androzentrismus dieser »alteuropäischen« Vernunftkonzeption auf die Sichtweise des Politischen; die modernen Visionen rationaler politischer Ordnung blieben mit ihren Imaginationen eines männlichen Vernunftsubjekts konnotativ verknüpft. In diesem Sinn kann von einer politischen Verfassung des Geschlechterverhältnisses gesprochen werden. Ein politisch freier Bürger sein heißt allemal »sein eigener Herr sein«.[8] Eine Ersetzung des Wortes »Herr« durch das Wort »Frau« (bei Kant und Fichte heißt es »Weib«) würde keinen Sinn ergeben, obwohl durchaus nicht immer grundsätzlich ausgeschlossen wird, daß Frauen in Ausnahmefällen zu Besitz, Macht und sozialer Unabhängigkeit gelangen und damit ihrer natürlichen Unterlegenheit entkommen können.

Doch wie gesagt, konstituiert sich der politische Charakter des Geschlechterverhältnisses nicht erst auf der Ebene der materiellen und realen Bedingungen politischen Handelns, sondern bereits auf der Ebene des Symbolischen. Es gründet in einer spezifischen Fassung jener Vorstellungen und Begriffe, die die ideellen »Möglichkeitsbedingungen« des moralisch-rechtlichen Vernunftdiskurses darstellen: der Begriffe von Vernunft, Freiheit und Personalität.

Eine von vielen Fragen, die sich an diese Vermutung knüpfen, ist die nach den Voraussetzungen und Bedingungen persönlicher Freiheit. Denn es ist unter anderem das enge Bedingungsverhältnis von individuellen Freiheits- und Eigentumsrechten, das auf dem Hintergrund der traditionellen Geschlechtermetaphysik ein bezeichnendes Licht auf die politischen Implikationen der sie bestimmenden Vorstellungen von »männlich« und »weiblich« wirft.

Macht und Eigentum: Die materiellen Grundlagen politischer Organisation

Leichter als auf der begrifflich-ideologischen Ebene ist die Rolle von Eigentumsverhältnissen für die Durchsetzung rechtlich-staatlicher Ordnung und zugleich patriarchaler Machtverhältnisse auf der Ebene realer historischer Vorgänge zu demonstrieren. Die

---

[8] Immanuel Kant, *Metaphysik der Sitten*, S. 270, Bd. VI der Akademie-Textausgabe.

kaum bestrittene These, daß historisch gegebene Besitzverteilungen bestimmte Macht- und Herrschaftsverhältnisse spiegeln, bedarf dazu natürlich einer Spezifizierung hinsichtlich ihrer Konsequenzen für die Beziehung zwischen Männern und Frauen. Es ist hier nicht möglich, die Probleme einer Machttheorie oder eines Machtbegriffes, der den Anliegen feministischer Analyse gerecht würde, im Detail zu diskutieren. Hingewiesen sei jedenfalls auf Foucaults Konzeption einer »Mikrophysik« der Macht, die, durch historisches Material belegt, auf die Rolle des Körpers als Medium für die Installierung, Ausübung und Kontrolle von Macht verweist.[9] Diese Konzeption erlaubt es, alltägliche Erfahrungen von Gewalt gegen Frauen und die Thesen radikaler Feministinnen auf einen Begriff zu bringen: Macht über Frauen *als* Frauen war und ist in erster Linie Macht und Gewalt über den weiblichen Körper. An der Rechtssituation von Frauen zeigt sich, was auch in größerer Allgemeinheit gilt, nämlich, daß Individuen, denen kein politisches Recht und kein Eigentumsrecht an materiellen Gütern zugestanden wird, auch über keine Garantie für grundlegendere Freiheitsrechte, z. B. das Recht auf freie Bewegung und auf körperliche Integrität haben, wie das Los von Sklaven und Leibeigenen, aber eben auch das von Frauen und Kindern bis in die Gegenwart beweist.[10]

Ein weiteres begrifflich-theoretisches Problem liegt im dualen Charakter von Macht als Prozeß einerseits und als Struktur andererseits. Neuere Diskussionen um eine Theorie der Macht, sei es in der Linie Max Webers oder in der Foucaults, konzentrieren sich auf deren prozessualen Aspekt. Untersuchen wir Machtprozesse, dann interessieren uns die Beziehungen und Interaktionen zwischen den Beteiligten, und wir suchen nach Beziehungsmustern, die uns verraten, wer in einer Machtbeziehung dominiert und wer unterliegt. Für die Aufrechterhaltung von Machtverhältnissen ist aber die gegebene Machtstruktur von entscheidender Bedeutung: Nur der kann auf Dauer Macht ausüben, der über die besseren Machtmittel, über mehr Geld, mehr Ressourcen verfügt, über Land, Güter oder Untergebene. Es ist denn auch die historisch

---

[9] Michel Foucault, *Überwachen und Strafen,* Frankfurt/Main 1976.
[10] Diesen Gedanken hat in der deutschsprachigen Literatur Hannelore Schröder konsequent verfolgt, besonders in ihrer Analyse von Fichtes Naturrechtskonzeption. Vgl. Hannelore Schröder, *Die Rechtlosigkeit der Frau im Rechtsstaat,* Frankfurt/Main 1979.

bedingte und durch soziale Konventionen geregelte ungleiche Verfügung über Besitz und Machtmittel, durch die sich Menschen untereinander, im besonderen Männer und Frauen, unterscheiden, und weniger aufgrund natürlicher Fähigkeiten, abgesehen von den besonderen reproduktiven Fähigkeiten von Frauen. Gerade angesichts dieser Fähigkeiten, die in einem elementaren Sinn so etwas wie einen natürlichen Reichtum darstellen, gibt das Faktum der Eigentumslosigkeit von Frauen in historischen Zeiten zu denken. Nach einer jüngst veröffentlichten Statistik arbeiten Frauen zwei Drittel der weltweit geleisteten Arbeitsstunden und erhalten dafür nicht mehr als 10 Prozent des Welteinkommens. Frauen, die Hälfte der Menschheit, besitzen laut derselben Statistik nicht mehr als ein Prozent des Welteigentums.[11] Andererseits ist es evident, daß in der Entwicklung des modernen liberalen Staates die Sicherung des Rechts auf Eigentum, und damit Besitz als strukturelle Macht, eine entscheidende Rolle spielt. Für eine feministische Theorie der Politik und Macht ist das demnach ein entscheidender Punkt.

Die Umverteilung von Macht, die im Übergang vom aristokratischen Feudalismus zum modernen bürgerlichen Staat vor sich ging, war gekennzeichnet durch das Auftreten einer breiteren Schicht von individuellen Eigentümern, von Kaufleuten, Handwerkern, Unternehmern.[12] Dies war die Voraussetzung für die Emanzipation des Bürgertums aus der feudalen Herrschaft. Diese Emanzipation aber galt nur männlichen Individuen, den männlichen Oberhäuptern von besitzenden Familien. Für die faktische Rechts- und Eigentumslosigkeit der Frau im bürgerlichen Staat ist die aufgeklärte politische Vernunft der Neuzeit blind geblieben.

Aber es ist genau das Recht auf Eigentum als unveräußerliches Freiheitsrecht, das die Autonomie und die politischen Rechte des sogenannten »dritten Standes«, des Bürgertums, begründet. Frauen, außer als Platzhalterinnen für fehlende männliche Erben, blieben von diesem Grundrecht mit größtem Selbstverständnis ausgeschlossen. Der alte Hausvater und pater familias war der absolute Herrscher über alles und alle, die sich unter seinem Dach befanden. Das Recht auf Eigentum ist auch in der Neuzeit sehr

---

[11] Bericht des UN-Generalsekretärs, *Development Issue,* Paper No. 12, UN-Development-Programme.
[12] Wolfgang Däubler/Ulrich Sieling/Horst Welkorbotsky, *Eigentum und Recht. Die Entwicklung des Eigentumsbegriffs im Kapitalismus,* Darmstadt und Neuwied 1975.

lange ausnahmslos männliches Recht, und es bedeutet männliche Eigentümerschaft an Kindern und Frauen.[13]

Wenn richtig ist, was der Anthropologe Claude Lévi-Strauss sagt, nämlich daß das organisierende Prinzip archaischer Sozialformen die Verwandtschaftsbeziehungen und der Frauentausch waren, dann sind Frauen tatsächlich die erste Form »tauschbarer Güter« gewesen. Unter Bedingungen, die ökonomisch gesehen ein Anhäufen von Besitz und Überschuß nicht ermöglichten, wären es der Frauentausch und die Kontrolle der reproduktiven Potenzen der Frau gewesen, die die Institution des Privateigentums begründeten. Demnach wäre diese archaische Form patriarchaler Herrschaft der Ursprung von Klassenherrschaft, das heißt der Ursprung aller Herrschaft, die sich auf eine ungleiche Verteilung von Eigentum stützt.[14]

Das könnte auch verständlich machen, warum die Revolutionäre des Bürgertums in ihrer Proklamation eines allgemeinen und unveräußerlichen Rechts auf Eigentum Frauen mit allergrößter Selbstverständlichkeit übergingen und warum Frauen bis ins beginnende 20. Jahrhundert im Bereich des öffentlichen wie des Privatrechts als Rechtssubjekte schlicht nicht existierten. Das gilt insbesondere für das Familienrecht; es sah vor, daß Frauen durch von den Brauteltern geschlossene Eheverträge aus der väterlichen direkt in die eheliche Vormundschaft ihres Ehemannes gerieten.

Was die Bedeutung des Eigentumsrechts als Grundrecht betrifft, stehen auch noch die marxistischen Positionen auf dem Boden des liberalen »Besitzindividualismus« und der mit dieser Idee verknüpften patriarchalen Ideologie. Die marxistische Analyse des Verhältnisses von Lohnarbeit und Kapital versucht zu zeigen, daß es der schlecht bezahlte Arbeiter ist, der jenen Mehrwert produziert, den dann der Kapitalist als Profit für sich in Anspruch nimmt. Die Kritik der politischen Ökonomie ist so gesehen nichts anderes als der Versuch, Anspruchstitel auf Eigentum neu zu begründen und, um ein modernes Wort zu verwenden, »leistungsgerecht« umzuverteilen. Marx' Analysen im *Kapital* lassen aber keinen Raum für den Gedanken, daß die Familienarbeit von Frauen auch Arbeit sein könnte. Friedrich Engels, der in seiner Schrift

---

[13] Hannelore Schröder, *Die Rechtlosigkeit der Frau im Rechtsstaat*, a.a.O.
[14] Claude Meillassoux, *Die wilden Früchte der Frau. Über häusliche Produktion und kapitalistische Wirtschaft*, Frankfurt/Main 1976.

über den Ursprung der Familie, des Privateigentums und des Staates Wichtiges über die Strukturen patriarchaler Herrschaft zu sagen hatte, erhoffte sich von der Integration der Frauen in den Prozeß der Produktion, d. h. in die Arbeitswelt, die Befreiung der Frau aus der patriarchalen Herrschaft in der Familie. Aber wie auch Marx hat Engels entscheidende Aspekte und Bereiche der Beziehung zwischen den Geschlechtern in der Familie nicht gesehen.

Unter rein wirtschaftlichen Gesichtspunkten erscheint die Familie als Ort der Reproduktion von Arbeitskräften. Aber was in ökonomistischer Verkürzung »Reproduktion« genannt wird, ist ein sehr komplexes Geschehen. Die Hausgemeinschaft ebenso wie der Haushalt der modernen Kleinfamilie, ist also zugleich Lebensraum, Arbeitsplatz und Netz enger sozialer Beziehungen. Im Binnenraum der familiären Gemeinschaft werden nicht nur elementare materielle Bedürfnisse befriedigt. In ihr wachsen Kinder heran, die zu Männern und Frauen erzogen, die als Erwachsene entweder im Erwerbsleben tätig werden oder aber im Hause verbleiben, die entweder in der Sphäre der politischen Öffentlichkeit als mündige Staatsbürger handeln oder auf die Sphäre des Privaten beschränkt bleiben. Wie sich der Prozeß der Sozialisation so unterschiedlicher sozialer und ökonomischer Rollen vollzieht, haben weder Marxisten noch die Theoretiker des Liberalismus untersucht.

Der Freie und sein Eigentum
Patriarchales Unbewußtes und Metaphysik

Bildete die Familie in der Ära des klassischen Liberalismus in erster Linie die materielle Basis hausväterlicher und staatsbürgerlicher Rechte, so war und ist sie darüber hinaus der Ort der materiell-biologischen Reproduktion der Spezies und zugleich die Stätte ihrer psychischen und ideologischen Formung und Erhaltung. Sie ist im wörtlichen Sinne die Keimzelle unserer Vorstellungen von Männlichkeit und Weiblichkeit, und sie reproduziert vor allem jene psychosozialen Konstellationen, von denen die Entwicklung und Differenzierung männlich/weiblicher Geschlechtsidentität ihren Ausgang nimmt. Es spricht viel für die Vermutung, daß diese frühen Prägungen, insbesondere die Ängste und Wünsche eines sich als männlich definierenden Selbst, als ein Moment des kollektiven Unbewußten in das eingangs skizzierte Bild des »homo politicus« und die mit ihm verbundenen Ideen von Freiheit, Selbstbestimmung und Autonomie einfließen.

Was hier zur Debatte steht, sind nicht die offenkundigen misogynen Exzesse, die auch zur Geschichte des philosophischen und politischen Denkens gehören, sondern ein Netz von Annahmen, die im Konzept des »homo politicus« zwar enthalten sind, deren androzentrischer Charakter sich aber erst aus einer tiefer liegenden Schicht z. T. unbewußter maskulinistischer Ideologeme kohärent deuten läßt. Um diese ideologische Tiefenstruktur zu entschlüsseln, bedarf es eines Interpretationsverfahrens, wie es Freud unter anderem in seiner Traumdeutung entwickelt hat. Wie in der Traumdeutung geht es also darum, die manifesten theoretischen und normativen Gehalte der politischen Philosophien von den ihnen unterliegenden latenten maskulinistischen Ideologemen abzuheben.

Den Ausgangspunkt einer solchen Analyse bilden natürlich bestimmte Annahmen über die psychosoziale Bedeutung von »männlich« und »weiblich«. In kritischer Auseinandersetzung mit den Traditionen der Psychoanalyse und der Entwicklungspsychologie haben eine Reihe von Autorinnen, unter anderem Nancy Chodorow, Carol Gilligan und Jessica Benjamin, zur Genese und Struktur »männlicher« und »weiblicher« Selbstkonzepte aufschlußreiche Untersuchungen vorgelegt.[15] Anknüpfend an psychoanalytische Thesen zur Entwicklung von Selbstkonzepten und Objektbeziehungen verortet Chodorow die entscheidende Differenz zwischen »männlichen« und »weiblichen« Selbstkonzepten darin, daß männliche Identität durch Trennung und Abgrenzung von der Mutter, der ersten, und weiblichen, Bezugsperson entsteht und sich damit durch den Aufbau stärkerer Ichgrenzen allgemein sichert, während sich umgekehrt weibliche Identität primär als Bezogensein auf andere definiert. Die Entwicklung männlicher bzw. weiblicher Selbstkonzepte wird aber erst ganz verständlich auf dem Hintergrund sozioökonomischer Verhältnisse und kultureller Leitbilder, aufgrund derer »Männlichkeit« nicht bloß strikte Ich-

---

[15] Nancy Chodorow, *Das Erbe der Mütter. Psychoanalyse und Soziologie der Geschlechter,* München 1985; Carol Gilligan, *Die andere Stimme. Lebenskonflikt und Moral der Frau,* München/Zürich 1984; Jessica Benjamin, *Die Antinomien des patriarchalen Denkens. Kritische Theorie und Psychoanalyse,* in: Wolfgang Bonß, Axel Honneth (Hg.), *Sozialforschung als Kritik,* Frankfurt 1982.

grenzen, sondern auch den Habitus des Beherrschtseins und des Beherrschens indiziert und in denen »weibliches« Bezogensein auf andere zugleich Abhängigkeit, Unterordnung und Machtlosigkeit bedeutet.

Das Drama des männlichen Selbst – so lassen sich die detaillierten Untersuchungen der genannten Autorinnen resümieren – liegt nicht nur in seiner Suche nach Sinn und Identität, sondern in der nach Sicherheit, Unabhängigkeit und Kontrolle. Weil die vollständige Kontrolle der Grenzen zwischen dem Selbst und der Umwelt, dem Ich und dem Anderen, und damit die Sicherung einer wirklich »männlichen« Identität stets ein prekärer Gewinn bleiben muß, kreisen »Männerängste« typischerweise um den Verlust der Ichgrenzen, mithin im Grunde um die Angst davor, »weiblich« zu werden.

Was sich also ursprünglich als eine Verteidigungsstrategie des um Autonomie ringenden männlichen Selbst und aus Angst vor der Regression in die primäre Symbiose mit der Mutter etabliert, »normalisiert« sich später zum typisch »männlichen« Verhalten, und zwar nicht nur gegenüber Frauen, sondern gegenüber allem, was ein ähnliches Bedürfnis nach Abgrenzung und Kontrolle auslöst: gegenüber dem eigenen Körper, den Gefühlen, der Natur: »Die Fähigkeit, zu kontrollieren und selbst in Kontrolle zu sein, wird auf diese Weise zum Bedürfnis und zugleich zum Symbol von ›Männlichkeit‹. Alle Beziehungen werden zu Formen des Kampfes um Macht und Durchsetzung, Aggressionen werden mobilisiert, um sich vom Objekt zu distanzieren und es dann zu überwältigen. Das Mädchen seinerseits sucht Beziehungen, Beziehungen auch um den Preis der eigenen Autonomie. Auf diese Weise kommen die beiden Geschlechter dazu, sich in einer grotesken Symmetrie zu ergänzen.«[16] Dieselbe Symmetrie spiegelt sich in euphemistischer und idealisierter Form in den romantischen und idealistischen Theorien des Weiblichen.

Damit sind die psychischen Konstellationen angedeutet, die gewissermaßen den Bodensatz des patriarchalen Unbewußten bilden und die aus feministischer Sicht eine Klärung der unausgesproche-

[16] Jane Flax, *Political Philosophy and the Patriarchal Unconscious: A Psychoanalytical Perspective on Epistemology and Metaphysics*, in: Sandra Harding/Merrill B. Hintikka (eds.), *Discovering Reality. Feminist Perspectives on Epistemology, Metaphysics, Methodology and Philosophy of Science*, Dordrecht/London 1983, S. 245-282, S. 253.

nen androzentrischen Prämissen traditioneller politischer Theorie liefern könnten. Insbesondere die Visionen eines vorstaatlichen Naturzustandes, die in unterschiedlichen Versionen zur Begründung des Gesellschaftsvertrages dienen, enthalten in mehr oder weniger versteckter Weise eine Reihe maskulinistischer ideologischer Momente. Am Beispiel von Hobbes' Beschreibung des Naturzustandes hat Christina di Stefano eine Reihe solcher androzentrischer Annahmen identifiziert[17]; die Tendenz zu einem radikalen Individualismus, die Hobbes' Sicht der menschlichen Existenz grundlegend ist, entspricht den Erfahrungen des Differenzierungsprozesses in der männlichen Individuation und Sozialisation, wie er von Jessica Benjamin und anderen Autorinnen beschrieben worden ist[18]; sie spiegelt sich in der Vorstellung eines Subjektes, das, allein auf sich gestellt, einer feindlichen und bedrohlichen Umwelt gegenübersteht. Sie äußert sich auf der thematischen Ebene politischer Theorie zunächst erkenntnistheoretisch in der Tendenz zu rigorosen Dichotomisierungen, die psychologisch als Sicherung der Abgrenzung von Ich und Objekt gedeutet werden können, in einem Bedürfnis nach singularer Identität, die permanent gegen Bedrohungen und Invasionen geschützt werden muß, in der Weigerung, die Bezogenheit auf andere zu akzeptieren, die der Forderung nach strikter Autonomie und Unabhängigkeit entgegenstehen würde. Schließlich fügt sich Hobbes' mechanistisches Modell des Menschen als eine Maschine der Begierden und der Affekte einer atomistischen und individualistischen Deutung des gesellschaftlichen Lebens insgesamt.[19]

Weniger leicht als bei Hobbes sind maskulinistische Elemente in anderen rechts- und staatsphilosophischen Konzeptionen zu identifizieren. Das gilt z. B. für Kant, der ja das heute noch gültige Prinzip der Verallgemeinerungsfähigkeit moralischer Normen zum Eckpfeiler seiner praktischen Philosophie machte. Aber gerade die Architektonik seiner Rechtsphilosophie erlaubt, die Fatalitäten und politischen Implikationen maskulinistischer Ideologeme sichtbar zu machen.

Kant nennt drei Prinzipien a priori, die den »bürgerliche(n) Zu-

---

[17] Christine di Stefano, *Masculinity as Ideology in Political Theory: Hobbesian Man considered,* in: *Hypatia. A Journal of Feminist Philosophy,* Vol. 6 Nr. 6, 1983.

[18] Jessica Benjamin, *Knechtschaft – Herrschaft. Die Phantasie von der erotischen Unterwerfung,* in: *Denkverhältnisse. Feminismus und Kritik,* a.a.O., S. 511–538.

[19] Christine di Stefano, a. a. O., S. 637.

stand, ... als rechtliche(n) Zustand betrachtet«, begründen. Erstens die Freiheit des Menschen, also die vernünftige Selbstbestimmung des Willens, zweitens die Gleichheit vor dem Gesetz, als Untertanen, und drittens die Selbständigkeit als Bürger, gegenüber allen anderen Mitgliedern der Gesellschaft. Die im übrigen etwas seltsam anmutende Deutung der Ehe als Vertrag zur wechselseitigen Benutzung der Geschlechtsorgane, die Kant in der *Metaphysik der Sitten* vornimmt, räumt der Frau gemäß den Prinzipien praktischer Vernunft durchaus den Status eines freien Subjektes ein.[20] Ebenso offenkundig wird sie jedoch der Befehlsgewalt des Mannes unterstellt, weil sie die dritte Voraussetzung des bürgerlich-rechtlichen Zustandes, die der wirtschaftlichen Selbständigkeit, nicht erfüllt. Nach Kant kann das Eherecht auf gegenseitigen Besitz niemals ein Eigentumsrecht an Personen nach sich ziehen; das wäre mit den Maximen praktischer Vernunft unvereinbar; ebenso kann es kein Eigentumsrecht der Herrschaft am Gesinde geben. Wohl aber gibt es ein »auf dingliche Art persönliches Recht«, das aufgrund seiner wirtschaftlichen Überlegenheit dem Ehemann erlaubt, grundlegende Freiheiten seiner Ehefrau zu beschneiden, wenn es das »gemeinschaftliche Interesse« der Hauswirtschaft erfordert.[21]

Dort, wo Kant zwischen Besitz und Eigentum, zwischen persönlicher Freiheit und politischem Bürgerrecht sorgfältig unterscheidet, um die politische Verfassung der Geschlechterbeziehung in Übereinstimmung mit den allgemeinen Prinzipien praktischer Vernunft zu halten, postuliert Fichte ohne viel Skrupel die absolute Gewalt des Hausherrn über Haus und Familie, ein patriarchales Eigentumsrecht an Frau und Kindern.[22] Im Rahmen einer Ontologie, in der alle Entitäten entweder als freie Personen oder als bloße Sachen klassifiziert sind, ist von einer naturrechtlichen Begründung der Eigentums- und Rechtlosigkeit von Frauen, wie sie Fichte vornimmt, in der Tat der Weg nicht mehr weit zu jener Sichtweise von Frauen, die den Inbegriff sexistischen und misogynen Denkens einer besitzindividualistischen und marktgesellschaftlichen Kultur bildet: zur Objektivation von Frauen zu

---

[20] Immanuel Kant, *Über den Gemeinspruch: Das mag in der Theorie richtig sein, taugt aber nicht für die Praxis*, Band VIII der Akademie-Textausgabe, S. 290ff.

[21] Immanuel Kant, *Metaphysik der Sitten*, S. 279.

[22] Johann Gottlob Fichte, *Grundriß des Familienrechts (als erster Anhang des Naturrechts)*, Jena und Leipzig 1796.

Gebrauchswerten und Lustobjekten. Gewiß wäre es verfehlt, pathologisch verzerrte und inhumane Bilder des Weiblichen unvermittelt aus den Kategorien einer monadischen und atomistischen Ontologie abzuleiten. Aber die Ahnenreihe der berüchtigtsten Exponenten misogynen Denkens, eines Möbius oder Weininger etwa, die den alltäglichen Erscheinungsformen sexistischer Gewalt gegen Frauen Vorschub geleistet haben, ist respektabler, als die Erben der philosophischen Gelehrtentradition zugeben möchten. Denn waren es nicht vor allem Vernunftspezialisten, Gelehrte, Philosophen, die an der Vernunftfähigkeit von Frauen, und damit an ihren fundamentalen Rechten auf Freiheit und Selbstbestimmung, zweifelten?

An dieser Stelle ist allerdings eine Bemerkung notwendig, die keineswegs den Antifeministen das Wort reden, sondern Frauen selbst zu denken geben sollte. Der implizite Androzentrismus politischer Theorie ist nicht nur die imaginäre Projektion männlicher Phantasie, sondern spiegelt in gewisser Weise die Realität des Verhaltens von Frauen. Heute besteht eine gewisse Tendenz, in der typisch »weiblichen« Orientierung am Konkreten, am Nächsten, Naheliegenden positiven Ausdruck traditionell weiblicher Werte und Tugenden, von Werten wie Liebe, Fürsorge zu erblicken und dabei zu übersehen, daß es dieselben Orientierungen und Verhaltensmuster sind, die die tatsächliche politische und rechtliche Handlungsunfähigkeit von Frauen mit verursacht haben.[23]

Genau das ist der Un-Sinn der neokonservativen Wende: die falsche Hoffnung, die traditionellen »privaten« weiblichen Tugenden seien eine hinreichende Kompensation für mangelnde politische Rechte. Die ihr zugrundeliegende problematische Dichotomie einer (angeblich weiblich dominierten) Privatsphäre und einer (männlich dominierten) Öffentlichkeit ist das realpolitische Komplement jener Form falscher Differenzierung, die »weibliche« Beziehungsfähigkeit und »männliche« Autonomie und Rationalität zu unvereinbaren metaphysischen Qualitäten hochstilisiert.

Der Angelpunkt sowohl privater Moral als auch politischer Rechte ist, wie sich gezeigt hat, die Idee persönlicher Freiheit. Dieselben Argumente, die den moralischen Anspruch von Frauen auf

---

[23] Ute Gerhard-Teuscher, *Über gegenwärtige und historische Erfahrungen der Frauen mit Recht. Vorüberlegung zu einer Rechtstheorie für Frauen*, in: *Gesellschaft. Beiträge zur marxistischen Theorie 14*, Frankfurt/Main 1981, S. 139-167.

Freiheit bestritten, dienten zugleich dazu, sie von den Geschäften der Politik fernzuhalten und ihre fundamentalen Rechte auf Privatheit, auf körperliche Integrität und Selbstbestimmung, zu verweigern. Eine Kritik der politischen Anthropologie, verstanden zugleich als eine Kritik traditioneller Sexualpolitik, hätte demnach zumindest zwei Ziele: Einmal ein theoretisches, das in der Revision traditioneller androzentrischer Konzeptionen von Personalität, Freiheit und Autonomie bestünde; dann ein praktisches, nämlich zu zeigen, daß heute, bald ein Jahrhundert nach der politischen Emanzipation von Frauen, der entscheidende Hebel zur Veränderung der Situation von Frauen immer noch im Kampf um mehr Rechte, um gleiche Rechte besteht.

Erst wenn die verfassungsmäßig verbrieften Rechte auf Gleichbehandlung nicht mehr durch einzelne Gesetzesbestimmungen unterlaufen werden – als ein Beispiel unter vielen sei nur die Frage der strafrechtlichen Sanktionierung des Schwangerschaftsabbruchs erwähnt –, erst dann besteht die Chance, für Frauen gleiche Rechte auf Privatheit zu realisieren. Es hieße aber hinter die Erfahrungen der jüngeren Frauenbewegung zurückfallen, nicht zu begreifen, daß eine Veränderung im Bereich des Persönlich-Privaten ebenso notwendig ist.

Eine Innovation im Bereich des Privaten läßt sich nicht politisch verordnen. Sie ist Sache individueller Initiative, persönlichen Mutes und sozialer Phantasie. Vor allem spricht vieles dafür, daß Innovation im Bereich privater Beziehungen von den Frauen ausgehen muß.

Der Aufbruch zu neuen privaten Lebensformen bedeutet immer auch Abschied von alten. Um das, was in vielen Legenden und Liedern als Tugend der Frauen gepriesen wurde, zu retten – die Liebe zwischen freien Menschen als utopisches Projekt –, wird es in vielen Fällen notwendig sein, »alte Verhältnisse« zu verlassen. Sogenannte »Liebesbeziehungen« in und außerhalb der Ehe, in denen es an gegenseitigem Respekt und an gegenseitiger Sorge mangelt und in denen nach wie vor das Recht des Stärkeren herrscht, sind schließlich nicht wert, aufrechterhalten zu werden. Mehr Lebensgemeinschaft, mehr Freundschaft, Solidarität und Liebe zwischen Frauen wird es vielen von ihnen erleichtern, ihren eigenen Weg zu finden, ihnen Selbstvertrauen und Stärke zu geben, auf lange Sicht auch die traditionellen Formen familiären Zusammenlebens neu zu gestalten und zu beleben.

Kapitel X

Eros und Moderne
Versuch einer religionstheoretischen Deutung

Wenn die neuzeitliche Wissenschaft, wie allgemein angenommen wird, der modernen Lebensform ihre intellektuelle Kontur gibt, dann liegt es nahe, sie in religionstheoretischen Begriffen zu beschreiben, denn als die das moderne Denken prägende Gestalt tritt sie an die Stelle des Weltbilds des christlichen Mittelalters.[1] Der entscheidende und die beiden Epochen trennende Schritt ist so gesehen der von der geschlossenen Welt des christlichen Schöpfungsglaubens in ein offenes Universum, in dem sich der Mensch als autonomes, selbstbestimmtes Wesen wahrnimmt. Dieser Schritt – eigentlich handelt es sich um einen Prozeß, der sich über Jahrhunderte erstreckt – ist nicht nur Gegenstand theologischer Kontroversen, sondern betrifft die ontologischen und theoretischen Prämissen der neuen Wissenschaften selbst, insbesondere die Grundlagen der Kosmologie. Was »wissenschaftliche Revolution« genannt wird, ist eine Krise des europäischen Bewußtseins, in der, in den Worten von Alexandre Koyré, der Mensch »seinen Ort in der Welt, in der er lebte und über die er nachdachte, verlor und nicht nur seine fundamentalen Begriffe und Attribute, sondern sogar das gesamte Gefüge seines Denkens ändern und neu gestalten mußte«.[2]

Dieser Prozeß ist, vor allem was die Rolle traditioneller religiöser Weltbilder betrifft, noch unabgeschlossen und sein Ausgang offen. In der jüngeren Gegenwart, die gekennzeichnet ist durch eine reiche Subkultur der »Wiederverzauberung«, können die herkömmlichen Thesen von einer epochalen Säkularisierung als irreversible Konsequenz des Rationalisierungsprozesses nicht mehr überzeugen, und die Konjunktur christlicher und anderer Fundamentalismen in letzter Zeit hat sie endgültig widerlegt.

So behalten die Theoretiker der frühen und archaischen Gesellschaften recht, daß Religion ein wesentliches Moment der conditio

---

[1] Vgl. Hans Blumenberg, *Die Legitimität der Neuzeit,* Frankfurt/Main 1966.

[2] Alexandre Koyré, *Von der geschlossenen Welt zum unendlichen Universum,* Frankfurt/Main 1969, S. 12.

humana ist und nicht eine epochenspezifische Institution und Lebensform. Religiöse Institutionen mögen mehr oder weniger sichtbar sein, Momente des Religiösen und Heiligen überleben säkulare Vorgänge der Rationalisierung.[3] Entbunden aus den Regeln und Ritualen traditioneller christlicher Kirchenreligiosität, suchen sich die Ausdruckskräfte und Bedürfnisse, die sich in ihnen manifestierten, andere Medien, andere Praktiken und andere Lebensbereiche für ihre Äußerung.

In der Kultur der Moderne sind es zwei Bereiche, die einer derartigen Transformation und Verschiebung von Erfahrungen der Transzendenz in je verschiedener Weise einen Ort bieten: die autonome Kunst und der Bereich der Erotik.

Im Zuge der Verlagerung religiöser Motive und Empfindungen in den Nahbereich intimer Beziehungen erhält auch das Geschlechterverhältnis eine andere Bedeutung und einen neuen Stellenwert im symbolischen Kosmos der Kultur. Die Thematisierung von Erotik und Sexualität unter dem Aspekt des Religiösen bezog wesentliche Impulse aus der Analyse archaischer, vorhochkultureller Religionen, die auch Anhaltspunkte liefert für eine *dissidente* Theorie der Moderne, die davon ausgeht, daß die Kultur der Moderne nicht allein aus jenen Begriffen verstanden werden kann, in denen sie sich selbst darstellt – im theoretischen Diskurs, im öffentlichen Diskurs einer rationalen Politik etc. –, sondern daß eine Theorie der Moderne auch dem Rechnung tragen muß, was diese aufgrund der ihrem Selbstverständnis zugrundeliegenden Leitkategorien ausschließt – dem Irrationalen.

Die über Marcel Mauss, Roger Caillois in das Werk George Batailles einfließende Theorie des Heiligen geht davon aus, daß die Trennung zweier Sphären – der des Sakralen und des Profanen – den Kern religiöser Ordnung ausmacht. George Bataille legt seiner Deutung der Moderne die Hypothese zugrunde, daß der Prozeß der Rationalisierung, der mit der Entstehung des modernen Staates und der Expansion einer kapitalistischen Aneignungswirtschaft voranschreitet, geleitet ist vom Bestreben, alle Energien und alle Ressourcen seiner Logik, und damit dem Gesetz der Homogenität, zu unterwerfen. Damit setzt der neuzeitliche Rationalisierungsprozeß eine Dynamik in Gang, die der statischen Ordnung archaischer Produktionssysteme diametral entgegensteht.

---

[3] Vgl. Thomas Luckmann, *Die unsichtbare Religion*, Frankfurt/Main 1991.

In der Erhaltung der Statik archaischer Lebensformen kommt der Religion, vor allem dem Fest als Ritualisierung der Verausgabung, eine besondere Bedeutung zu. Das Fest ist nicht nur, wie der moderne Gottesdienst zumeist, die innerliche Vergewisserung der Heilsbezogenheit, sondern der Anlaß, der Ordnung und der Regulierung des profanen Lebens des Alltags zu entkommen. Der ökonomische Aspekt des Festes ist der der Verausgabung, die exzessive Überschreitung der Regeln einer ökonomischen Aneignungslogik. Das gilt Bataille und Caillois als Beleg dafür, daß die vormoderne Gesellschaft nicht im Sinne der modernen Aneignungsökonomie funktioniert, sondern einer grundlegend anderen Form der Zirkulation von Gütern im Sinne einer Ökonomie der Verausgabung folgt.[4]

Bei Bataille findet die These von der dichotomischen Struktur des Profanen und des Sakralen eine biologische Begründung. Die Gegensätzlichkeit der beiden Lebensbereiche entspricht nach Bataille dem energetischen Modell, das dem menschlichen Leben zugrunde liegt – ein Modell, das gekennzeichnet ist durch die Alternation zweier unterschiedlicher Bewegungen: »assimilation« und »expulsion«. Es handelt sich hier um im Kern biologische Begriffe zur Beschreibung elementarer Stoffwechselvorgänge: Einverleibung – Ausscheidung, Aneignung – Ausdruck; Begriffe, die in der Phänomenologie körperlichen Empfindens ihr Gegenstück haben: Enge – Weite, Einatmen – Ausatmen etc.[5] Diese Bewegungen und Funktionen werden von Bataille vom Individuum auf das Kollektiv übertragen und der Durkheimschen Unterscheidung der Bereiche des Profanen und des Sakralen zugeordnet.[6]

Unter dem Gesichtspunkt der Aufrechterhaltung gesellschaftlicher Ordnung hat der Bereich des Sakralen eine kathartische Funktion. Der Bereich des Sakralen, der durch das Tabu, das Verbot begrenzt ist, ist zugleich der Ort des Heils und des Schreckens. In seinem Namen können die Mitglieder der Gesellschaft die negativen und gesellschaftlich verpönten Seiten ihres Affekthaushalts äußern. Das Sakrale ist also nicht nur die symbolische Repräsentation sozialer Ordnung, sondern auch der Ort der erlaubten Kon-

---

[4] Vgl. George Bataille, *Die Aufhebung der Ökonomie*, München 1975, und Robert Caillois, *Der Mensch und das Heilige*, München 1988, S. 125 ff.

[5] Vgl. Hermann Schmitz, *Der Leib*, Bonn 1965, S. 73 ff.

[6] Zu Bataille vgl. in diesem Zusammenhang Rita Bischof, *Souveränität und Subversion. George Batailles Theorie der Moderne*, München 1984, S. 177 ff.

frontation mit den anarchischen, negativen und animalischen Kräften im Menschen, die im Zaum zu halten die Aufgabe dieser Ordnung ist.

Die Wiederkehr des Eros als Symptom der Krise der Kultur der Moderne

Zu den aus der Sicht des gesellschaftlichen Systems der Moderne negativen und »heterogenen« Elementen gehört, kaum nötig zu sagen, vor allem die Sexualität. Das Erscheinen von Theweleits *Männerphantasien* war Anlaß und Symptom für einen Dammbruch jener Art, von denen in den beiden voluminösen Bänden dieses Titels die Rede ist.[7] Was zu Bruche ging, war das Tabu der bürgerlichen Kultur, das das Reden über Sexualität, Körper und Erotik als anstandswidrig unter Verbot stellte. Der revolutionäre Elan der späten sechziger Jahre, der in der Realpolitik der ökonomischen Krisen der siebziger Jahre einiges an Schwung verloren hatte, entdeckte nun das leibliche Begehren existierender Individuen als das eigentliche Subjekt der Befreiung (Körperkunst, Performance). Die Psychoanalyse begann dem Strukturalismus als kulturwissenschaftliche Grundlagentheorie den Rang streitig zu machen, und an die Stelle solcher Theorien trat schließlich das Verfahren der Dekonstruktion, dem das Unternehmen metatheoretischer Begründung selbst noch Ausdruck eines Willens zum Wissen war, eines Willens zur Macht, der nun zum allgegenwärtigen und zugleich schwer faßbaren Objekt eines neuen kritischen Diskurses wurde – schwer faßbar unter anderem wegen der Ambivalenz dieses nietzscheanisch gedachten Willens, der bei Theweleit zwar eine eindeutige politische Zuordnung erfährt, der aber zugleich als Usurpator einer universaleren Macht erscheint und der schon in den Schriften von Klages den Namen des Eros erhält, den eines »kosmogonischen«, und später bei Bataille, genauer gesagt im Titel der deutschen Übersetzung seiner Schrift über den Erotismus, den eines »heiligen Eros«.[8]

Nicht von ungefähr formierte sich etwa zur selben Zeit ein eigenständiger feministischer Theoriediskurs, der es sich u. a. zur

---

[7] Klaus Theweleit, *Männerphantasien*, 2 Bde., Frankfurt/Main 1977 und 1978.
[8] Ludwig Klages, *Vom kosmogonischen Eros*, Jena 1925; George Bataille, *Der heilige Eros (L'Erotisme)*, Ulm 1974.

Aufgabe macht, die kulturellen und literarischen Präsentationsformen des Weiblichen[9] zu untersuchen – und ihre Funktionalität für eine Geschlechtlichkeit zugleich in Dienst nehmende und dementierende Kultur zu enthüllen. Dieser neue Diskurs über das Andere einer zumeist als männlich gedachten Öffentlichkeit, Moral und Vernunft wurde zu einem bestimmenden Moment der intellektuellen Kultur. Es wäre nicht angebracht, diese Entwicklung als bloße Wiederkehr eines (vormodernen) Verdrängten anzusehen. Es handelt sich vielmehr um einen Vorgang der Bewußtmachung von lange unreflektierten psychischen Voraussetzungen der Kultur der Moderne und, vor allem aus der Sicht von Frauen, um einen wichtigen Schritt in der Kritik an der Hegemonie männlicher Macht.

Das, was die asketische Kultur der Moderne in die Latenz vorbewußter Befindlichkeiten verdrängt, hat natürlich eine manifeste Vorgeschichte. Die damit angedeutete Konstellation einer »Wiederkehr des Verdrängten« erfordert für ihr Verständnis einen Rückblick auf die vormoderne Ausgangslage – einen Rückblick, der einen anderen begrifflichen Rahmen voraussetzt als eine Theorie der Moderne. Der hier gewählte Bezugsrahmen ist der einer religionstheoretischen Sicht der Dialektik der Modernisierung, die den Blick auf die weiteren historischen Horizonte der soziokulturellen und sozioökonomischen Entwicklung Europas und Nordamerikas seit dem Ausgang des Mittelalters eröffnet. Erst auf diesem Hintergrund wird erkennbar, wie sich die Transformation religiöser und erotischer Erfahrung im Gefolge des Modernisierungsprozesses vollzieht und wie sie die realhistorische Dialektik sich wandelnder Geschlechterbeziehungen spiegelt.

Wenngleich gerade die religionssoziologischen Schriften Max Webers zeigen, daß er sensibel ist für jene Aspekte der Entwicklung der Moderne, die nicht in das Bild »universaler Rationalisierung« passen, ist sein theoretisches Denken doch nicht ganz frei von einer Tendenz zur Dichotomisierung, so daß eine oberflächliche Rezeption seiner Sicht der Moderne zu der Annahme kommt, das eine habe mit dem anderen nicht nur nichts zu tun, sondern sei auch mit ihm unvereinbar. Das gilt zum Beispiel auch für einige der

[9] Vgl. Silvia Bovenschen, *Die imaginierte Weiblichkeit. Exemplarische Untersuchungen zu kulturgeschichtlichen und literarischen Präsentationsformen des Weiblichen*, Frankfurt/Main 1979.

von Max Weber definierten und wohl auch dichotomisch verstandenen Idealtypen menschlichen Handelns, insbesondere jene des traditionalen und rationalen Handelns. Dagegen wurde zu Recht darauf hingewiesen, daß die Stabilität und Funktionsfähigkeit moderner Gesellschaften auf der Komplementarität von rationalen und traditionalen Orientierungsformen *innerhalb* der Moderne beruht. Ähnliches läßt sich im Blick auf die Entwicklung moderner Wissensformen über die Komplementarität formal-struktureller Denkmuster und figuraler Erkenntnisformen wie Bildern und Metaphern sagen – und nicht zuletzt über den inneren Zusammenhang zwischen bestimmten Prozessen der Säkularisierung und dem Erscheinen neuer Formen des Heiligen.

Unter diesem Gesichtspunkt ist auch die Wiederkehr des Eros-Themas zu sehen: als Symptom eines historischen Prozesses der zunehmenden »Entzauberung« der Welt, in der die Bereiche »arationaler Lebensphänomene« zu Rückzugsgebieten religiöser Erfahrung oder zu Ersatzthemen für eine »Religiosität ohne Religion«[10] werden. Dort, wo die Sinnangebote der traditionellen Religion keine Verbindlichkeit mehr haben, wo einzelne in ihrer Sinnsuche immer mehr auf sich selbst und auf die Menschen angewiesen sind, zu denen sie nahe und kontinuierliche Beziehungen aufrechterhalten, wird das Geschlecht zu einem prägenden Merkmal von Identität und zu einer moralisch relevanten Dimension zwischenmenschlicher Beziehung. Diese Entwicklung ist abzulesen an jenen literarischen und wissenschaftlichen Werken der Wiener Moderne, in denen die Themen Sexualität und Geschlechterbeziehung eine ausgezeichnete Rolle spielten, nicht nur bei Musil, Schnitzler und Kraus, sondern auch bei Freud und Weininger.[11] Das Interesse an diesen Fragen war zum einen ein Reflex auf die in dieser Zeit sich formierende Frauenrechtsbewegung, darüber hinaus auch ein Indikator für epochal sich ändernde Bewußtseinslagen. So manifestiert sich in Weiningers *Geschlecht und Charakter* neben einem intellektualistisch verbrämten Frauenhaß die existentielle Angst eines desorientierten jungen Mannes jüdischer Herkunft, der sich, bar aller religiösen und auch politischen Bindungen

---

[10] Vgl. Ulrich Irion, *Religiosität ohne Religion. Rudolf Otto, Rudolf Bultmann, Klaus Heinrich, Mircea Eliade*, in: Peter Kemper (Hg.), *Macht des Mythos, Ohnmacht der Vernunft*, Frankfurt/Main 1989, S. 289-309.

[11] Vgl. Nike Wagner, *Geist und Geschlecht. Karl Kraus und die Erotik der Wiener Moderne*, Frankfurt/Main 1981.

und Sicherungen, der elementaren Macht seiner Geschlechtlichkeit schutz- und orientierungslos ausgeliefert sieht.[12]

Die Voraussetzung dafür, daß Sexualität, »lebendige Sinnlichkeit«, »das ewig Weiblich-Mütterliche« zu Substituten oder Gehalten für religiöse Erfahrung werden konnten, ist der Prozeß der Säkularisierung, zu dem unter anderem auch die protestantische Theologie selbst einen entscheidenden Beitrag geleistet hat, so etwa mit ihrer Forderung nach Entmythologisierung des Christentums. Aber schon lange vorher hat die Religion ihre Rolle als universell verbindliche Instanz der weltanschaulichen Orientierung eingebüßt. Die Kirche war zu einer Institution neben anderen geworden. In den Worten von Eric Hobsbawm: »Aus einem Himmel, der sich ewig, unveränderlich und unvergänglich über alle Geschöpfe der Erde wölbt, wurde die Religion zu einer Art Wolkenbank, zu einer großen, aber veränderlichen Erscheinung am menschlichen Firmament.«[13]

Entlassen aus dem Bereich fragloser Verbindlichkeiten, stehen die religiösen Optionen seit der protestantischen Reformation im Zeichen der fortschreitenden Individualisierung sozialer Lebensformen.[14] Unter dieser Voraussetzung ist der Erotismus, der »heilige Eros«, tatsächlich – wohl auch gefördert durch eine entsprechende Industrie – zu einer Art Privatreligion geworden.

Aber schon lange vor diesen massenkulturellen Entwicklungen hat es eine »Kultur von rechts«[15] verstanden, das vor allem in gebildeten Kreisen und in den mittleren Gesellschaftsschichten grassierende Bedürfnis nach einer Religion nach dem Tod Gottes für sich zu nutzen. Dazu gehört auch das von Bachofen bis Bäumler verfolgte Interesse an Mutterkult und matriarchalen Religionen.[16]

Weber deutete in seiner Zwischenbetrachtung in den Aufsätzen

[12] Dazu Bernd Nitschke, *Männerängste, Männerwünsche,* München 1980, S. 9 ff.
[13] Eric Hobsbawm, *Europäische Revolutionen, Kindlers Kulturgeschichte Europas,* Bd. 15, München 1983, S. 376.
[14] Dazu Robert N. Bellah, *Religiöse Evolution,* in: *Seminar: Religion und gesellschaftliche Entwicklung. Studien zur Protestantismus-Katholizismusthese Max Webers,* hg. von Constans Seyfart und Walter M. Sprondel, Frankfurt/Main 1973.
[15] Vgl. Furio Jesi, *Kultur von rechts,* Basel/Frankfurt 1984.
[16] Vgl. dazu Manfred Frank, *Gott im Exil. Vorlesungen über die Neue Mythologie,* Frankfurt/Main 1988, und Ilse Erika Korotin, *»Am Muttergeist soll die Welt genesen«. Philosophische Dispositionen zum Frauenbild im Nationalsozialismus,* Wien/Köln/Weimar 1992.

zur Religionssoziologie an, daß Erotik und Kunst die Rückzugsorte jener arationalen Lebensmächte darstellen, die sich der Dynamik der Rationalisierung entziehen. Freilich beließ es Weber bei dieser Diagnose. Aber schon bald mehrten sich die Stimmen, die, nicht zuletzt aufgrund der kritischen Situation der westlichen Zivilisation, der politischen Konstellationen Europas insbesondere, eine Renaissance der Religion anstrebten, eine »Wiederverzauberung der Welt« gewissermaßen. Diese Vorschläge standen nicht immer im Zusammenhang mit elitär-aristokratischen Vorstellungen der Restauration alter Ordnungen. Die Künstler und Intellektuellen etwa im Umkreis des »Monte Verità« von Ancona haben in den ersten Jahrzehnten dieses Jahrhunderts Ideen vertreten, die die Kultur der achtziger Jahre bestimmten: Formen neuer Spiritualität, Anthroposophie, Theosophie, Lebensreformbewegung, Bewegung für freie Sexualität etc. Es waren Intellektuelle, die den politischen Ideen der Anarchisten nahestanden. Bakunin und Erich Mühsam lebten vorübergehend in Ancona, und der oben genannte Max Weber stand über die Schwestern Richthofen in indirekter Verbindung mit der Bewegung vom Monte Verità.[17]

Die kulturellen, künstlerischen und persönlichen Zusammenhänge der Künstlergruppe um den Monte Verità führen hin zu einer verborgenen Topographie des Heiligen in der späten Moderne. Sie geben auch Hinweise für die Suche nach dem Ort des Eros, ja der Erotik in der Kultur der Moderne. Es scheint, daß der Eros, als der sexuelle, zwischenmenschliche, aus der christlichen Verdrängung gewissermaßen emporsteigt und die Lücke, die die traditionelle Religion im psychischen Haushalt der Individuen hinterläßt, wenn schon nicht schließt, so doch nachhaltig besetzt. Als eine Form der Vitalkraft, die lange strikten Regulierungen unterlegen ist, behält er die Aura des Anstößigen, des Unschicklichen, des Subversiven. Genau in diesem Sinne verstehen auch Bataille und seine Mitdenker Leiris und Caillois ihre These von der Ambivalenz des Heiligen, durch die sie die Nähe des Heiligen zum Verbotenen, ja zum Bösen betonen.

An diesem Punkt ist es geboten, der Beziehung der beiden Geschlechter zum Heiligen nachzugehen. Und hier drängen sich Fra-

---

[17] Vgl. Monte Verità, *Berg der Wahrheit. Lokale Anthropologie als Beitrag zur Wiederentdeckung einer neuzeitlichen sakralen Topographie*, Katalog zur gleichnamigen Ausstellung des Museums für moderne Kunst in Wien, Sept.-Nov. 1979, Venezia-Martellage 1978.

gen auf, die von Bataille und anderen Theoretikern des Heiligen nicht gestellt werden: Der Gott, dessen Tod Nietzsche verkündet, ist ein männlicher Gott. Liegt es da nicht nahe anzunehmen, daß das Heilige, wenn ihm eine Wiederkehr gelingt, in der Gestalt des Weiblichen wiederkehrt?

An diese Frage knüpfen sich andere: Wie sehr hat der Prozeß der Modernisierung die Bewußtseinsstrukturen tatsächlich verändert? In welcher Form ist eine Erfahrung des Heiligen noch denkbar? Gehört möglicherweise die Vorstellung vom Heiligen nicht weniger als die des »Ewig-Weiblichen« unwiederbringlich einer schon zu Ende gekommenen Moderne an?

Das Weibliche und das Heilige – Historische Konfigurationen, phänomenologische Deutungen

Susanne Langer bemerkt, daß die religiöse Symbolik ihrem Ursprung nach auf Symbole des Lebens zurückgeht.[18] Von daher ist es wenig erstaunlich, daß Geschlechtlichkeit und Sexualität in allen Religionen eine bedeutende Funktion einnahmen. Dabei zeigt sich schon in grober Annäherung, daß der Ort des Weiblichen und Männlichen im Heiligen Kosmos im Zuge der großen Epochen der Menschheitsentwicklung nicht immer der gleiche blieb.

So läßt sich von Funden aus der *Altsteinzeit* zumindest soviel sagen, daß es sich einerseits um Kulte handelte, in denen Tiere eine große Rolle spielten, daß aber die Symbole, Piktogramme und naturalistischen Darstellungen durchgehend binär nach Vorstellungen des Weiblichen und Männlichen geordnet waren.[19] Das *Neolithikum* hingegen, mit seinen evolutionären Neuerungen – vor allem der Erfindung des Ackerbaus – stellte Fruchtbarkeitskulte und weibliche Symbole in den Vordergrund. Die *historischen Hochkulturen*, die mit der Entwicklung der Schrift, der Stadt und der Herausbildung hierarchischer Ordnungsstrukturen entstehen, verdrängen die Kulturen der Großen Mutter durch eindeutig patriarchale Religionen, deren reinste Formen die großen mono-

---

[18] Susanne Langer, *Philosophie auf neuem Wege,* Frankfurt/Main 1965.
[19] Vgl. André Leroi-Gourhan, *Die Religionen der Vorgeschichte,* Frankfurt/Main 1981, S. 117ff.

theistischen Religionen sind, durch jene Form der hochkulturellen Religion also, die bis in die Gegenwart als religiös verbindliche Glaubenslehren wirken.[20]

Steht vielleicht die Postmoderne im Zeichen der Wiederkehr eines Weiblich-Göttlichen? Fortschrittliche Theologen und feministische TheologInnen haben in letzter Zeit immer wieder auf verborgene weibliche Elemente in der christlichen Tradition hingewiesen. Und von ganz unterschiedlicher Seite haben Matriarchatsforscherinnen und Vertreterinnen psychoanalytischer Konzeptionen der Geschlechterdifferenz einen Ort für das Weiblich-Göttliche in der Kultur angemahnt.[21] Wie verhält es sich damit wirklich? Einer Antwort auf diese Frage müßte die Klärung zweier anderer vorausgehen: Erstens, welche Evidenzen ikonographischer Natur gibt es für eine Wiederkehr des Weiblich-Heiligen in der Alltagskultur, in der zeitgenössischen Massenkultur? Welche Weiblichkeitsbilder bringt sie an den Tag? Zweitens, was ist das überhaupt, das Heilige, was kann es heute sein, in welcher Form kann es sich heute manifestieren?

Auf der Suche nach dem Ort des Heiligen unter den Bedingungen fortschreitender Profanität hat man neuerdings sogar die Meinungsforschung bemüht. Was sie erhebt, bewegt sich hart an der Grenze zum Trivialen. Da ist dem einen seine Frau heilig, der anderen die Klarinette ihres verstorbenen Mannes und wieder einem anderen seine sprichwörtlich heilige Ruhe. Dennoch ist auch noch solchen Antworten zu entnehmen, daß als »heilig« jene Dinge oder Wesen gelten, die der individuellen Existenz eine Richtung und Sicherheit vermitteln, einen Ort der Geborgenheit im Ganzen einer sonst recht heillosen Welt. Es geht also meistens um immaterielle Werte oder Gegenstände, die solche Werte symbolisieren. Und schließlich handelt es sich beim Heiligen um Gegebenheiten, die dem Subjekt eine Verankerung seines Seins in einer die Kontingenz seines Alltagsdaseins transzendierenden Realität ermöglichen.

Das, was den Titel des Heiligen verdient, ist zwar immateriell,

---

[20] Dazu die oben S. 92 zitierten Arbeiten von Carola Meyer-Seethaler, William Thompsen, Heide Göttner-Abendroth sowie Gerda Lerner, *Die Entstehung des Patriarchats*, Frankfurt 1991.

[21] U. a. Heide Göttner-Abendroth, *Die tanzende Göttin. Prinzipien einer matriarchalen Ästhetik*, München 1982, und Luce Irigaray, *Genealogie der Geschlechter*, Freiburg i. Br. 1989.

aber, in der Erfahrung des Individuums, etwas höchst Reales: ein transempirisches »ens realissimum«. »Transempirisch« meint also ontologische Transzendenz und Erfahrungstranszendenz: Es handelt sich um etwas, das entweder vor oder jenseits der Erfahrung des Alltags liegt.

Versuche, Erfahrungen des Heiligen auf diese Weise zu deuten, sind schon Formen seiner Rationalisierung. Sie gehören in den Kontext einer aufgeklärten Kultur, die die religiöse Erfahrung als das Heterogene, Irrationale definiert, ohne ihr einen Platz in der symbolischen Ordnung abzusprechen. In diesem Sinn ist die Bestimmung des Heiligen als »Numinosum« zu verstehen, wie sie Rudolf Otto 1917 in der ersten Auflage seines Buchs über das Heilige gibt: Das Heilige als das Numinose, das Tremendum und Mysterium, das zugleich in Verehrung erhebt und Schauern erregt.[22] Otto verweist auf die Nähe der Erfahrung des Numinosum zu anderen Erfahrungsformen wie der des Erhabenen im Bereich der Kunst und der Erfahrung des Eros.[23] Der Theologe Otto geht davon aus, daß die christliche Erfahrung des Heiligen der Inbegriff des Numinosen ist, und für seine Analyse des Numinosen greift er zurück auf die Sprache der Philosophie seiner Zeit. So faßt er den Begriff des Heiligen als Kategorie a priori, als »Synthesis a priori des Rationalen und Irrationalen«. In dieser widersprüchlich anmutenden Formel ist ausgedrückt, was aus philosophischer Sicht für die Erfahrung des Heiligen konstitutiv ist: daß nämlich der Versuch einer philosophisch-begrifflichen Fassung des Heiligen zum paradoxen Begriff eines begrifflich Unfaßbaren führt.[24]

Ottos Hinweis auf die Verwandtschaft des Numinosen mit dem Erhabenen der Kunst und dessen strukturelle Analogie zum Erotischen ergänzt auch gut Max Webers religionssoziologische Thesen zum Schicksal der Religion im Prozeß der Rationalisierung. Er bestätigt Webers Vermutung bezüglich der Richtung, in die sich das verdrängte Bedürfnis nach Transzendenz verschiebt, transformiert und sich neue Ausdrucksformen, Bilder, Rituale schafft.

[22] Vgl. Rudolf Otto, *Das Heilige,* München 1932 (1. Aufl. 1917).
[23] Otto, a. a. O., S. 58 ff.
[24] Otto, a. a. O., S. 176 ff.

Der heilige Eros – eine Männerphantasie?

Die Wiederkehr des Erotischen in der modernen Topographie des Sakralen entspricht, wie ein christlicher Theologe sagen könnte, einer epochalen Tendenz der »Paganisierung« der religiösen Kultur – einer Tendenz, die sich auch in der Wiederbelebung von Elementen alter Naturreligionen und in den verschiedenen Formen kultischer »Lebensverehrung« manifestiert, nicht zuletzt auch im Umfeld präfaschistischen Denkens, im Mutterkult und in der Blut- und Bodenromantik.[25]

Die religionstheoretische »Linke« – Bataille und Caillois vor allem[26] – argumentiert für eine Transformation des Heiligen in eine andere Richtung, indem sie insbesondere auf drei Momente des Heiligen verweist: zunächst auf seine Ambiguität, d. h. die Idee des Heiligen mit zwei Gesichtern, in der gut und böse, »rechts und links« als zwei Seiten derselben Sache erscheinen, dann auf die Bedeutung bzw. die Komplementarität von Opfer und Überschreitung, und schließlich auf die »leibvermittelte Interattraktion« als Medium der Erfahrung von Transzendenz und Ekstase. Und gerade das zuletzt genannte Moment weist der Sexualität als einer Form leibvermittelter Beziehungen einen besonderen Stellenwert zu.[27]

Durch die Hervorhebung dieser drei Momente als konstitutiv für das Heilige will Bataille darauf hinweisen, daß am Ende der christlichen Kultur eine Wiederbegegnung mit den Ursprungskräften menschlicher Existenz nur durch eine Affirmation der tabuisierten gewaltsamen Momente elementarer Erfahrung wie der Sexualität möglich ist – und damit nur durch eine bewußte Überschreitung der Grenzen, die die traditionelle Verbotsreligion gesetzt hat.[28]

Bataille hat dieses Argument am Beispiel des Erotischen durchgespielt. Menschliches Leben und menschliche Erfahrung, so Bataille, seien gekennzeichnet durch Diskontinuität, d. h. durch die Erfahrung der Getrenntheit oder Unverbundenheit. Diese Gren-

---

[25] Vgl. Frank, a. a. O., und Korotin, a. a. O.

[26] Zur Position von Caillois vgl. Robert Caillois, *Der Mensch und das Heilige,* München/Wien 1988.

[27] Vgl. Ulf Matthiesen, *Das Dickicht der Lebenswelt und die Theorie des kommunikativen Handelns,* München 1983, S. 111-122.

[28] Dazu vor allem George Bataille, *Der heilige Eros,* Kap. 2 und 3.

zen zwischen Individuum und Individuum werden in der erotischen Beziehung, deren Sinn die Sicherung der Kontinuität des Lebens über die Generationen ist, zumindest temporär aufgehoben: Die Erfahrung des Einsseins in der sexuellen Ekstase bedeutet zugleich die Auflösung der eigenen Grenzen und ermöglicht die Entstehung neuen Lebens. Anders gesagt, sie bedeutet Tod und Leben zugleich. Die sexuelle Ekstase – man spricht vom Orgasmus als dem »kleinen Tod« – vermittelt eine Grenzerfahrung und eine Erfahrung von Transzendenz, die der des Heiligen entspricht. Und sie realisiert sich, wie Bataille meint, stets durch ein Moment der Gewaltsamkeit und der Überwältigung des Anderen, die das christliche Gesetz der Agape außer Kraft setzt.[29]

Die christliche Tradition hingegen sei geprägt durch die Verkennung eben dieses Sachverhalts: Sie verkennt, daß die Überschreitung des Gebots selbst zur Erfahrung des Heiligen gehört. Ebenso mißversteht sie das Wesen und die Struktur des Opfers, das darauf zielt, Leben und Tod in Einklang zu bringen.[30] Hier sei angemerkt, daß dieser Vorwurf zumindest die sogenannte Kreuzestheologie nicht trifft: Denn gerade hier kommt ja zum Ausdruck, daß der Tod Christi am Kreuz zur Bedingung für die Gewinnung des ewigen Lebens aller jener wird, die zu erlösen der Sohn Gottes in die Welt gekommen ist.

Batailles Analyse des Opfers besagt also, daß die Übertretung des Verbots, des Tabus, wesentlich zur Struktur der Opferhandlung gehört, denn erst dadurch wird es möglich, daß das Wesen des Opfers transformiert wird: Erst durch seinen Tod, durch den die Überschreitung des Tötungsverbots erfolgt, wird es zurückversetzt in die Kontinuität des Seins. Eben darin, so Bataille, ähnele das Opfer des Tötungskults dem Objekt der sexuellen Vereinigung. Dieser Vergleich läßt keinen Zweifel daran, daß die Inszenierung des Opferrituals aus der Perspektive eines männlichen Akteurs oder Priesters erfolgt, wie denn auch offenkundig ist, daß in Batailles Erläuterungen das Opfer weiblich ist bzw. sich »wie eine Frau« erfährt: Das Opfer, so führt Bataille aus, sei »gewollt wie die Handlung desjenigen, der das Opfer begehrt und in das er eindringen will, entkleidet. Der Liebende löst die Frau nicht weniger auf als der blutige Opferpriester den Menschen oder das Vieh, das er

[29] Bataille, *Der heilige Eros*, u. a. S. 103.
[30] Bataille, *Der heilige Eros*, S. 85 f.

schlachtet. Die Frau ist in den Händen dessen, der sie überfällt, ihres Wesens beraubt.«[31]

Entspricht ein derartiger »heiliger Eros« nicht genau dem, was die radikalfeministische Kennerin der christlichen Tradition, Mary Daly, ein Sadoritual nennt: einer rituellen Inszenierung der Vernichtung von Frauen, versehen mit dem Stempel des kosmisch Notwendigen?[32]

Das mindeste, was dazu zu sagen ist: Bataille präsentiert einen sexistisch deformierten Begriff des Heiligen, in der das Weibliche nicht vorkommen kann, es sei denn als Opfer oder Objekt. Aber darüber hinaus setzt die Bataillesche Analyse des Opfers ganz allgemein eine Konzeption des Weiblichen voraus, die den selbstgewählten Opferstatus als dessen wesentliches Merkmal behauptet. »Nicht jede Frau ist eine Prostituierte; aber die Prostitution ist die Folge der weiblichen Haltung ... Sich anzubieten ist die weibliche Grundhaltung.«[33] Es scheint also, daß nicht nur die christliche Tradition, sondern auch und erst recht spätmoderne Versuche, sie zu durchbrechen, in einem unhinterfragten Androzentrismus verharren.

Zu verstehen ist Batailles Verherrlichung von Tötung und sexueller Gewalt, ebenso wie die de Sades[34], dem Bataille zugestandenermaßen sehr viele seiner Ideen verdankt, nicht zuletzt als Reaktionsbildung auf eine Kultur des Verbots – vor allem der sexuellen Tabus, die im frühen Christentum vom kulturbestimmenden asketischen Mönchstum geschaffen und für universell verbindlich erklärt worden waren.

Das zentrale Glaubensgeheimnis des Opfertods Christi ist, das ist eine Konsequenz von Batailles Beschreibung des Opfers, untrennbar verbunden mit der Idee des Opferstatus der Frau.[35] Die vielleicht berechtigte Sorge um den grassierenden Sinnverlust in der säkularisierten Kultur der Gegenwart kann über diese patriarchale Hypothek christlichen Gedankenguts nicht hinwegsehen.

[31] Bataille, *Der heilige Eros*, S. 86.
[32] Vgl. Mary Daly, *Gyn-ökologie. Eine feministische Meta-Ethik*, München 1985.
[33] Bataille, *Der heilige Eros*, S. 127 und 128.
[34] Zu de Sade in diesem Zusammenhang vgl. Susan Griffin, *Pornography and Silence*, London 1981.
[35] Helga Sorge, *Wer leiden will muß lieben. Feministische Gedanken über die Liebe in der christlichen Vorstellung vom gekreuzigten Gott*, in: *Feministische Studien* 1983/1, S. 54-69.

Und jeder Versuch, das Heilige und das Weibliche in Konjunktion zu denken, müßte mit dieser Tradition radikal brechen.

Ansätze in diese Richtung finden sich in der auf nichtwestliche und nichtchristliche Traditionen zurückgreifenden Esoterikbewegung und in neueren Therapieformen ebenso wie in den Versuchen der Wiederbelebung einer matriarchalen Spiritualität. Als esoterisch sind diese Tendenzen in einem wertfreien Sinn insofern zu bezeichnen, als sie auf einen sehr kleinen Adressatenkreis beschränkt bleiben. Vielleicht verdienen sie auch das Etikett »postmodern«, sofern zu den formalen Merkmalen der sogenannten »Postmoderne« gehört, daß sie, jedenfalls hinsichtlich der Ästhetik, den Rückgriff auf vergangene Epochen und Stile toleriert, ja sogar als wesentliches neues Stilelement vorsieht.

Wie aber sieht es in der Massenkultur aus? Auf welche Weise repräsentiert sie das Weibliche und Heilige? Auffallend ist zunächst, daß die Formen und Stilelemente, ja z. T. die Requisiten der traditionellen religiösen Kultur in der Kleidung und in den Attitüden der Musikgruppen, Bandleader und Sängerinnen sehr häufig Verwendung finden. Aber selten wird dieses Arsenal der Selbstpräsentation so gezielt eingesetzt wie bei Madonna, dem Idol einer ganzen Generation junger Mädchen.

Madonna – eine postmoderne Ikone des Weiblichen und des Heiligen? Madonnas Videoproduktion mit dem beziehungsvollen Titel *Like a Virgin* ist eine von ihrer Ästhetik her ebenso perfekte wie in ihrer Aussage verblüffende performative Dekonstruktion von traditionellen Konzepten des Weiblichen und des Heiligen.[36] Zum Text eines schlichten, flüsternd gehauchten Poems über eine eben erblühende zarte Liebe liefert sie auf einem riesigen Bett eine im Stil des indischen Tempeltanzes inszenierte Performance, halb sitzend, halb liegend, mit schlangenhaften orgiastischen Bewegungen, assistiert von zwei Tempeljünglingen, die sie im Augenblick höchster Ekstase von sich stößt...

Zum Verständnis, oder besser, zu einer Entschlüsselung dieser audiovisuellen Botschaft Madonnas ist noch ein Wort zu sagen über den Opferstatus der Frau im kulturellen Imaginären – übrigens nicht nur des Christentums. Verteidiger der traditionellen Re-

---

[36] Siehe dazu den Beitrag von Irmgard Schulz, *Madonna – das ewige und das wirkliche Idol. Reflexionen über weibliche Schönheit anhand der Rolle von Idolen für das Selbstverständnis von Frauen,* in: *Reflexionen vor dem Spiegel,* hg. von Farideh Akashe-Böhme, Frankfurt/Main 1992, S. 91-111.

ligionen verweisen gerne auf die unverzichtbare Rolle der Religion für die Sicherung von Identität und Zugehörigkeit, für die Stabilität des symbolischen Universums. Andere Funktionalitäten hingegen werden verschwiegen.

Luce Irigaray geht in ihrer Arbeit »Die Frauen, das Heilige, das Geld«, ohne freilich Bataille zu erwähnen, auf die Problematik des Opfers in den hochkulturellen Religionen ein.[37] Sie verweist zunächst darauf, daß in Opferreligionen – das Christentum eingeschlossen – die sozialen und religiösen Zeremonien fast ausschließlich von Männern kontrolliert werden. Der Ausschluß von Frauen als rituelle Akteurinnen erklärt sich daraus, daß sie in eine durch das Opfer bestimmte Gesellschaftlichkeit schon eingeschlossen sind – eben als Opfer. Religionsgeschichtlich wäre dem hinzuzufügen, daß die Formierung der jüdisch-christlichen Religion von ihren Anfängen an durch eine bestimmte Weise der Symbolisierung des Weiblichen begleitet ist, eine Weise der Symbolisierung, die A. Jardine als »Gynesis« bezeichnet und die mit dem Mord an der Muttergöttin beginnt.[38] Wenn Moses, der Gründervater der israelitischen Glaubensgemeinde, seinen Stammesgenossen, als diese sich an »heidnischen« Gebräuchen des Tanzes um das Goldene Kalb beteiligen, eine strenge Rüge erteilt, dann nicht deshalb, weil sie einem schnöden Mammonskult verfallen. Vielmehr handelt es sich hier um ein weibliches Fruchtbarkeitssymbol, um ein Symbol für das weibliche Göttliche, das die mosaische Religion verdrängt hat.

Hinter der symbolischen Annihilierung der Großen Mutter steht aber etwas anderes: die Unterwerfung der Frauen und die Aneignung ihrer Fruchtbarkeit im Dienste der Erhaltung einer patriarchalen Gesellschaft.[39]

Zwischen dem Opferstatus der Frau und einer Gesellschaft, die von einer Geldökonomie bestimmt wird, konstatiert Irigaray einen Zusammenhang: Die entscheidenden Werte für das Überleben dieser Gesellschaft – die Hervorbringung neuen Lebens und seine Hege und Pflege – haben Frauen über Jahrhunderte unentgeltlich geleistet, oder, in Kategorien der Geldökonomie, in der Form des Opfers. Daher die hohe kultische Bedeutung des Opfers, daher auch der Verbots- und Ambivalenzcharakter des Heiligen.

---

[37] Luce Irigaray, a.a.O., S. 121-144.
[38] Vgl. Alice A. Jardine, *Gynesis. Configurations of Women and Modernity,* Ithaca/London 1985.
[39] Jardine, a.a.O., S. 32f.

Das Opfer wäre demnach eine patriarchale Inszenierung und keine a-priori-Komponente des Heiligen. »Das Heilige bedeutet, die Natur zu ehren, nicht, sie als Opfer darzubringen.«[40] Mit diesem Satz verrät Irigaray ihre Sympathie für Vorstellungen, die heute mit matriarchaler bzw. weiblicher Spiritualität in Zusammenhang gebracht werden.

Wie weit dies Bilder und Vorstellungen vom Heiligen sind, die Frauen aus der Kultur des Opfers zu befreien vermögen, darf bezweifelt werden. Jedenfalls sind es zumindest bis jetzt Bilder, die nur für eine Minderheit von Frauen orientierend sind. Aber da ist noch Madonna, die millionenschwere Rocksängerin, zu deren Konzerten die jungen Leute zu Zehntausenden strömen. Hier findet sich also noch diese ganz andere Selbstinszenierung einer Frau, die den unverschämten Mut hat zu verkünden, daß sie sich selber heilig ist.

So direkt sagt es Madonna selbst freilich nicht. Aber immerhin ist sie u. a. mit diesem Namen, der nach Angaben ihrer Biographin auch im Taufschein steht[41], berühmt geworden: der Name, oder besser: Ehrentitel jener Heiligen, die als Vorbild aller christlichen Frauen gilt – Maria, die Mutter Jesu. Der christliche Marienkult hat sie in den Rang einer Herrin aller Gläubigen erhoben, die ihr in Liebe ergeben sind: Das ist die Bedeutung des italienischen »Madonna«.

Madonnas Familie stammt aus Italien, und zu ihrem Erbe gehört wohl auch ihre Vorliebe für große Kreuze und religiöse Requisiten, die aus ihrer Zeit als Klosterschülerin stammt. Die Gebete, die sie fallweise mit ihrer Band zu sprechen pflegt und auch in ihren Promotion-Videos aufzeichnet, unterscheiden sich nicht wesentlich von den Gepflogenheiten der herkömmlichen christlichen Gebetskultur. Ganz konventionell gibt sie sich auch in ihrer Devotion für ihre Familie. Und dennoch ist sie durch die Art und Weise, wie sie sich präsentiert und sich zum Superstar emporgearbeitet hat, die Inkarnation eines bestimmten Frauenbilds, das von traditionellen Formen der Weiblichkeit in signifikanter Weise abweicht, und zwar gerade dadurch, wie sie ihre Körperlichkeit als Medium des Erfolgs einsetzt, ohne sich preiszugeben. *Like a Virgin* macht das sehr deutlich. Das Album mit diesem Titel widmet Madonna »al-

[40] Irigaray, a. a. O., S. 116.
[41] Vgl. Julia Edenhofer, *Madonna,* Bergisch-Gladbach 1987.

len Jungfrauen der Welt«. Die Jungfrau wird zum Bild der Frau, die sich selbst verwirklicht, die sich zum Ausdruck bringt, ohne sich zu opfern.

Die orgiastische Gestik ihrer Performances ist gewissermaßen gepanzert durch den Glamour ihrer Spenzer und Mieder, die die Wehrhaftigkeit von Rüstungen haben, die den Körper sichtbar, aber zugleich unfaßbar machen. Und den protestierenden Hütern der Moral hält sie entgegen, daß denen, die die ironische Distanz ihrer Produktionen gegenüber pornographischen Darbietungen nicht bemerken, eben nicht zu helfen sei.

All das hat natürlich sehr wenig zu tun mit den sanften Visionen einer matriarchalen Spiritualität. In unverblümter Offenheit erklärt Madonna jedem, der es hören will, daß es drei Dinge sind, die ihr am meisten bedeuten: Karriere, Ruhm, Geld. Denn Geld sei es, was schön macht. Ihre Shows sieht Madonna nicht als bloße Musikdarbietungen, sondern als Formen einer inneren Reise, des freien Selbstausdrucks von der Katharsis bis zur Erlösung. Doch die Requisiten der weiblichen Erotik und des christlichen Kults treten in den Dienst eines unverblümt individualistischen Kalküls: auch und gerade darin erweist sie sich als exemplarische Repräsentantin postmoderner Dekonstruktion.

Ob freilich eine solche Postmoderne das Ende der Geschichte ist und ob das Heilige nicht vielleicht doch eine andere Zukunft hat, diese Frage bleibt offen. Vielleicht liegt diese Zukunft tatsächlich in einer Transformation vormoderner Formen der Spiritualität, wie Edith Wyschograd in ihrer Studie über die Postmoderne und die Heiligen meint.[42] Wyschograd liest die alten Heiligenlegenden als Muster einer sich narrativ darstellenden, postmodernen Ethik und intendiert damit weniger die Revision der Religion als die der Moralphilosophie. Aber auch für das Verhältnis von Eros und Moderne wäre eine Profanisierung des für heilig erklärten Eros in Richtung auf moralisch rechtfertigungsfähige Formen der Zwischenmenschlichkeit heilsam und eine Befreiung für jene, denen in ihren Inszenierungen die ewige Rolle des Opfers zugemutet wurde.

Folgt daraus, daß uns heute nichts mehr heilig sein kann? Gibt es nach dem Tod Gottes keinen Ort für das Heilige als das absolut

---

[42] Edith Wyschograd, *Saints and Postmodernism. Revisioning Moral Philosophy*, Chicago/London 1990.

Andere? Wem daran liegt, eine positive Antwort auf diese Frage zu finden, dem sei gesagt, daß es dafür nicht nur oder nicht mehr den *einen* Ort gibt, sondern viele Orte, auf keinen Fall aber einen Ort, der sich durch dogmatische Zäune eingrenzen ließe. Denn was kann die Rede vom Verlust der Transzendenz bedeuten vom Standpunkt einer epistemologischen Perspektive, für die Erkennen und Wirklichkeit, Wahrnehmung und Welt symbolische Prozesse und Formen sind? Nicht nur der Name Gottes, sondern auch der des Lebens, des Eros, und wohl auch der Göttin werden allzuoft zu Objekten für eine Politik der Benennung, die den Verführungen der Macht um so leichter erliegt, als es sich um einen Bereich handelt, der sich definitionsgemäß der Kritik durch den Diskurs entzieht. So ist Habermas' These eine Versprachlichung des Sakralen[43] als Diagnose für die Religion der Gegenwart zwar nicht zutreffend, als Empfehlung für eine institutionelle religiöse Praxis wäre sie jedoch mehr als beherzigenswert. Letztlich aber könnte nur so etwas wie eine »negative Dialektik des Heiligen« sicherstellen, daß Formen der Religion entstehen, die sich der unheiligen Allianz von Spiritualität und Macht, wie sie die Tradition der großen Universalkirchen kennzeichnet, entziehen.[44]

[43] Jürgen Habermas, *Theorie des kommunikativen Handelns*, Bd. 2, *Zur Kritik der funktionalistischen Vernunft*, Frankfurt/Main 1981, S. 118 ff.
[44] Vgl. Lewis Feuer, *The Scientific Intellectuel. The Psychological and Sociological Origins of Modern Science*, New York/London 1963.

Kapitel XI

Vernunft, Geschlecht und das Paradox der Rationalisierung

Der apokalyptische Ton, in dem sich aktuelle Debatten um das Ende oder den Tod der Moderne vernehmen lassen, verdankt sich zumindest teilweise einem Mißverständnis. Denn es geht in ihnen oft nicht eigentlich um das Ende einer historischen Epoche, sondern um das Veralten von Kategorien und Begriffen, in denen sie bisher beschrieben worden ist.

Auch die folgenden Überlegungen zielen zunächst auf eine abschließende Situierung von Begriffen, vor allem der Kategorien von Vernunft und Geschlecht, und um ihren Zusammenhang im kulturellen Code der Moderne. Natürlich handelt es sich zugleich um ein Thema, das nur im Blick auf die realhistorischen Prozesse geklärt werden kann. Denn diese Konzepte als diskursive Formationen sind nicht in einer »anderen Welt« der abstrakten Ideen anzusiedeln, sondern in den sozialen Kontexten, in denen sie hervorgebracht werden. Die feministische Forschung der letzten Jahre ist der Frage nach dem Ort des Weiblichen im Prozeß der Modernisierung in Untersuchungen zur weiblichen Haus- und Berufsarbeit, zur politischen und rechtlichen Situation von Frauen, in Studien zur symbolischen Repräsentation des Weiblichen in Literatur und Kunst seit dem Beginn der Neuzeit bis in die Gegenwart nachgegangen. Daß die historische Lebensrealität von Frauen mit den Visionen des »Ewig-Weiblichen«, denen die bürgerliche Klassik eine zeitlose Form zu geben suchte, weder vor noch nach ihrer Erfindung recht wenig zu tun hat, bedarf kaum der Erwähnung. Ihr Mangel an Realitätsgehalt bedeutet jedoch keineswegs, daß sie funktionslos waren oder sind. Die Sichtung des ideenhistorischen Materials hat vielmehr deutlich gemacht, daß die Stilisierung des Weiblichen zum »Anderen der Vernunft«, wie sie sich in Texten von Gelehrten findet, die psychische Zurichtung von Frauen als selbstlose und liebende Gattinnen und Mütter und die Vereinnahmung weiblichen Arbeitsvermögens für den gesellschaftlichen Fortschritt im Sinne der bürgerlichen Moderne legitimierte und verschleierte.

Wie sehr die Bilder von dem, was wir als Frauen oder Männer zu sein haben, von uns Besitz ergriffen haben – gleichgültig, ob sie uns zusagen oder nicht –, das ist erst so recht klargeworden, seit es Versuche gibt, sie zu destruieren. Auch noch heute kostet es einige Anstrengung, sich von ihnen zu distanzieren. Zu eng sind sie mit dem Sinngeflecht der symbolischen Welt verwoben, in der wir leben. Ihnen gegenüber bietet vor allem der Rekurs auf die Vernunft keinen Schutz. Denn wie sich vielfach gezeigt hat, ist es gerade der Vernunftdiskurs, der implizit seinem Subjekt einen Habitus abverlangt, der das Weibliche als das Andere ausgrenzt.

So sind es Anzeichen der Krise eben dieses Vernunftbegriffs, die hoffen lassen, daß die unbewußte Allianz der Vernunft mit dem, was gängigen kulturellen Mustern zufolge als »männlich« gilt, vielleicht doch einmal brüchig wird. Das mit tiefer Besorgnis und großem moralischen Ernst beschworene »Paradox der Rationalisierung« ist ein Beispiel dafür.

Wissenschaft, Weiblichkeit und die Krise der Moderne

Vorweg seien jene Punkte der Geschichte des neuzeitlichen Rationalisierungsprozesses herausgegriffen, die aus feministischer Sicht bzw. unter dem Gesichtspunkt der Kritik der ihn unausgesprochen bestimmenden Geschlechterpolitik besonders wichtig sind. Neuere Ansätze einer Theorie der Moderne haben zutage gebracht, daß modernisierte, arbeitsteilige Industrie- und Marktgesellschaften nur entstehen und bestehen konnten, weil sie auf vor- und nichtkapitalistische Kulturbestände zurückgreifen konnten. Ein Beispiel dafür ist die im »bürgerlichen« Familienbegriff enthaltene Idee einer vorrechtlichen, sittlichen, natürlichen und organischen Wesensart der häuslichen Sphäre, die als von den Verkehrsformen des öffentlichen Lebens verschiedene einhellig im weiblichen Geschlechtscharakter verankert wird.[1] Die solchermaßen begründete Arbeitsteilung zwischen den Geschlechtern findet ihre Realisierung in einer Politik »getrennter Sphären«. Öffent-

---

[1] Vgl. Dieter Schwab, Artikel *Familie*, in: *Geschichtliche Grundbegriffe. Historisches Lexikon zur politisch-sozialen Sprache in Deutschland,* hg. von Otto Brunner, Werner Conze und Reinhard Kosellek, Stuttgart 1975, Bd. 2, S. 253-301, hier S. 290.

lichkeit und Privatleben galten als Realisierungsbereiche jeweils spezifisch (öffentlicher) männlicher und (privater) weiblicher Lebensformen.

Männliche Öffentlichkeit und weiblicher Lebenszusammenhang waren und sind komplementär aufeinander bezogen und bedingen ein hohes Maß an ungleichen Lebenschancen für Männer und Frauen. Die Krise der Moderne manifestiert sich aus feministischer Sicht als Krise dieses traditionellen Arrangements der Geschlechter, und zwar als Folge des Aufeinanderprallens einer Reihe von Wertorientierungen, die für das Selbstverständnis der Moderne gleichermaßen konstitutiv sind, aber im Gefolge ihres Strukturwandels zunehmend miteinander in Konflikt geraten: erstens die Idee gleicher bürgerlicher Rechte auf Selbstbestimmung und Partizipation, die der Feminismus als politische Forderung auch für Frauen einklagt, zweitens der Wunsch nach Erhaltung traditionell bewährter, den Bedürfnissen nach Orientierungssicherheit, Zuwendung und Nähe entsprechender Lebensformen, vor allem der Familie, und drittens der Imperativ permanenter zweckrationaler Optimierung der Ökonomie und politischer Steuerungssysteme.[2] Die historische Differenzierung der damit genannten Wertsphären der Politik, der Ökonomie und der privaten Lebenswelt, so könnte man mit Bataille sagen, steht, je weiter sie fortschreitet, immer deutlicher im Zeichen des Siegs des Homogenen, im Zeichen einer sich zum universellen Maßstab erhebenden Zweckrationalität des kalkulierten Profits.[3]

Das Modell bürgerlicher Herrschaft des 19. Jahrhunderts, das nur den männlichen Mitgliedern der besitzenden Klasse volle politische Bürgerrechte zugestand, war noch in der Lage, zumindest für die Klasse, die es repräsentierte, die genannten Wertideen in ein politisches Ordnungssystem zu fassen. Diese Ordnung war mit dem Appell an Einsicht allein nicht durchzusetzen. Sie etablierte sich, indem sie gewaltsam ausschied, oder an den Rand der Gesellschaft drängte, was und wer sich ihr nicht fügte: Nichtweiße, Arme, Geisteskranke, in anderer Form Deviante, und vor allem: Frauen. Das Schicksal der Frauen unterschied sich von den anderen

[2] Vgl. Jürgen Habermas, *Legitimationsprobleme des Spätkapitalismus,* Frankfurt/Main 1973.
[3] Zu Batailles Theorie der Moderne sei auf die Interpretation seines Konzepts der Souveränität im Kontext seines Gesamtwerkes verwiesen, die Rita Bischof vorgelegt hat, in: dies., *Souveränität und Subversion,* München 1984.

genannten Gruppen, weil sie in einem Prozeß der Normalisierung und Zurichtung dem sozialen System einverleibt wurden, freilich nicht als autonome Subjekte. Sie repräsentieren so einerseits die positiven Momente des Heterogenen, die dem häuslichen Herrschaftsbereich männlicher Bürger einverleibt wurden und auf diese Weise die prädiskursiven, nichthomogenen Qualitäten und Ressourcen zur Verfügung stellten, die das System zweckrationaler Arbeit und Produktion für seine Bestandserhaltung benötigte. Andererseits galten Frauen, die nicht die durch Kirche und gesellschaftliches Diktat vorgesehene Rolle übernahmen, stets auch als Personifikationen des Unreinen, des im negativen Sinn Heterogenen, und teilten als solche das Schicksal anderer Ausgeschlossener.[4]

Je weitgehender jedenfalls Wirtschaft und staatliche Ordnung de facto unter den Primat zweckrationaler Verhaltensweisen und Organisationsformen gerieten, um so mehr wurde der private Lebensraum zur exklusiven Sphäre der Realisierung traditioneller Werte, religiösen Lebens, des Gemeinschaftslebens, der Befriedigung elementarer Bedürfnisse und persönlicher Selbstverwirklichung – auch, um noch einmal mit Bataille zu sprechen, des Ausdrucks von subjektiver Souveränität.[5] Das Ideal der bürgerlichen Familie samt seiner dunklen Kehrseiten als Ort intimer Gewalt[6] stellt so das Komplement und den Gegenpol der fortschreitenden Rationalisierung von Ökonomie und Staat dar – ein Ideal, das sich zumindest in zweierlei Hinsicht als problematisch oder, wenn man(n) will, als gefährdet erweist. Einmal deshalb, weil die Aufrechterhaltung des traditionellen Familienverbands von Frauen einen hohen Preis fordert: den Preis des Verzichts auf wirtschaftliche Selbständigkeit und politische Autonomie im Sinne der vorhin genannten Idee bürgerlicher Grundrechte. Zum anderen handelt es sich um ein Ideal, das schon für die Zeit bis zum Ende des 19.

---

[4] Das meistdiskutierte Thema aus der Neuzeit ist die Geschichte der Hexenverfolgung. Vgl. dazu u. a. Barbara Ehrenreich und Deidre English, *Hexen, Hebammen und Krankenschwestern*, München 1975, und Claudia Honneger, *Die Hexen der Neuzeit*, Frankfurt/Main 1978.

[5] Batailles Beschreibung der Beziehung des Souveräns, des Königs, zur Masse seines Volks entspricht weitgehend seiner Beschreibung der erotischen Beziehung, in der der Mann den Part des Opferpriesters, die Frau den des Opfers einnimmt. Vgl. dazu Bischof, a. a. O., S. 24, und Bataille, *Der Heilige Eros*, S. 85 ff.

[6] Vgl. Ilse Dröge-Modelmog und Gottfried Mergner (Hg.), *Ort der Gewalt*, Opladen 1987.

Jahrhunderts nur für eine schmale Schicht von Besitzbürgern realisierbar war.

In der Gegenwart haben die Expansion der Märkte, die Konsumgüterindustrie die Einbeziehung von immer mehr Frauen in das Erwerbsleben außer Haus und schließlich ein sich verdichtendes Netz staatlicher sozialpolitischer Maßnahmen die Autonomie der familialen Lebensordnung in einem Maß in Frage gestellt, das die Konflikte zwischen traditionalen Gemeinschaftswerten und der Eigendynamik einer verwissenschaftlichten Ökonomie und Politik mit besonderer Schärfe hervortreten läßt.

In seiner Rekonstruktion von Webers Gesellschaftsgeschichte der Moderne nennt Jürgen Habermas drei Voraussetzungen, die für die historische Durchsetzung von Formen zweckrationalen Handelns, insbesondere für die Entstehung des Kapitalismus, maßgeblich sind: eine gesinnungsethische Verankerung zweckrationaler Verhaltensformen im Persönlichkeitssystem – diese Voraussetzung wurde durch die religiös motivierte Arbeitsethik des Protestantismus geschaffen, ein entsprechendes Subsystem der Reproduktion und Sozialisation – gegeben durch die Familie und die Glaubensgemeinschaften, und ein politisches Normensystem, das sich durch seine formale Struktur dazu eignet, zweckrationales Handeln als legal zu sanktionieren, d. h. ein formal rationales Recht, wie es in den bürgerlichen Verfassungen verankert ist.[7]

Mit den ersten beiden Voraussetzungen sind jene vor- bzw. nichtkapitalistischen Kulturbestände und Lebensmuster benannt, die für die Etablierung der kapitalistischen Wirtschaftsform bestandsnotwendig waren und der kapitalistischen Moderne einen paradoxen Charakter dadurch verleihen, daß sie »Prinzipien und Lebensmuster institutionalisierte und kulturell fixierte, die der Logik der Marktvergesellschaftung entgegengesetzt waren«.[8] Dazu gehört vor allem der spezifisch moderne Code von Weiblichkeit, der den Katalog weiblicher Tugenden definiert, die, zugleich gottgewollt und Ausfluß weiblicher Natur, im Binnenraum des Privaten für die Befriedigung leiblicher und sozialer Grundbedürfnisse sorgen. Die Eigenschaften des weiblichen Sozialcharakters und die

[7] Vgl. Habermas' Weberdarstellung in: ders., *Theorie des kommunikativen Handelns*, Bd. I, Frankfurt/Main 1981.

[8] Helmut Dubiel, *Autonomie oder Anomie. Zum Streit über den nachliberalen Sozialcharakter*, in: Johannes Berger (Hg.), *Modernität – Kontinuitäten und Zäsuren*, Göttingen 1986, S. 263-281.

als spezifisch weiblich geltenden Fähigkeiten – speziell Fürsorge und konkrete Verantwortung für das Leben der Mitglieder ihrer Lebensgemeinschaft – sind gewissermaßen positive Formen des Heterogenen, die sich das gesellschaftliche System einverleibt. Die neue Definition der Geschlechterrollen stellte sich keineswegs »naturwüchsig« her, wie die diesbezüglichen Formulierungen nicht nur bei den bürgerlichen Theoretikern der Familie, sondern auch bei Marx nahezulegen scheinen. Im Gegenteil: Im Zuge der frühen Industrialisierung wurde Frauen jenes Stück an wirtschaftlicher Selbständigkeit, über das sie im Mittelalter noch verfügten, mit der Einführung neuer Produktionstechniken und Maschinen, deren Bedienung Männern vorbehalten blieb, genommen. Die Vertreter des neuen mechanistischen Weltbilds spielten bei der Verdrängung von Frauen aus dem öffentlichen Raum eine unrühmliche Rolle. Sie standen mit ihrer Verurteilung von Ketzertum und Hexerei auf der Seite der Inquisition, deren Eiferer in den Frauen den Quell allen Unheils und Lasters sahen und sie zu Tausenden auf Scheiterhaufen verbrennen ließen.[9] Diese Vorgänge, von den Chronisten des Modernisierungsprozesses zumeist verschwiegen, gingen Hand in Hand mit der Verabschiedung alter organizistischer Vorstellungen von der »Mutter Natur«. Wie die Frauen, wurde die Natur als chaotisch, bedrohlich und unberechenbar wahrgenommen, und zu ihrer Domestizierung erschien die neue experimentelle Naturwissenschaft als das geeignete Mittel. So spricht Bacon in diesem Zusammenhang von einer »männlichen Geburt der Zeit«, und die neue Wissenschaft dachte er sich als »keusche und rechtmäßige Ehe zwischen Geist und Natur«, deren Ziel es sei, die wilde Natur durch Experimente gefügig zu machen, auf daß sie ihm, dem wissenschaftlichen Pionier, Kinder in reicher Zahl gebäre.[10]

Die Geschlechtermetaphorik, die Bacon seiner Vision einer »scientia activa« unterlegt, läßt vermuten, daß in der symbolischen Ordnung der Neuzeit die Visionen rationaler Weltbeherrschung einerseits und die Bilder vom Weiblichen als dem Anderen des Vernunftsubjekts jene beiden Pole bezeichnen, in denen sich im kulturellen Imaginären das neue Wissensdispositiv instrumenteller

[9] Zur Rolle der Vertreter des mechanistischen Weltbilds in der Auseinandersetzung um Magie und Hexerei vgl. Evelyn Fox Keller, *Liebe, Macht und Erkenntnis. Männliche oder weibliche Wissenschaft?*, München 1986, S. 63 f.
[10] Keller, a. a. O., S. 43.

Vernunft als Verkörperung der Souveränität des autonomen Vernunftsubjekts Ausdruck verlieh. Christine Woessler de Panafieu verweist übrigens darauf, daß sich die neuen Formen zweckrationaler Kontrolle zunächst nicht im Bereich technischer Naturbeherrschung durchsetzten, wo sie ihrer Logik gemäß ihren primären Ort haben sollten, sondern in der Kriegführung, im Handelswesen und im Bereich der staatlichen Bürokratie[11] – in Bereichen also, wo es um die Sicherung der Machtansprüche der neuen Eliten geht.

Das Paradox der Rationalisierung: Deutungsversuche

Die Idee der Vernunft ist nicht eine philosophische Idee unter anderen. Sie ist die Leitidee, durch die sich die Neuzeit epochal vom »finsteren« Mittelalter abgrenzt und in deren Namen sie ihre politischen, ökonomischen und gesellschaftlichen Projekte und Ambitionen als human und vernünftig legitimiert. Sie ist aber auch verstanden worden als ein Anspruchstitel auf Macht, zu dem sich Bacon, Propagandist der Neuen Wissenschaft, noch ausdrücklich bekannte, wenn er, treuer Diener der englischen Krone und Verfechter ihrer merkantilen Interessen, verkündete: Wissen ist Macht. Die Machtansprüche, die Bacon so offen bekundet, verschwinden allmählich aus den Selbstdarstellungen der intellektuellen und wissenschaftlichen Elite. Bei Comte heißt es nur noch: Sehen, um vorauszusehen – für wen, zu welchem Interesse, bleibt unausgesprochen. Es scheint, daß in dem Maß, als wissenschaftliches Wissen handlungsmächtig wird, die mit ihm verbundenen Machtaspirationen der Verdrängung unterliegen.[12]

Ihrem expliziten Selbstverständnis entsprechend war denn die Idee der Vernunft seit dem Beginn der bürgerlichen Aufklärung mit dem Glauben daran verknüpft, daß ihre Realisierung gesellschaftlichen Fortschritt und Humanität garantiere. Auch Marx, dessen Kritik der politischen Ökonomie die wichtigsten

---

11 Christine Woessler de Panafieu, *Zum Übergang von der instrumentellen zur digitalen Vernunft*, in: Christine Kulke (Hg.), *Rationalität und sinnliche Vernunft. Frauen in der patriarchalen Realität*, Berlin 1985, S. 31 f.

12 Vgl. Elisabeth List, *Der asketische Eros. Über Struktur und Genese des wissenschaftlichen Habitus*, in: Brigitte Weißhaupt und Manon Andreas-Grisebach (Hg.), *Was Philosophinnen denken II*, Zürich 1986.

Anknüpfungspunkte liefert für die neomarxistischen Positionen des 20. Jahrhunderts, teilte diesen Glauben.

Theodor W. Adorno und Max Horkheimer fanden sich, was die Beurteilung des emanzipatorischen Potentials von Vernunft und Rationalität betrifft, in einer historisch völlig anderen Situation. Sie waren konfrontiert mit dem Zusammenbruch der Weimarer Republik und anderer parlamentarischer Systeme in Europa, mit der Katastrophe des Zweiten Weltkriegs und mit den Greueln des Genozids an Juden. Für sie stellte sich bezüglich der Begründungserzählung der Moderne die Frage, wie sich die wissenschaftliche Vernunft, die sich mit den humanistischen Imperativen der Aufklärung verbündet hatte, in eine destruktive Denkmaschinerie verwandeln konnte.

Adorno und Horkheimer zufolge verdankt sich das, was sie die »Dialektik der Aufklärung« nennen, der intrinsischen Verbindung von Vernunft und Herrschaft im Habitus rationaler Selbsterhaltung, den sie nicht erst in den Pionieren der neuzeitlichen Wissenschaft manifestiert sehen – etwa bei Bacon und Hobbes –, sondern schon bei den Homerischen Helden, speziell bei Odysseus.

Aus dieser Perspektive, die die instrumentelle Vernunft als das herrschende Rationalitätsparadigma und zugleich als Herrschaftsform betrachtet, ist das dialektische Umschlagen von humanistischem Fortschrittsglauben in Irrationalität und Selbstzerstörung unvermeidlich und tragisch. Max Weber, dessen Konzept der Rationalisierung Adorno und Horkheimer im wesentlichen übernommen hatten, stellt seine Deutung des Modernisierungsprozesses in einen anderen theoretischen Bezugsrahmen, in den der Religionssoziologie: Schon in der Entwicklung des westlichen Monotheismus vom Judaismus zum modernen Protestantismus setzen sich nach Weber jene Momente der Rationalisierung von Heilsvorstellungen durch, die, wie er in seinen Studien zur protestantischen Ethik darlegt, dem Idealtyp zweckrationalen Handelns zum Durchbruch verhalfen, und damit einer Lebensform, die die Religion schließlich aus ihrer zentralen Rolle als Orientierungsinstanz verdrängte. Die Zweckrationalität entwickelte sich in einer schicksalhaften Eigenläufigkeit zum Leitbild gesellschaftlichen Handelns ohne Rücksicht auf traditionelle Wertorientierungen, einschließlich der christlichen Brüderlichkeitsethik, die für Weber das letzte universal verbindliche moralische Lebensideal darstellte.

Diese Situation hat die jüngere Kritische Theorie veranlaßt, ein Rationalitätskonzept zu entwickeln, das die paradoxen und selbstwiderlegenden Konsequenzen des Rationalitätskonzepts zu vermeiden und das emanzipatorische Potential der Vernunftidee zu retten vermag. So deutet Wellmer die von Habermas entwickelte Idee kommunikativer Rationalität. Marx, Weber und Adorno/Horkheimer seien zwar davon ausgegangen, daß der Begriff der Zweckrationalität bzw. formalen Rationalität die Struktur der modernen Gesellschaft angemessen zu beschreiben vermag – dennoch appellierten sie an eine umfassendere, emphatische Idee der Vernunft, die sie jedoch nicht hinreichend explizierten.[13] Bei Max Weber etwa bedeute Rationalisierung zugleich Emanzipation (von traditionellen gesellschaftlichen Mächten, von den dunklen Mächten und Kräften alter Zeiten) *und* Objektivation – in anderen Worten: Gewinne wie Einbußen bezüglich der Autonomie, der Spontaneität des Individuums. Weber beschreibt diese beiden Seiten der Rationalisierung, aber sein illusionsloser und nüchterner Blick auf den Prozeß der Rationalisierung läßt Objektivation, Verlust individueller Freiheit und Sinnverlust des individuellen Daseins als realhistorisches, unvermeidliches Resultat des Rationalisierungsprozesses erscheinen. Wenn, wie zumeist angenommen wird, Rationalität ein erstrebenswertes Gut ist, scheint diese Sicht tatsächlich so etwas wie ein Paradox der Rationalisierung zu implizieren. Adorno und Horkheimer, die zu einem ähnlichem Ergebnis kommen, sehen in der Kunst einen möglichen Ort der Realisierung von Ideen des Glücks und der Harmonie – eine Konsequenz, die, Wellmer zufolge, nicht eigentlich als Lösung des Paradoxes gelten kann. Denn das Kunstwerk als Versöhnung zwischen Mensch und Natur könne nur einen *transhumanen* Sachverhalt schaffen, aber nicht die Voraussetzungen für eine gelungene Lebensform sprechender und interagierender Individuen.[14] Vom Standpunkt einer so verstandenen transdiskursiven ästhetischen Rationalität können die Differenzierungsprozesse der modernen Gesellschaft, der Institutionen des Wissens, des Rechts und der Politik nicht anders als durch den Kalkül instrumenteller Rationalität bestimmt erscheinen.[15]

---

[13] Vgl. Albrecht Wellmer, *Reason, Utopia and the Dialectic of Enlightenment,* in: Richard D. Bernstein (Hg.), *Habermas and Modernity,* Cambridge 1985, S. 35-66.
[14] Wellmer, a. a. O., S. 49.
[15] Ebda.

Um diesen Schwierigkeiten zu entgehen, bedürfe es einer Neufassung des Rationalitätsbegriffs, noch mehr: der Änderung des begrifflichen Bezugsrahmens zur Bestimmung von Rationalität, um auf diese Weise zu einem umfassenderen Rationalitätskonzept zu gelangen. Genau dies ist, so Wellmer, die Intention von Habermas' Theorie des kommunikativen Handelns.

Ohne Zweifel ist dieses Vorhaben sinnvoll und angebracht. Aber es trägt, soweit es jedenfalls bis jetzt realisiert wurde, noch immer nicht jenen lebensweltlichen Gegebenheiten Rechnung, die den Gang der Dialektik der Aufklärung bestimmen, wie ihn Adorno und Horkheimer beschreiben – als tragisches Umschlagen der Aufklärung in ihr Gegenteil. Wie Wellmer selbst bemerkt, ist es für das emphatische Vernunftkonzept der Aufklärungstradition und der Kritischen Theorie wesentlich, daß es von bestimmten Vorstellungen vom Individuum und vom sozialen Leben ausgeht, und es ist deshalb ratsam, zunächst diese Vorstellungen ins Auge zu fassen, um die paradoxen Konsequenzen moderner Rationalitätskonzepte zu verstehen. Hat sich erst einmal gezeigt, daß solche Vorstellungen auf den Kontext realer historischer Gegebenheiten verweisen, die durchgehend auf Strukturen männlicher Hegemonie beruhen, dann wird auch verständlich, warum der abstrakte philosophische Diskurs dazu tendiert, bestimmte Vorstellungen vom Vernunftsubjekt zu totalisieren. Diese Tendenz hat im neuzeitlichen philosophischen Denken vor allem auch dazu geführt, die konkreten historischen Bedingungen und Voraussetzungen zu ignorieren, die der Universalisierung der instrumentellen Vernunft Vorschub geleistet haben. Genau in diesem Sinn kritisiert Wellmer Webers Position. Habermas folgend, vertritt er den Standpunkt, daß das, was Webers Position den Anschein des Paradoxen verleiht, nicht eine Frage der Begrifflichkeit ist, sondern Webers Versäumnis, spezielle Formen der gesellschaftlichen Rationalisierung als *selektive Prozesse der Rationalisierung unter bestimmten historischen Voraussetzungen* kenntlich zu machen. Etwas drastischer und weniger apologetisch formuliert: Hier deutet sich an, daß das Problem, das sich mit der Konstatierung eines *Paradoxes der Rationalisierung* stellt, durch Anstrengungen zur Begriffsreparatur nicht aus der Welt zu schaffen ist. Deshalb ist es angebracht, in die Niederungen der Empirie zurückzukehren.

Eine andere Sicht: Die Inszenierung von Rationalität und ihre offenen Kontexte

Paradox erscheinen die destruktiven, die unerwarteten und unerwartet negativen Konsequenzen der Rationalisierung, weil die Moderne ihre Kehrseiten, ihre Hinterbühne, das Allzumenschliche hinter den feierlichen Bekenntnissen zum Humanum, kurz das, was in ihr öffentlich präsentiertes Bild nicht paßt, verschweigt, verdrängt, als ihr Anderes, ihr Heterogenes der Thematisierung entzieht.[16]

Wie kann dieses Andere, von dem Bataille meint, daß es sich der Diskursivierung hartnäckig und unwiderruflich entzieht, zur Sprache gebracht werden? Vermutlich nicht allein durch eine theoretische »Heterologie«, wie Bataille selbst eingesehen hat. Denn eine solche würde ihrerseits dieselbe dichotomische Struktur reproduzieren, die adversarische Trennung zwischen »Ich« und »Nicht-Ich«, zwischen dem »Selben« und dem »Anderen«, die, wo immer sie am Werk ist, Herrschaftsverhältnisse stiftet.[17] Wie dann?

Ein gangbarer Weg aus der dualistischen Logik des Diskurses über die Rationalität und ihr Anderes ist der einer Beschreibung des *offenen Kontexts* dessen, was sich selbst als geschlossenes, selbstgenügsames System präsentiert. Mit der Kennzeichnung des vielschichtigen Kontexts der diskursiven Konstruktion von Rationalität als eines offenen ist zugleich impliziert, daß keine noch so reichhaltige Beschreibung dieses Kontexts erschöpfend sein kann. Damit verweigert ein solches Vorgehen sich dem Anspruch herkömmlicher Metatheorie und beschränkt sich darauf, den Horizont des Verstehens zu erweitern – und auch zu ordnen.

Die Dimensionen und Ebenen der Ökologie des Vernunftbegriffs sind dieselben, die sich für die Analyse des Zusammenhangs von Theorie und Geschlechterpolitik als aufschlußreich erwiesen haben.[18] Es sind im wesentlichen der realhistorische, soziale und

---

[16] Dieses Andere tritt in Zeiten des Umbruchs und der Krise, meist unerwartet und unerwünscht, wieder ans Tageslicht, so wie die geradezu eruptiven Ausbrüche des Rechtsradikalismus und des Nationalismus in Mittel- und Osteuropa. Vgl. dazu Rada Ivekovic, *Nation, nationalités, nationalismes,* Paris 1991.

[17] Vgl. Rada Ivekovic, *Orients. Critique de la raison postmoderne,* Paris 1992.

[18] Vgl. Elisabeth List, *Theorieproduktion und Geschlechterpolitik. Prolegomena zu einer feministischen Theorie der Wissenschaften,* in Herta Nagl-Docekal (Hg.), *Feministische Philosophie,* Wien 1990, S. 158-183.

politökonomische Kontext, der psychische, psychosoziale und psychosexuelle Kontext, mithin das, was im Prozeß der Rationalisierung verdrängt worden ist, als das Unbewußte des expliziten wissenschaftlichen Diskurses und seiner metatheoretischen Normierung.[19]

Zum sozialhistorischen Kontext des neuzeitlichen Diskurses um den Vernunftbegriff sind einige aus feministischer Sicht wesentliche Zusammenhänge einleitend skizziert worden. Eine Darstellung derselben Periode aus der Perspektive der Besitzlosen, Taglöhner und der Industriearbeiter, der psychisch Kranken oder aus der Perspektive marginalisierter Nationen, unterdrückter Rassen in der Peripherie der modernen Metropolen würde anders aussehen, aber für die folgenden Überlegungen stehen die Kontextualitäten im Vordergrund, die die Verknüpfungen von Vernunft und Geschlecht betreffen.

Duale Gesellschaften

Auf den ersten Seiten seiner drei Bände umfassenden gesammelten *Aufsätze zur Religionssoziologie* benennt Max Weber das seiner Meinung nach grundlegende Organisationsprinzip des kapitalistischen Wirtschaftssystems: das Prinzip der Trennung von Haushalt und Betrieb.[20] Weber hat die Struktur und die Genese der sich ausdifferenzierenden modernen Institutionen des Rechts, der staatlichen Bürokratie, der Religion in umfangreichen Einzelstudien dargestellt und im Lichte seiner Theorie der Rationalisierung analysiert – mit Ausnahme der Familie und des privaten Lebenszusammenhangs. Weber hält die Trennung des Privatlebens von der öffentlichen Sphäre des Rechts, der Wirtschaft und des Staates für eine strukturelle Notwendigkeit, freilich nicht in dem Sinne, daß die private Reproduktion ein materiell notwendiges Erfordernis darstellt. Vielmehr scheint es so zu sein, daß Weber in der Sphäre des Privaten alle jene Elemente des Handelns, Denkens und Wünschens ansiedelt, die sich einer Integration in die herrschenden Muster des Zweckrationalen nicht fügen. So nennt er den Bereich des Intimen, des Erotischen und auch der Kunst jene »arationalen

[19] Vgl. in diesem Buch Kap. III und IV.
[20] Max Weber, *Gesammelte Aufsätze zur Religionssoziologie*, Tübingen 1920, S. 10.

Lebensmächte«,[21] die sich der Realität einer durch und durch rationalisierten Welt entziehen. Mit anderen Worten: Themen des Geschlechts und der Geschlechterbeziehung bleiben aus der Dynamik der Rationalisierung ausgeschlossen. Dennoch finden sich bei Weber im selben Zusammenhang einige Hinweise darauf, welche Implikationen die Ausgrenzung des Erotischen für den Charakter sexueller Beziehungen hat, speziell außerehelicher Beziehungen, besonders für Frauen.[22] Er geht am Rande auch auf die Praktiken sexueller Askese bei religiösen Intellektuellen ein – hier ist vor allem das Mönchstum gemeint. Freilich thematisiert er nicht ausdrücklich, was auf der Verlustseite dieser Kultur der Askese zu verbuchen ist.

Nicht nur die Erotik, auch die nicht rationalisierungsfähigen Momente religiöser Tradition teilen das Schicksal der von Weber so genannten »arationalen Lebensmächte« – sie bleiben erklärtermaßen das Andere einer Kultur, für die die positive Wissenschaft zur Wissensautorität geworden ist. Oder, wie Weber es formuliert: »Wo immer aber rational empirisches Erkennen die Entzauberung der Welt und deren Verwandlung in einen kausalen Mechanismus vollzogen hat, tritt die Spannung gegen die Ansprüche des ethischen Postulats: daß die Welt ein geordneter, also irgendwo ethisch sinnvoll orientierter Kosmos sei, endgültig hervor... Mit jeder Zunahme des Rationalismus der empirischen Wissenschaften wird dadurch die Religion zunehmend aus dem Bereich des Rationalen ins Irrationale verdrängt und nun erst: *die* irrationale und antirationale überpersönliche Macht schlechthin.«[23] Zwischen der Religion und der Wissenschaft besteht so gesehen ein unauflösbares Spannungsverhältnis, und diese Spannung muß ausgehalten werden, will man nicht eines der beiden Wertsysteme und die ihnen entsprechende Weltsicht aufgeben. Es verdient festgehalten zu werden, daß es Weber gelingt, in seinem theoretischen Denken dem Heterogenen, dem Arationalen einen – wenn auch negativen – Stellenwert zuzuweisen, ein Umstand, den die gängige Rezeption Webers als Theoretiker der Moderne oft nicht zur Kenntnis nimmt.

Habermas' kritische Rekonstruktion von Webers Sicht der Modernisierung greift einerseits die Themen der gesellschaftlichen

---

[21] Vgl. Weber, a.a.O., S. 554.
[22] Weber, a.a.O., S. 556.
[23] Weber, a.a.O., S. 564.

Differenzierung zweckrational organisierter politischer Institutionen auf und transformiert, man könnte auch sagen: entdramatisiert Webers Diagnose von der unversöhnlichen Koexistenz rivalisierender Wertorientierungen, indem er sie als einen Prozeß der Differenzierung der kulturellen Sphären der Wissenschaft, der Moral und der Kunst begreift. Diese drei kulturellen Sphären repräsentieren für Habermas die Idealtypen jener drei grundlegenden Handlungsbereiche, die er dann im Rahmen seiner Universalpragmatik dem sie alle umfassenden Begriff der kommunikativen Rationalität subsumiert. Die Religion als Orientierungssystem, die für Weber letztlich jenseits des Rationalisierungsprozesses verbleibt, wird bei Habermas, in Berufung auf die Annahme einer »Versprachlichung des Sakralen« – dem kulturellen Subsystem der Moral einverleibt. Dafür tut sich in Habermas' Theorie des kommunikativen Handelns in der Diagnose des Modernisierungsprozesses ein anderes Spannungsfeld auf, das unter dem Gesichtspunkt der Geschlechterordnung bedeutsam ist: Habermas konstatiert als Folge der Rationalisierung im Bereich der Ökonomie und der politischen Führungssysteme eine wachsende Spannung zwischen der Lebenswelt der Individuen und dem System komplexer politischer und wirtschaftlicher Institutionen. Allerdings spielt in der von Habermas gezeichneten Version einer dualen Gesellschaft die Geschlechterproblematik keine erhebliche Rolle. Zwar liefert sie den Anknüpfungspunkt für eine die Tradition der Kritischen Theorie fortsetzenden emanzipatorischen Politik. Aber das Interesse solcher Politik richtet sich darauf, die Individuen von der Unterwerfung durch Zwänge der politischen und wirtschaftlichen Systemerhaltung zu befreien und sie dazu zu befähigen, im Sinne einer umfassenden Idee von Rationalität nach ihren eigenen Maßstäben ein vernünftiges Leben zu führen. Dieses Ideal vernünftigen Lebens rekonstruiert Habermas, Wellmer zufolge, nach dem Marxschen Ideal der freien Assoziation der Produzenten.[24] Sofern diese Rekonstruktion die Intentionen von Habermas trifft, ist wohl anzunehmen, daß das Ideal der freien Assoziation der Produzenten auch in dieser Version impliziert, was sie bei Marx voraussetzte: die »naturwüchsige« Arbeitsteilung zwischen den Geschlechtern. Sie wäre dann das Ideal einer Lebenswelt, in der Männer – an Frauen hat Marx sicher nicht gedacht beim Traum von der freien Assoziation

[24] Vgl. Wellmer, a. a. O., S. 57.

206

der Produzenten – rationale Entscheidungen treffen für ihr Leben, während es wieder einmal die Frauen sind, die für seine alltägliche Fristung sorgen und es zudem reproduzieren.

Mit anderen Worten: Ebensowenig wie Weber trägt Habermas' Beschreibung der dualen Struktur der modernen Gesellschaft dem Umstand Rechnung, daß sich diese Struktur durch das Prinzip der »getrennten Sphären« organisiert, ein Prinzip, das die Geschlechtsspezifik der Bereiche des Öffentlichen und des Privaten erfordert und festschreibt.

Nicht ganz unberechtigt ließe sich hier einwenden, daß die Entstehung einer entlang der Geschlechterdifferenz organisierten dualen Sozialordnung nicht eigentlich das Thema einer Theorie der Moderne ist, sondern eines der – um Friedrich Engels' Terminologie in Erinnerung zu rufen – »Weltgeschichte«. Viel älter als die neuzeitliche Zurichtung der Frau zur Hausfrau und Mutter ist ihre Verdrängung aus dem religiösen Kult und ihre politische Entmachtung, die schon für die Denker der antiken Polis eine unhinterfragte Selbstverständlichkeit war. Aber eben genau derlei »unhinterfragte Selbstverständlichkeiten« verweisen auf den verleugneten Geschlechterkontext der Vorgeschichte nicht nur der Modernisierung, sondern auch des Vernunftbegriffs.

Zu seiner Erhellung wären die drei folgenden Fragen zu klären: Erstens, wann und wie haben sich Muster der Geschlechterbeziehung durchgesetzt, die die männliche Vorherrschaft auf Dauer stellten? Zweitens, wie hat derselbe Prozeß sozialer Transformation dazu beigetragen, daß Frauen ausnahmslos auf dienende Funktionen in der häuslichen und privaten Sphäre beschränkt wurden? Und schließlich drittens: Wie sind die Ideen von Vernunft und Wissen, und vor allem die Vorstellung vom Vernunftsubjekt, eingebunden in diese Struktur dualer und asymmetrischer Geschlechterbeziehungen als Machtverhältnisse?

Diese Fragen sind nicht nur für die Kritik am Sexismus und an männlicher Herrschaft von Interesse, sondern für jede Theorie gesellschaftlicher Entwicklung. Die klassischen Theoretiker der Moderne von Marx bis Weber, aber auch die Gesellschaftstheorien des 20. Jahrhunderts haben der Familie und den Geschlechterbeziehungen eine marginale Rolle zugewiesen – obwohl es sich hier gerade um den Bereich sozialen Lebens handelt, in dem Kinder großgezogen und sozialisiert werden. Im Zusammenleben mit den primären Bezugspersonen, deren Selbstdefinitionen und Selbstwahrnehmung bestimmt sind durch die gesellschaftliche Definition geschlechtsspezifischer Rollen, vollziehen sich ihre psychogenetische Entwicklung und ihr Eintritt in die symbolische Ordnung.[25] In diesem Prozeß werden Kinder zu Mitgliedern der Gesellschaft geformt – zu Mitgliedern einer Gesellschaft, die sich in so gut wie allen ihren Bereichen und Institutionen zugleich als eine bestimmte Ordnung der Geschlechter präsentiert. In diesem Sinn ist die Familie nicht nur der gesellschaftlich vorgesehene Ort für die Prokreation und die materielle Reproduktion des alltäglichen Lebens, sondern auch der sozialen Reproduktion – die Familie als Agentur, als »Keimzelle der Gesellschaft«.

Anfänge

Keimzelle der Gesellschaft ist die Familie in einem doppelten Sinn: Einmal trägt sie zur Formung des Sozialcharakters der in ihr aufwachsenden Kinder bei, und zum anderen ist sie auch das Urmodell für Formen der Vergesellschaftung und der Herrschaft. Die Psychoanalyse und die Kulturanthropologie haben trotz des ausgesprochenen Sexismus vieler ihrer Vertreter wesentlich zum Verständnis dieser Vorgänge beigetragen; die Psychoanalyse durch die Analyse der frühesten Phasen der Persönlichkeitsentwicklung, die Kulturanthropologie durch die Analyse archaischer Formen der Vergesellschaftung, deren Organisationsprinzip die Verwandtschafts- und Heiratsregeln waren bzw. noch sind.[26] In beiden Fällen geht es um Anfänge; in beiden Fällen geht es um emotional stark besetzte Erfahrungen und Erlebniskonstellationen, um die Lüste, Ängste und Bedürfnisse, die die im Entstehen begriffene Psyche und die elementaren Formen sozialer Beziehungen nachhaltig prägen.

Auch diese Anfänge stehen für Kontexte, für Kontexte im Schatten der Vernunft – im Schatten des Bewußtseins. Sie haben ihren

[25] Richtungweisend in der feministischen Aufarbeitung dieser Prozesse sind die Arbeiten von Nancy Chodorow, *Das Erbe der Mütter,* München 1985, und Jessica Benjamin, *Die Fesseln der Liebe. Psychoanalyse, Feminismus und das Problem der Macht,* Basel/Frankfurt 1990.
[26] Vgl. Gale Rubin, *Traffic in Women. Notes on the ›Politicial Economy‹ of Sex,* in: *Towards an Anthropology of Women,* hg. von Rayna Reiter, New York 1975, S. 157-210.

Ort in der verdrängten, umgedeuteten Vorgeschichte, in den schicksalhaften Erfahrungen der Kindheit, die den Gefühlshaushalt, Grundmuster des Verhaltens im Umgang mit Ängsten und Wünschen lebenslang bestimmen. Aus diesen schwer erinnerbaren Anfängen werden von Geschichten und Mythen umgebene »Ursprünge«.[27] Für die oben genannten Fragen besonders aufschlußreich sind die Theorien, Geschichten und Mythen zum Ursprung männlicher Herrschaft. Nachdem die biblische Geschichte von Evas Formung aus Adams Rippe nicht mehr glaubwürdig ist, hat das aufgeklärte Bewußtsein das Thema der Biologie überlassen, womit es sich der Notwendigkeit einer historischen Rechenschaftslegung zu dieser leidigen Frage entzieht.[28] Was eine historische Erkundung in diesem Zusammenhang ergeben würde, läßt sich den Forschungen feministisch orientierter Anthropologinnen und Historikerinnen entnehmen. Die kritische Auseinandersetzung mit den historischen Gründen für die »weltgeschichtliche Niederlage des weiblichen Geschlechts«, wie sie Engels in seinem Buch über die Familie, das Privateigentum und den Staat darlegt, hat zu der Annahme geführt, daß es nicht die Entstehung des Staates war, die zur Etablierung des Patriarchats als vorherrschende Form sozialer Organisation führte, sondern ein früherer Typ einer »korporierten Stammesgesellschaft« (»corporate kinship society«).[29] Der Grund dafür waren die Vorteile patrilokaler Residenz für die Akkumulation und Kontrolle von ökonomischem Reichtum, was vor allem Vorteile in der Ausbeutung weiblicher Arbeit bedeutete. Wie Stephanie Coontz und Peta Henderson annehmen, sind dem Übergang von egalitären matrilinearen zu patrilokalen Gesellschaften mit hierarchischen patriarchalen Strukturen gewaltsame Konflikte zwischen verschiedenen Sippen, aber auch Konflikte zwischen einzelnen Gruppen von Männern innerhalb einer Sippe vorausgegangen, als Folge der Konkurrenz um

27 Vgl. Regina Becker-Schmid, *Verdrängung Rationalisierung Ideologie. Geschlechterdifferenz und Unbewußtes, Geschlechterverhältnis und Gesellschaft*, in: Gudrun-Axeli Knapp/Angelika Wetterer (Hg.), *Traditionen, Brüche. Entwicklungen feministischer Theorie*, Freiburg 1992.
28 Vgl. Ruth Hubbard, *Hat die Evolution die Frauen übersehen?*, in: Elisabeth List/ Herlinde Studer (Hg.), *Denkverhältnisse. Feminismus und Kritik*, Frankfurt/Main 1989.
29 Stephanie Coontz/Peta Henderson, *Property Forms, Political Power and Female Labour in the Origin of Gender and Class*, in: dies. (Hg.), *Women's Work, Men's Property*, London 1986, S. 111.

den Zugang zu den Produkten weiblicher Arbeit. Das Ergebnis dieser Konflikte war die Entstehung einer sozialen Hierarchie, die sich in typischen Formen der Auseinandersetzung zwischen Männern herausbildete, vor allem im Zusammenhang mit Handel und Krieg.[30] Patriarchat bedeutete also unter diesen historischen Bedingungen weibliche häusliche und agrarische Arbeit und männliche Kontrolle der Früchte dieser Arbeit. Es bedeutete die Durchsetzung eines bestimmten Musters ökonomischer und politischer Machtverhältnisse zwischen den Geschlechtern, die sich historisch dem Einsatz physischer Gewalt bzw. einer destruktiven Kriegstechnologie verdankte, aber den Klassikern der Soziologie als Folge der »naturwüchsigen Arbeitsteilung zwischen den Geschlechtern« als selbstverständlich gegeben erschien.[31]

Dies ist ein Beispiel, wie das *eigene Heterogene* – die latente Gewaltsamkeit des männlichen Geschichtssubjekts gegenüber »seinen« Frauen – zu einem *Anderen* umgedeutet wird, hier zu einer Angelegenheit der *Natur* und damit zu einer Angelegenheit, die in den Zuständigkeitsbereich einer honorigen und moralisch unverdächtigen Wissensautorität gehört, nämlich in das Gebiet der Biologie. Auf diese Weise werden die negativen und gegenüber dem moralischen Selbst »heterogenen« Neigungen und Gewohnheiten mehr oder weniger explizit *normalisiert*, zum natürlichen Geschlechtsattribut der männlichen Psyche erklärt. Darwins Theorie der sexuellen Zuchtwahl und in letzter Zeit die Soziobiologie haben entscheidend zur Naturalisierung und Normalisierung männlicher Gewalt beigetragen.[32] So deutet auch Freud in seinen Abhandlungen zur Sexualtheorie unter dem Kapitel »Perversionen« an, daß ein gewisses Maß an Sadismus von seiten des Mannes im Sexualakt als normal gelten kann, solange die aggressive Komponente nicht zum Selbstzweck wird, sondern zum gewünschten

[30] Coontz und Henderson, a. a. O., S. 141.

[31] Vgl. dazu Maria Mies, *Die gesellschaftlichen Ursprünge der geschlechtlichen Arbeitsteilung*, in dies., *Patriarchat und Kapital. Frauen in der internationalen Arbeitsteilung*, Zürich 1988.

[32] Zu Darwin vgl. u. a. Ruth Hubbard, *Hat die Evolution die Frauen übersehen?*, in: *Denkverhältnisse. Feminismus und Kritik*, hg. von Elisabeth List und Herlinde Studer, Frankfurt/Main 1989, S. 301-333, und zur Soziobiologie Elisabeth List, *Was heißt »natürlich«? Theorieproduktion und Geschlechterpolitik am Beispiel der Soziobiologie*, in: *Beschreiblich weiblich. Aspekte feministischer Wissenschaft und Wissenschaftskritik*, hg. von Walter Herzog und Enrico Violi, Zürich 1991, S. 135-152.

genitalen Ziel führt.[33] George Bataille, der Theoretiker des Heterogenen, sieht in der gewaltsamen Überwältigung der Frau durch ihren männlichen Souverän eine Eruption von authentischer Natur, die es gegen das Diktat des Homogenen, des asketischen Aneignungskalküls kapitalistischer Produktion, zu verteidigen gilt.

Von der vergesellschafteten Macht zurück zur Natur und ihrer gewaltsamen Leidenschaft? Besetzt Bataille, der gegen eine totalitär gewordene Vernunft den Raum des Anderen, des Nichthomogenen, zu verteidigen sucht, das eben erst gewonnene Terrain nicht wieder mit Phantasien der männlichen Selbstgeburt durch Trennung und Gewalt?[34]

Bei aller Sympathie für Batailles Plädoyer für eine nichthomogene Moderne ist nicht zu übersehen, daß er in seinem Denken den Raum des Anderen mit Bildern anreichert, die wieder ein Anderes erzeugen, das weibliche Andere. So bestätigt Bataille in manchen seiner Schriften, vor allem zum Thema Eros, seine eigene Sicht des Modernisierungsprozesses: Dort, wo Aufklärung verkündet wird, setzt sich das Unbewußte durch, das verdrängte, unterdrückte, der Ordnung nicht integrierbare Lebendige. Deshalb bleibt die Rede vom Humanismus leer angesichts der Allgegenwart von Gewalt, die mit allen möglichen Mitteln rationalisiert wird, und schließlich erweist sich die Geschichte nicht als Fortschritt, sondern als die Wiederholung dieser einen Grundkonstellation des Ausbruchs von Gewalt im Namen der Souveränität eines sich über alle Verbote hinwegsetzenden Subjekts.

Und noch in einem weiteren Punkt ist Bataille zuzustimmen: Nichts an all dem ist paradox, es ist vielmehr notwendig so, wie es ist. Das Sichtbarwerden der destruktiven, negativen Kehrseite des Rationalisierungsprozesses ist die logische Konsequenz der Bedingungen, unter denen sich die Herrschaft der Vernunft durchsetzt – eine Herrschaft, die immer die Herrschaft einer Minderheit ist, die vorgibt, im Namen der Vernunft zu sprechen.

Eine Konsequenz ist aber über Bataille hinaus zu ziehen: So richtig es ist, daß niemand berechtigt ist, »im Namen der Vernunft« zu sprechen, so sehr trifft zu, daß es ebensowenig jemanden geben kann, der befugt ist, im Namen *des* Anderen zu sprechen. *Das An-*

---

[33] Vgl. Sigmund Freud, *Drei Abhandlungen zur Sexualtheorie*, *Gesammelte Werke*, Bd. V, London 1942, S. 57.
[34] Vgl. Klaus Theweleit, *Männerphantasien*, 2 Bände, Frankfurt/Main 1979.

dere gibt es nicht. Es gibt andere, und andere andere. Auch die radikalste Form der Rationalitätskritik, die im Namen *des* Anderen, ist deshalb nicht davor gefeit, in Doktrinen zu erstarren.

Im Namen der Vernunft? In wessen Namen? Wessen Vernunft?

Wie sehr auch das feministische Ansinnen Entrüstung auslösen mag, das »Allerobjektivste«, was unsere Zivilisation hervorgebracht hat, zu der allerintimsten Sphäre des menschlichen Lebens in Beziehung zu setzen: die Vernunft ohne ihr Anderes zu denken ist nicht möglich, es sei denn um den Preis der Verdrängung dieses Anderen und der Verzerrung dessen, was menschliche Vernunft heißen kann.

Das sei abschließend am Beispiel des neuzeitlichen Vernunftbegriffs verdeutlicht.

Nicht immer war das Thema des Geschlechts so tabuisiert wie im zeitgenössischen metatheoretischen Diskurs. Im 17. Jahrhundert erfreute es sich, wie die von Elisabeth Gössmann gesammelte Literatur zur »Querelle des femmes« zeigt, großen Interesses, wenngleich sich der Blick vorwiegend auf das weibliche Geschlecht richtete.[35] Bacon, in dieser Hinsicht dem analogischen Denken der Renaissance näher als der experimentellen Philosophie eines Newton, machte häufig Gebrauch von der Geschlechtermetaphorik.[36] Die Frühaufklärung brachte die ersten politischen Forderungen nach gleichen Rechten für Frauen, was auch das Recht auf Bildung mit einschloß. Mit dem Vordringen der Ideen der Französischen Revolution in Mitteleuropa, vor allem mit dem Entstehen konstitutioneller Verfassungen und der Garantie politischer Bürgerrechte änderte sich die Situation. Die Repräsentanten des Bildungsbürgertums, Universitätsgelehrte, Ärzte, Juristen, Philosophen, Theologen, suchten nach Rechtfertigungen dafür, daß Frauen ungeachtet der Erklärung der Menschenrechte vom öffentlichen Leben und vom Leben der Wissenschaften auszuschließen seien. Just in dem Augenblick, als mit dem Entstehen des Berufs-

---

[35] Elisabeth Gößmann (Hg.), *Ob die Weiber Menschen Seyn, oder nicht?*, in: *Archiv für philosophie- und theologiegeschichtliche Frauenforschung*, Bd. 4, München 1988.

[36] Dazu vgl. Evelyn Fox Keller, *Liebe, Macht, Erkenntnis. Männliche oder weibliche Wissenschaft?*, München–Wien 1986.

beamtentums für die Ausübung eines höheren öffentlichen Amtes eine akademische Ausbildung, zumindest ein bestimmtes Maß an formaler Bildung, erforderlich wurde, erschien eine solche Ausbildung als männliches Vorrecht, das die Gelehrten des ausgehenden 18. und beginnenden 19. Jahrhunderts nicht mehr politisch, sondern philosophisch aus einer Metaphysik polarer Geschlechtscharaktere zu begründen suchten, derzufolge Vernunft wesensmäßig allein dem Mann zukomme.

Dabei erscheint das Bild des bürgerlichen Berufsmenschen, wie es in den rechts- und sozialphilosophischen Schriften von Kant, Hegel und Fichte gezeichnet ist, nicht als Bild des Männlichen, sondern des Menschlichen schlechthin, die Wesenszüge des Weiblichen hingegen als Abweichung von der Norm, die einer besonderen Begründung bedürfen. Demnach sind die wesentlichen Eigenschaften des politisch und gesellschaftlich handlungsfähigen Bürgers die des Vernunftsubjekts schlechthin: Vernunftfähigkeit, Fähigkeit zum logischen Denken und zu rationaler Berechnung, wirtschaftliche Autonomie als Voraussetzung bürgerlicher Rechte und die Fähigkeit zur Kontrolle von Affekten und Emotionen, die seiner Durchsetzungsfähigkeit in der kalten Welt des Marktes und des politischen Machtkampfes hinderlich sein könnten. Es sind übrigens dieselben Eigenschaften, die auch der modernen Wissenschaftlerpersönlichkeit zugesprochen werden und dieselben, die nach Weber jene Haltung »innerweltlicher Askese« ausmachen, die die religiös-ethische Grundlage für die historische Institutionalisierung zweckrationalen Handelns bilden sollte.[37] Gesehen auf dem Hintergrund dessen, was über die duale Organisation der modernen Gesellschaft und ihre Bedeutung für den Prozeß der Rationalisierung gesagt wurde, ist offenkundig, daß dieses Ideal des »Vernunftmenschen« – Nancy Hartsock nennt dieses Ideal »abstract masculinity«[38] – weder universal noch selbstgenügsam ist, wie immer wieder behauptet wird. Ihm entsprechende Handlungsmuster konnten sich nur gleichzeitig mit und in Abhängigkeit von einem Ideal spezifisch »weiblicher Vermögen« durchset-

---

[37] Vgl. Bernice T. Eidunson, *The Scientists Personalities*, in: Bernice T. Eidunson/ Linda Beckmann (Hg.): *Science as a Career Choice*, New York 1973, S. 195-206.

[38] Nancy Hartsock, *The Feminist Standpoint: Developing the ground for a specifically Feminist Historical Materialism*, in: Sandra Harding und Merrill Hintikka (eds.), *Discovering Reality. Feminist Perspectives on Epistemology, Methodology and Philosophy of Science*, Dordrecht 1983.

zen. Das Bild der idealen Hausfrau und Mutter, dem die genannten Autoren und ihre Zeitgenossen beträchtliche Aufmerksamkeit widmen, porträtiert genau jene Qualitäten und Fähigkeiten, die die Verdrängung »traditionaler« Werte wie Nachbarschaftshilfe, Nächstenliebe, Fürsorge, Gemeinschaftssinn durch die Rationalisierung des öffentlichen Lebens im Binnenraum des Privaten kompensieren sollten: Umsicht und Geschick in der Besorgung des für das tägliche Leben Nötigen, Hilfsbereitschaft und Verständnis für die Wünsche und Nöte der ihr Anvertrauten, schließlich Gefühlsorientiertheit, Einfühlungsvermögen und emotionale Offenheit, durch die die gute Ehefrau jene Atmosphäre der Nähe und Sicherheit schafft, die der Welt draußen abgeht.[39]

Alles in allem spricht aus den von männlicher Feder gezeichneten Idealbildern von der Frau sehr deutlich ein Wissen von der Bedeutung der Frau für die Erhaltung individueller Lebenswelten. So sahen sich selbst Autoren wie Rousseau genötigt, Frauen gewisse rationale Fähigkeiten zuzuschreiben. Rousseau aber beeilt sich, hinzuzufügen, daß es sich lediglich um praktische Fähigkeiten handelt, die den Titel der reinen und universalen Vernunft nicht verdienen.[40]

Man billigt Frauen Witz, Schlauheit zu und mancherlei praktische Tüchtigkeiten, am Ende sogar Zweckrationalität – aber Vernunft, reine Vernunft, universale Vernunft? Alles weist darauf hin, daß es nicht so sehr um die Frage geht, *welche Vernunft* sich durchsetzt, sondern vielmehr darum, *wessen Vernunft* das ist.[41] So hat sich denn herausgestellt, daß die Rationalitätsmodelle von Marx bis Habermas ihre Grenze darin haben, daß sie jeweils bestimmte Aspekte rationaler Handlungsfähigkeit totalisieren, eine Idee von Vernunft, die an unbewußte Machtbedürfnisse appelliert, die es ermöglicht, »andere Rationalitäten« in den Dienst zu nehmen und ihnen zugleich den Namen »Vernunft« vorzuenthalten.[42] Hier wird der Vernunftdiskurs zur Erkenntnispolitik und zur Ge-

---

[39] Barbara Duden, *Das schöne Eigentum. Zur Herausbildung des bürgerlichen Frauenbildes an der Wende vom 18. zum 19. Jahrhundert*, in: *Kursbuch* 47, 1977, S. 125-140.

[40] Zu Rousseau in diesem Punkt vgl. Christine Le Doeuff, *Women and Philosophy*, in: *French Feminist Thought. A Reader*, hg. von Toril Moy, Oxford 1987.

[41] Vgl. dazu Sandra Harding, *Whose Science? Whose Knowledge? Thinking from Women's Lives*, New York 1991.

[42] Zu diesem Ergebnis gelangt auch Regine Becker-Schmidt, a. a. O.

schlechterpolitik: *Doktrinen einer »reinen« und universalen Vernunft liefern aufgrund ihrer androzentrischen Konnotationen eine epistemologische Rechtfertigung und Absicherung der dualen Organisation des sozialen Lebens, und sie tragen bei zur Ausbeutung von Frauen als Produzentinnen und Versorgerinnen unmittelbaren und konkreten Lebens.*

Genaugenommen handelt es sich um nicht mehr als eine Rechtfertigungsrhetorik, denn das doktrinär vermittelte Vernunftmodell ist erkenntnistheoretisch nicht haltbar. Es stellt zudem eine Konzeption abstrakter Vernunft dar, die ihre lebensweltliche, leiblich-weibliche Bedingtheit und ihre lebenspraktische Bezogenheit verleugnet; die von einer monologischen Konzeption des Vernunftsubjekts ausgeht, das seine Identität durch Autonomie und Getrenntsein auf Kosten seiner Bedürfnisse nach Nähe und Solidarität abzusichern sucht, und es ist schließlich ein Vernunftkonzept, das die Souveränität des Intellekts durch die rigorose Ausgrenzung aller emotionalen und unbewußten Kräfte der Psyche zu garantieren meint. Mit anderen Worten, es handelt sich um ein Vernunftkonzept, das sich gerade dort als defizitär erweist, wo es sich, mehr oder weniger bewußt, durch die Abgrenzung vom Weiblichen definiert, genauer gesagt durch das, was im Sinne des bürgerlichen Weiblichkeitsbilds als weiblich galt.

Es sind übrigens genau diese Defizite, die im einzelnen von verschiedenen Ansätzen der zeitgenössischen Kritik am traditionellen Vernunftkonzept geltend gemacht worden sind: Unter dem ersten genannten Gesichtspunkt, dem der Lebensweltlichkeit und der Leiblichkeit menschlichen Erkennens, von der Phänomenologie; auf eine Kritik des monologischen Vernunftkonzepts zielt Habermas' Theorie des kommunikativen Handelns; als dritter Ansatz ist die Psychoanalyse zu nennen, die auf ihre Weise dem Unbewußten der theoretischen Vernunft auf der Spur ist. Daß sich so zuletzt die Perspektive der feministischen Vernunftkritik als die (bisher) umfassendste erweist, könnte auch noch als Paradox der Rationalisierung gesehen werden. Es gibt aber eine andere Erklärung. Die unfreiwillige Marginalität der weiblichen Sichtweise im historischen Prozeß der Rationalisierung, die Frauen nötigt, einen Standpunkt »von außen« einzunehmen, ermöglicht ihnen ein Weiterdenken dort, wo sich der Immanenz des historisch verfestigten kategorialen Rahmens einer Selbstreflexion der Vernunft kein Ausweg mehr bietet.

Kapitel XII

Si tacuisses...
Kurze Nachbemerkung

Ein Paradox, scheinbar oder echt, erzeugt Irritation. Es ist der Name für eine Konstellation, in der sich zeigt, daß die Methode, die allein dazu dienen sollte, Probleme rational zu lösen, Konflikte zu entscheiden, daß also diese Methode selbst Konflikte der Art generiert, zu deren Bewältigung sie bemüht wurde – eine Konstellation, die die Stimmigkeit des gesamten Verfahrens in Frage stellt.

Ein Paradox lähmt, erzeugt einen Entscheidungsnotstand, weil sich das Entscheidungsinstrument – in diesem Fall die theoretische Vernunft – selbst als Erzeuger des Problems entpuppt, zu dessen Lösung es dienen sollte. Handelt es sich um ein echtes, d. h. unauflösbares Paradox, gibt es nur zwei Möglichkeiten: entweder man verwirft die Methode bzw. das ihr entsprechende Rationalitätsideal, oder man leugnet, daß Probleme in ihrer Anwendung entstehen oder bestehen.

In der Auseinandersetzung mit dem Vernunftbegriff der neuzeitlichen Philosophie und Wissenschaften stehen sich denn auch Positionen totaler Rationalitätskritik und apologetische Positionen der Verteidigung der wissenschaftlichen Vernunft unversöhnlich gegenüber.

Es hat sich aber herausgestellt, daß die Folgeprobleme des neuzeitlichen Rationalisierungsprozesses zwar schwerwiegend sind, die Rede vom »Paradox der Rationalisierung« jedoch nur ein scheinbares Paradox bezeichnet, trotz seiner dramatischen diskursiven Inszenierungen. Dieses Resultat spricht mehr für die Devise von Walter Benjamins epischem Theater: Es kann so kommen, es kann aber auch anders kommen. Es postuliert nicht eine unannehmbare Alternative, sondern läßt eine ganze Reihe von Möglichkeiten offen: die der Revision des philosophischen Vernunftbegriffs, die der politischen Aktion oder der Neuvermessung des sozialen, intellektuellen und politischen Umfelds wissenschaftlicher Institutionen, um nur einige zu nennen.

Die Perspektive feministischer Kritik ist bestimmt durch die Position der Marginalität, die die weibliche Denkerin und Kritikerin an den Rändern der Wissensinstitutionen hält. Von dort aus werden die Untiefen und Horizonte der intellektuellen Landschaft des male-stream sichtbar: das in ihr Implizite, Unausgesprochene und doch stets Gegenwärtige und die Horizontstruktur ihrer offenen Kontexte oder, anders gesagt, ihre Beschränktheiten und ihre nicht ausgeschöpften Möglichkeiten.

Was durch den feministischen Angriff auf das Selbstverständliche zutage kommt, ist oft nicht gerade erfreulich. So etabliert sich im Reich des aufs Erotische reduzierten Eros, meist im Halbschatten gesellschaftlicher Tabus und familialer Intimität, im Sinne Batailles die »Souveränität« einer sich über alle Normen und Verbote hinwegsetzenden Subjektivität, die hier, leidenschaftlich und gewaltsam, endlich zu sich selbst zu kommen meint. Diese neue Form einer nicht ohne Pathos beschworenen Authentizität des Subjekts der Ausschweifung[1] findet in der Prostitution ihre Veralltäglichung. Die moralische Entrüstung und die Proteste gegen die Prostitution im Namen von Ordnung und Anstand übersehen, daß sich die durch und durch auf Effizienz, Leistung und Planung eingestellte Moderne ein Ventil schafft für Energien und Kräfte, die in der Logik des Systems nun doch noch, durch die Institution des Marktes, einen Platz finden.

So verstanden, ließe sich das Florieren des Geschäfts mit der Pornographie, mit Darstellungen von sexueller Gewalt und sexueller Perversion nicht nur gut erklären, sondern auch mit dem Schein einer Rechtfertigung versehen: Ist nicht der Markt der Ort des nicht nur freien, sondern auch rationalen Spiels ökonomischer Kräfte? Ist das Geschäft mit der Pornographie, so gesehen, vielleicht nichts anderes als eine listige Strategie, dem Heteronomen, dem Ausagieren der durch Moral und Kirche verpönten sexuellen Wünsche und Phantasien die Form eines »anständigen« Tauschgeschäftes zu geben?

So zu reden heißt freilich, dem gesellschaftlichen System als Ganzem nicht mehr jene Wohlgeordnetheit und Humanität zuzutrauen, die es für sich, schon aus Legitimationsgründen, in Anspruch nimmt. Es heißt auch die Frage stellen, ob es für jene, die von der Kultur der Vernunft seit jeher mit dem Stigma der Alteri-

---

[1] Vgl. dazu die Analyse der frühen Arbeiten von George Bataille bei Rita Bischof, *Souveränität und Subversion,* München 1984, S. 115 f.

tät versehen worden sind – ob es für jene also überhaupt noch erstrebenswert ist, um einen Platz näher am Zentrum des Systems, weiter oben in den Rängen seiner Hierarchie zu kämpfen. Vielleicht ist es für sie, nachdem sie begonnen haben zu begreifen, welches ihr Ort ist in diesem System, besser, aus der Alterität, die sie nicht frei gewählt haben, eine bewußte und selbstbewußte Lebensform zu machen – eine Lebensform, die auch ein kritisches Potential haben kann. Vorausgesetzt, es geht nicht mehr darum, die Ordnungsstrukturen einer zweckrationalen Aneignungsgesellschaft durch eine Revolution zu Fall zu bringen und neue zu schaffen, die möglicherweise ähnliche Muster der Ausgrenzung des/der Anderen mit sich bringen, und möglicherweise in noch radikalerer Form.

Der Haltung bewußter Alterität entspricht nicht notwendig eine radikale Ablehnung der Rationalitätsidee der Moderne. Sie eignet sich vielmehr deren symbolische und intellektuelle Ressourcen an und kritisiert sie dort, wo sie es für nötig hält. Eine solche Haltung anzunehmen, eine auferlegte Marginalität als möglichen Ort des Denkens und Handelns zu nutzen und wahrzunehmen, bedeutet also nicht Resignation, und auch nicht das Ende möglicher Kritik. Organisationstheoretisch gesehen, ist dieser Ort von strategischer Bedeutung, weil sich jede Ordnung nicht nur durch ihr Zentrum, sondern auch durch ihre Ränder konstituiert. Und diese Ränder sind durchlässig nach innen und außen, solange jedenfalls die Ordnung lebensfähig ist. In einer solchen Position am Rande befindet sich der feministische Diskurs jedenfalls derzeit; in einer Form der marginalen Institutionalisierung in Nischen in und zwischen den formellen Institutionen der Wissenschaft und der Politik.

Erscheinungsformen kultureller Randständigkeit hat es immer schon gegeben: die Paria, die ein rigides System sozialer Kasten ausschließt, die Außenseiter, die sich jenseits der sozialen Normen bewegen, die parasitären Existenzen, die von dem sich ernähren, was vom Tisch der Tafelgesellschaften abfällt. Diese Parasiten, von denen Michel Serres' unzählige bilderreiche Geschichten erzählen, steuern zum Leben des Systems auch etwas bei; sie machen Lärm, manchmal unterhaltsam, wie die Sophisten bei den Gastmählern des Xenophanes, jenes dissonante Hintergrundgeräusch, von dem sich erst die Ordnungsbotschaft des Systems abhebt.[2]

[2] Michel Serres, *Parasiten*, Frankfurt/Main 1981.

Zu diesen Stimmen am Rande der Tafelgesellschaft gehören – zumindest zuweilen – auch die Intellektuellen.[3] Unter den intellektuellen Ausprägungen kulturellen Außerseitertums figurieren historisch an erster Stelle die Kyniker der Antike, und Peter Sloterdijk hat in seiner *Kritik der zynischen Vernunft* versucht, den Kynismus als Modell spätmoderner sozialer und politischer Nonkonformität zu aktualisieren. Gaukler, fahrende Sänger des Mittelalters gehören vermutlich auch in diese Tradition.

Die beginnende Neuzeit war eine schlechte Zeit für Marginalisierte. Mit einer an Besessenheit grenzenden Akribie machen sich die Erfinder und Organisatoren von Polizei, Militär, von Irrenanstalten und Schulen daran, ein lückenloses Netz sozialer Kontrolle und Normalisierung zu entwickeln. Bataille sieht in der Entstehung der modernen Kunst einen Freiraum, in dem sich Subjektivität einen Ausdruck jenseits gesellschaftlichen Ordnungszwangs schaffen konnte. In diesem Raum, den Julia Kristeva als den Bereich des vom mütterlichen Körper ausgehenden Semiotischen vor und jenseits des Symbolischen und außerhalb des Gesetzes der Väter verstanden haben möchte, bewegen sich der moderne Poet, der Schriftsteller, der Psychotiker.

In diesem Freiraum bilden Frauen, Kristevas Thesen unbenommen, eine seltene und oft tragische Ausnahme, jedenfalls bis in allerletzte Zeit. Aufgrund ihrer Geschlechtszugehörigkeit oder, besser gesagt: aufgrund der vorherrschenden Geschlechterrollenzuschreibung war es für Frauen immer schwieriger, sich den gesellschaftlichen Kontrollmechanismen und Zwangsmaßnahmen zu entziehen. Das hat sich, wie so vieles in der späten Moderne, geändert. Zeichen dafür sind das Brüchigwerden familialer Bindungen, das Sichtbarwerden der Frauen in Wissenschaft, Kultur, Politik.

Diese Umstände haben die Entstehung eines Netzwerks feministischer Kritik ermöglicht. Dennoch: Den Anspruch auf das Ganze und die ganze Wahrheit kann die neue Form der Kritik an alten Denkverhältnissen nicht erheben. Denn, wie Judith Butler es ausdrückt, das feministische »Wir« ist wie die alte Rede im Namen *der* Vernunft eine phantasmatische Konstruktion, »die zwar be-

---

[3] Zur Rolle der Intellektuellen insbesondere im Kontext der deutschen Geistes- und Kulturgeschichte vgl. Hauke Brunkhorst, *Der Intellektuelle im Land der Mandarine,* Frankfurt/Main 1987.

stimmten Zwecken dient, aber zugleich die innere Vielschichtig-
keit und Unbestimmtheit dieses ›wir‹ verleugnet und sich durch
den Ausschluß eines Teils der Wählerschaft konstituiert, die sie
zugleich zu repräsentieren sucht«.[4] Dies sei jedoch kein, jedenfalls
nicht *nur* ein Grund zur Verzweiflung. Vielleicht eher ein Grund
für jenes Maß an Selbstironie, das Wittgenstein beweist, wenn er
seinen *Philosophischen Untersuchungen* ein Motto von Johann
Nestroy voranstellt: »Überhaupt hat der Fortschritt das an sich,
daß er viel größer ausschaut, als er tatsächlich ist.«

Die Ideen, sagt Wittgenstein, sitzen uns wie Brillen vor der
Nase, und wir kommen gar nicht auf die Idee, sie abzunehmen.
Eben dazu fordert Wittgenstein auf: diese theoretische Brille abzunehmen, die Dinge, über die die Metaphysiker ihre ewigen Probleme wälzen, im Lichte ihrer gewöhnlichen Alltäglichkeit zu sehen. »Der Fliege aus dem Fliegenglas helfen« – das bedeutet nicht
mehr, als ihr zu zeigen, wo die Öffnung ist, durch die sie ins Freie
kommt. Wittgenstein therapeutische Absichten zu unterstellen, ist
hier nicht angebracht.

Ebensowenig will die Kritik – in diesem Fall die feministische –,
die aus der Position der Marginalität vorgetragen wird, ein Programm für die »Gesundung« der symbolischen Ordnung und der
realen Verhältnisse verkünden oder durchsetzen. Es wäre schon
unerhört, wenn es ihr gelänge, die, die sie kritisiert, dazu zu bringen, zuzuhören und hinzusehen auf das, wovon da die Rede ist.
Die potentiellen Adressaten sind nicht selten peinlich berührt, besonders im Fall der feministischen Kritik, die in kynischer Anstö-
ßigkeit lautstark darauf aufmerksam macht, »daß der König nackt
ist«.

»Si tacuisses, philosophus mansisses...« Diese Warnung an
jene, die in Gefahr sind, philosophisch »ins Fettnäpfchen« zu treten, hat für die kritische Denkerin, die den Geschlechterstand-
punkt der Philosophie zwar nicht unbedingt vertritt, aber doch
enthüllt, bestenfalls noch den hohlen Klang der Beschwörung von
Etikette und Anstand. Denn erst recht, wenn sie schweigt, ver-
spielt sie die Möglichkeit, auf dem glatten Parkett des philosophischen Diskurses überhaupt eine Figur zu machen, geschweige
denn eine gute.

So wenigstens hat sie das Vergnügen, wie die thrakische Magd,

[4] Judith Butler, *Das Unbehagen der Geschlechter,* Frankfurt 1991, S. 209.

die lachte, als Thales in den Brunnen fiel, in den Brüchen und Lük-
ken der oft beschworenen »Ordnung des Diskurses« ein Spiel des
Denkens zu beginnen. Und die, denen dieses Spiel nicht gefällt,
müssen ja nicht hinsehen oder zuhören. Aber sie können, und es
wäre ihr Schaden nicht.

Quellennachweise

Kap. 1: Originalbeitrag

Kap. 2: Veränderte und erweiterte Fassung von *Feministisches Denken im Spektrum der Gegenwartsphilosophie*, in: *Deutsche Zeitschrift für Philosophie*, 1991/2, S. 514-527

Kap. 3: Revidierte Fassung von *Theorie und Lebensform. Zur Frage nach den Selbstverhältnissen in der Wissenschaftskultur*, in: *Zeitschrift für Semiotik* 1990/3, S. 275-289

Kap. 4: Erweiterte Fassung von *Was heißt natürlich? Theorieproduktion und Geschlechterpolitik am Beispiel der Soziobiologie*, in: *Beschreiblich weiblich. Aspekte feministischer Wissenschaft und Wissenschaftskritik*, hg. von Walter Herzog/Enrico Violi, Verlag Rüegger, Zürich 1991, S. 135-152

Kap. 5: Geänderte Fassung von *Welche Natur wollen wir – sein?*, in: *Evangelischer Pressedienst* Nr. 17/1991

Kap. 6: Originalbeitrag

Kap. 7: abgedruckt in *Nahe Fremde. Fremde Nähe. Frauen forschen zu Ethnos, Kultur und Geschlecht*, hg. v. Wissenschaftlerinnen in der Europäischen Ethnologie WIDEE e.V., Reihe Frauenforschung Band 24, Wiener Frauenverlag 1993 (im Erscheinen)

Kap. 8: Erschienen in: *Raum greifen und Platz nehmen. Dokumentation der 1. Europäischen Planerinnentagung*, in: *Frei.Räume. Streitschrift der feministischen Organisation von Planerinnen und Architektinnen – FOPA e.V.*, Sonderheft 1992/93, Zürich 1993, S. 54-70

Kap. 9: Nachdruck aus *Weiblichkeit in der Moderne. Ansätze feministischer Vernunftkritik*, hg. Judith Conrad und Ursula Konnertz, Discord Verlag Tübingen 1986, S. 75-94

Kap. 10 bis 12: Originalbeiträge